E-Book inside.

Mit folgendem persönlichen Code
erhalten Sie die E-Book-Ausgabe
dieses Buches zum kostenlosen
Download.

```
3r65p-6wtx0-
18400-yv1et
```

Registrieren Sie sich unter
www.hanser-fachbuch.de/ebookinside
und nutzen Sie das E-Book
auf Ihrem Rechner*, Tablet-PC
und E-Book-Reader.

* Systemvoraussetzungen:
  Internet-Verbindung und Adobe® Reader®

Gassmann/Frankenberger/Csik

Geschäftsmodelle entwickeln

Oliver Gassmann
Karolin Frankenberger
Michaela Csik

GESCHÄFTSMODELLE ENTWICKELN

55 innovative Konzepte mit dem
St. Galler Business Model Navigator

HANSER

Bibliografische Information der Deutschen Nationalbibliothek

Die Deutsche Nationalbibliothek verzeichnet diese Publikation in der Deutschen Nationalbibliografie; detaillierte bibliografische Daten sind im Internet über <http://dnb.d-nb.de> abrufbar.

© 2013 Carl Hanser Verlag München
http://www.hanser-fachbuch.de

Lektorat: Lisa Hoffmann-Bäuml
Herstellung: Thomas Gerhardy
Satz: Kösel, Krugzell
Umschlaggestaltung: Stephan Rönigk
Druck & Bindung: Friedrich Pustet, Regensburg
Printed in Germany

ISBN 978-3-446-43567-4
E-Book-ISBN 978-3-446-43765-4

Testimonials

Der St. Galler Business Model Navigator™ wurde bereits in zahlreichen Unternehmen erfolgreich eingesetzt. Im Folgenden finden Sie Zitate von Menschen, die unsere Methodik bereits kennengelernt haben:

„These patterns are a very powerful creativity method and a great tool to generate a ‚business model thinking' attitude.“

Dr. Angela Beckenbauer, Corporate Innovation Manager, Hilti

„The St. Gallen Business Model Navigator™ provides a structured approach to the fuzzy field of business model innovation. The 55 patterns make it easy to think about alternative ways of running your business.“

Dr. Michael Daiber, Innovation Agent, ABB Turbo Systems

„Auch für Bosch wird es in Zukunft immer wichtiger werden, nicht nur hervorragende Produkte zu entwickeln, sondern auch neue Geschäftsmodelle zu nutzen. Die 55 Geschäftsmodelltypen, die hier identifiziert und beschrieben sind, sind ein ausgezeichneter Baukasten für unsere eigene Geschäftsmodellentwicklung, insbesondere für unseren Zukunftspfad im Internet der Dinge & Dienste.“

Dr. Heinz Derenbach, CEO of Bosch Software Innovations GmbH

„We leverage the Business Model Navigator™ for our Business Model Innovation approach and discovered that it is a great methodology with high practical relevance.“

Dr. Ulrich Eisert, Research Manager, SAP (Schweiz)

„Working with the St. Gallen Business Model Navigator™ did not only help us to structure our internal approaches better, it drove us also to analyze and understand our competitors' business models and therefore their and our position in the market space.“

Dr. Reiner Fageth, Management Board, CEWE Color

„Die Welt in 55 Geschäftsmodellen. Im ersten Augenblick unvorstellbar, ab dem zweiten Augenblick eine unglaubliche Inspirationsquelle, um das eigene Geschäftsmodell zu innovieren und erfolgreich in die Zukunft zu tragen. Eine Pflichtlektüre!“

Bernhard Klein, Director of Brand, Vienna Tourist Board

„These Business Model Patterns are an important source for inspiration and best practice to create and implement radical innovations.“

Daniel Ledermann, Head of Incubation and Portfolio, Swisscom

„The Business Model Navigator^{TM} with its tools, strategy, and visualizations are a perfect compliment to the 'Foresight and Innovation by Design' philosophy at Stanford. They work in practice and in theory."

Professor Dr. Larry Leifer, Founding Director of the Stanford Center for Design Research

„Applying the St. Gallen Business Model Navigator^{TM} helps in challenging today's business logic, opening up the solution space and creating a new mindest. We see this as a prerequisite for future success."

Dr. Christoph Meister, Corporate Innovation Manager, Holcim

„Wie würde der CEO von Amazon mein Geschäft führen? Welche neuen Kundensegmente würde Robin Hood an meiner Stelle erschliessen? Der St. Galler Business Model Model Navigator^{TM} ermöglicht aus der eigenen Branchenlogik auszubrechen und macht damit den Weg frei für ein Feuerwerk neuer Ideen."

Wolfgang Rieder, Managing Partner, Head of Advisory Switzerland, Pricewaterhouse-Coopers

„The St. Gallen Business Model Navigator^{TM} offers a great opportunity to challenge our habitual thinking concerning business models and revenue generation. Challenging discussions with the project teams and staff are thought provoking and trigger collaborative development."

Dr. Ian Roberts, CTO, Bühler

„An aspiring field such as New Space really benefits from the St. Gallen Business Model Navigator^{TM} because the market will be defined by a variety of innovative business models – going through all the possibilities is a real competitive advantage!"

Dr. Henning Roedel, NASA Ames Research Center

„The Business Model Navigator^{TM} demonstrates impressively that sustainable innovation is not created by inspiration alone, but can and should be approached systematically building on shared experience and based on data. Identifying patterns in the fast changing environment and dynamically adapting your companies' business model to them will be crucial for success in any industry."

Dr. Ralf Schneider, Group CIO, Allianz

„We have applied the Business Model Navigator^{TM} in a 3-day workshop format with a key customer. Apart from jointly developing a promising business model option, the common experience has also strengthened the bonds inbetween for future intensive cooperations."

Dr. Susanne Schröder, Innovation Manager, Siemens Energy Sector

„Mit dem Business Model Navigator^{TM} sind wir in der Lage, das Geschäftsmodell als Ganzes zu begreifen und am kompletten System zu arbeiten. Die St Galler Methodik bringt nicht nur Ergebnisse, sondern erweitert auch den Mindset."

Daniel Sennheiser, President Strategy and Finance, Sennheiser

„Working with the Business Model Navigator^{TM} provides you a broad portfolio of ideas and structures for business models. It helps you to create new and individual solutions for your specific business challenge."

Stefan Strauss, Director Business Development Service, MTU Friedrichshafen

Vorwort

Die großen Geschäftsmodellrevolutionen kommen fast ausschließlich aus den USA. Dies ist stark durch die Steh-auf-Männchen-Kultur geprägt, aber auch durch den amerikanischen Hang zu großen Würfen. Inspiriert durch längere Aufenthalte im Silicon Valley hat sich vor einigen Jahren bei uns der Traum einer Konstruktionsmethodik für neue Geschäftsmodelle festgesetzt. Jeder Maschinenbauer lernt früh im Studium Konstruktionsregeln, die zwar keine Garantie für ein erfolgreiches Produkt sind, aber die Erfolgswahrscheinlichkeit drastisch erhöhen. Eine solche Methodik für die Königsdisziplin der Innovation, der Entwicklung neuer Geschäftsmodelle, sucht man in der Managementlehre vergeblich. Wir haben mehrere Jahre in Forschung und Praxis an einer solchen Methodik gearbeitet, eng zusammen mit führenden Industrieunternehmen, die die wirtschaftliche Bedeutung einer solchen Heuristik erkannt hatten.

Hintergrund für dieses Buch sind empirische Forschungsarbeiten, die zu einer systematischen und praxisnahen Vorgehensweise zur Entwicklung neuer Geschäftsmodelle geführt haben. Wir haben die bedeutenden Geschäftsmodelle der letzten 50 Jahre, welche jeweils eine Revolution in der jeweiligen Branche ausgelöst haben, analysiert hinsichtlich Regelmäßigkeiten und Systematiken in ihren Mustern. Hieraus entstand die für uns überraschende Erkenntnis, dass über 90 Prozent (!) aller Geschäftsmodellinnovationen lediglich Rekombinationen aus bekannten Ideen, Konzepten und Elementen von Geschäftsmodellen aus anderen Industrien darstellen. Dieses Faktum lässt sich ähnlich wie die Konstruktionsregeln in der Mechanik, die den physikalisch-technischen Gesetzmäßigkeiten und Heuristiken folgen, nutzen. Als Kern unserer Methodik dienen die 55 Muster erfolgreicher Geschäftsmodellinnovationen, welche als Vorlage zur Innovation des eigenen Geschäftsmodells genutzt werden können.

Das Buch wendet sich bewusst an den Praktiker, wir haben damit sowohl lange Literaturauflistungen als auch Theorien weitestgehend vermieden. Den interessierten Akademiker für Forschungspublikationen verweisen wir ebenso wie den Praktiker für weitere Tools auf unsere begleitende Homepage www.bmi-lab.ch, welche wir permanent updaten.

Wir danken unseren zahlreichen Mitstreitern für die Unterstützung in diesem Forschungsprogramm, insbesondere aber Amir Bonakdar, Steffen Haase, Valerio Signorelli, Stefanie Turber, Marc Villinger, Tobias Weiblen, Dr. Markus Weinberger, aber auch die zahlreichen mutigen Vorreiter aus der Praxis, welche uns hier Vorschussvertrauen gegeben haben. Dank gebührt auch Malte Belau für die spritzige Illustration der 55 Muster.

Die hier vorgestellten Methoden funktionieren überraschend gut und haben sich in zahlreichen Unternehmen und Organisationen bewährt. Die Praxis ist begeistert, wir auch. Wir hoffen, dass wir einen kleinen Beitrag dazu geleistet haben, dass Geschäftsmodellinnovationen nun verstärkt wieder aus Europa kommen. Das Befolgen gibt keine Garantie, aber es erhöht die Erfolgswahrscheinlichkeit drastisch. Am Ende gilt: Nicht alles, was gewagt wird, gelingt. Aber alles, was gelingt, wurde einmal gewagt.

Wir wünschen den Unternehmen hierzu viel Erfolg!

St. Gallen, Frühjahr 2013

Oliver Gassmann

Karolin Frankenberger

Michaela Csik

Inhalt

TEIL I

Der St. Galler Business Model Navigator™

1 Die Logik von Geschäftsmodellen

Es gibt zahlreiche Firmen mit exzellenten technologischen Produkten. Vor allem in Europa, zeichnen sich viele Firmen durch ihre ausgezeichnete Produkt- und Prozessinnovationsfähigkeit aus. Warum verlieren solche Firmen, die lange Jahre für ihre innovativen Produkte und Prozesse bekannt waren, plötzlich ihren Wettbewerbsvorteil? Starke Firmen wie *AEG, Grundig, Nixdorf Computers, Triumph, Brockhaus, Agfa, Kodak, Quelle,* und *Schlecker* verschwinden auf einmal von der Bildfläche nach jahrzehntelangem Erfolg. Was haben diese Firmen falsch gemacht? Die Antwort ist einfach und schmerzhaft: Die Firmen haben es versäumt, ihr Geschäftsmodell an die sich ändernden Umweltbedingungen anzupassen.

Die Fähigkeit, innovative Geschäftsmodelle zu entwickeln, ist im heutigen Zeitalter eine Kernvoraussetzung für die langfristige Wettbewerbsfähigkeit von Unternehmen. Es gibt allerdings bisher in Europa nur wenige wie *Nestlé* oder *Hilti*, die ihr Geschäftsmodell erfolgreich innoviert haben. Die meisten Vorbilder kommen aus den USA. Man denke nur an Namen wie *Amazon, Google, Apple, Salesforce* und *Starbucks,* um nur ein paar zu nennen.

Dieses Buch stellt eine Methodik vor, wie Sie Ihr Geschäftsmodell auf eine strukturierte Weise innovieren können – den St. Galler Business Model Navigator™.

■ 1.1 Das Zeitalter der Geschäftsmodellinnovationen

Wenn man vor zehn Jahren jemanden gefragt hätte, ob Kunden bereit sein würden, über 80 Euro für ein Kilo Kaffee zu bezahlen, oder ob über zehn Prozent der Weltbevölkerung einen Großteil ihrer persönlichen Informationen freiwillig auf einer Internetplattform verfügbar machen, hätte man womöglich nur Kopfschütteln geerntet. Gleichermaßen war es nur schwer vorstellbar, dass das weltweite Telefonieren nahezu kostenlos oder ein Flugticket für nur wenige Euro zu haben sein würde. Oder wer hätte noch vor 15 Jahren gedacht, dass ein Suchalgorithmus eines 1998 gegründeten Start-ups namens *Google* einmal mehr wert sein wird als ein ganzer Konzern wie *Daimler* oder *General*

Electric mit all ihren Fabriken, Ingenieuren, weltweiten Niederlassungen und ihrem Markenwert?

Heute werden diese Entwicklungen als das natürliche Ergebnis eines Phänomens verstanden, welches in nahezu allen Branchen und Industrien beobachtet werden kann. Die Rede ist von Geschäftsmodellinnovationen – neudeutsch auch „Business Model Innovation" genannt. Kaum ein anderes Phänomen hat das Wirtschaftsgeschehen in der Vergangenheit so häufig aufgewirbelt wie Geschäftsmodellinnovationen und kaum ein anderer Begriff erscheint so häufig auf den Titelblättern in der Wirtschaftspresse. Doch warum sind Geschäftsmodellinnovationen so bedeutsam?

Innovation ist schon immer ein wichtiger Hebel für das Wachstum und die Wettbewerbsfähigkeit von Unternehmen gewesen. In der Vergangenheit jedoch war das Hervorbringen exzellenter technologischer Lösungen und Produkten ausreichend für den Erfolg. In ingenieursstarken Unternehmenskulturen hat dies oft zu „Happy Engineering" geführt, bei dem technologisch faszinierende Produkte am Markt entsorgt werden mussten. Doch in immer mehr Branchen reicht heutzutage ein reiner Fokus auf Produkt- oder Prozessinnovationen nicht mehr aus. Steigender Wettbewerbsdruck, die anhaltende Globalisierung, aufschließende Konkurrenten aus Fernost, und Produkte, die zu Commodities werden, sind nur einige Gründe dafür. Hinzu kommen die Einführung neuer Technologien, konvergierende Industriegrenzen, veränderte Markt- und Wettbewerbsbedingungen und regulatorische Veränderungen, die viele Produkte und Prozesse – mögen sie noch so innovativ sein – obsolet machen und die Spielregeln einer Branche auf den Kopf stellen.

Empirische Ergebnisse belegen eindeutig, dass Geschäftsmodellinnovationen mit höherem Erfolgspotenzial für das innovierende Unternehmen verbunden sind als reine Produkt- und Prozessinnovationen. So zeigt eine Studie von *The Boston Consulting Group*, dass Geschäftsmodellinnovatoren über einen Zeitraum von fünf Jahren im Durchschnitt um sechs Prozent profitabler als reine Produkt- oder Prozessinnovatoren sind. Ebenso sind 14 der 25 innovativsten Unternehmen der Welt vor allem Geschäftsmodellinnovatoren (BCG 2009). Diese Ergebnisse decken sich mit einer weitere Studie der *IBM* (2012), wonach Outperformer einer Branche im Durchschnitt doppelt so häufig ihr Geschäftsmodell innovieren wie die steckengebliebenen Underperformer.

Zweifellos sind gute Produkte und Prozesse nach wie vor wichtig, werden in Zukunft aber nicht mehr über Erfolg oder Misserfolg von Unternehmen entscheiden. Wir sind im Zeitalter von Geschäftsmodellinnovationen angelangt, in welchem das Schicksal von Unternehmen immer häufiger davon abhängt, ob sie es auch verstehen, sich mit einem innovativen Geschäftsmodell von dem übrigen Allerlei in ihrer Branche abzuheben.

 Der Wettbewerb wird in Zukunft nicht zwischen Produkten oder Prozessen stattfinden, sondern zwischen Geschäftsmodellen.

Tatsächlich gehen die großen Erfolgsgeschichten weniger auf ein neues großartiges Produkt, sondern auf das innovative Geschäftsmodell dieser Unternehmen zurück.

- Amazon ist der größte Buchhändler der Welt geworden, ohne ein einziges Ladengeschäft.

- Apple ist der größte Musikeinzelhändler und hat keine einzige CD verkauft.
- Pixar hat in den letzten zehn Jahren elf Oscars gewonnen, ohne einen einzigen Schauspieler zu zeigen.
- Netflix hat das Videothekengeschäft neu erfunden und das, ohne eine einzige Videothek zu betreiben.
- Skype ist der größte grenzüberschreitende Kommunikationsanbieter der Welt, ohne eigene Netzwerkinfrastruktur.
- Starbucks ist die weltweit größte Kaffeehauskette, die Kaffee standardisiert zu Höchstpreisen verkauft.

 Sei paranoid

Die Folgen für die Unternehmen, welche im Innovationsrennen mitspielen müssen, sind drastisch. Die alte Regel der *The Boston Consulting Group* bezüglich der Pflege der Cash Cows gilt heute immer eingeschränkter. Vielmehr müssen Unternehmen immer häufiger und schneller auch ihr derzeit noch erfolgreiches Geschäftsmodell hinterfragen. Dies erfordert eine gewisse paranoide Grundeinstellung, wie sie Steve Jobs innehatte: Jederzeit die Grundsäulen des heutigen Erfolgs hinterfragen und mental jederzeit auf den Untergang vorbereitet zu sein, selbst wenn heute noch Spitzenerträge erzielt werden. Wir befinden uns im Zeitalter der temporären Wettbewerbsvorteile: Erfolg bleibt nur, wenn die Wurzeln stetig hinterfragt werden.

■ 1.2 Elemente eines Geschäftsmodells

Das Wort Geschäftsmodell ist heute in aller Munde. Es wird verwendet, um die aktuellen Tätigkeiten einer Firma zu beschreiben oder auch um einen Aufbruch zu signalisieren wie zum Beispiel mit der oft getätigten Aussage „Wir müssen unser Geschäftsmodell ändern, um erfolgreich zu bleiben". Es gibt wohl kaum einen Manager, der diese Phrase noch nicht verwendet hat. Fragt man allerdings nach, was der Begriff genau bedeutet, erhält man eine Vielfalt an Antworten. Selbst in derselben Firma herrscht oft kein einheitliches Verständnis über den Begriff. Dies führt dazu, dass Leute, die im selben Raum sitzen und über ihr Geschäftsmodell diskutieren, oft ganz unterschiedliche Auffassungen haben, was das Geschäftsmodell eigentlich beinhaltet. Man muss sich dann nicht wundern, wenn anschließend wenig Produktives dabei herauskommt.

Auf der Basis unserer langjährigen Arbeit mit Firmen zu diesem Thema haben wir ein einfaches und trotzdem ganzheitliches Modell zur Beschreibung des Geschäftsmodells entwickelt. Ein solches vereinfachtes Modell ist gerade für die interaktive Skizzierung eines Geschäftsmodells in Workshops und Diskussionen zielführender als komplexe

Canvas, da fokussierter diskutiert wird. Unser Modell für die Beschreibung von Geschäftsmodellen besteht aus vier Dimensionen und wird in einem „magischen Dreieck" dargestellt (Bild 1):

1. **Der Kunde – wer sind unsere Zielkunden?** Für jedes erfolgreiche Geschäftsmodell muss ein Unternehmen genau verstehen, welches die relevanten Kundensegmente sind, die adressiert werden sollen, und welche nicht. Der Kunde steht im Zentrum jedes Geschäftsmodells – immer und ohne Ausnahme.

2. **Das Nutzenversprechen – was bieten wir den Kunden an?** Die zweite Dimension beschreibt, was den Zielkunden angeboten wird, um deren Bedürfnisse zu befriedigen. Das Nutzenversprechen beschreibt alle Leistungen eines Unternehmens (Produkte und Dienstleistungen), die dem Kunden von Nutzen sind.

3. **Die Wertschöpfungskette – wie stellen wir die Leistung her?** Um das Nutzenversprechen zu erzielen, muss ein Unternehmen verschiedene Prozesse und Aktivitäten durchführen. Diese Prozesse und Aktivitäten zusammen mit den involvierten Ressourcen und Fähigkeiten und ihre Koordination entlang der Wertschöpfungskette eines Unternehmens bilden die dritte Dimension im Design eines Geschäftsmodells.

4. **Die Ertragsmechanik – wie wird Wert erzielt?** Die vierte Dimension erklärt, warum ein Geschäftsmodell finanziell überlebensfähig ist. Es beinhaltet Aspekte wie die Kostenstruktur und die Umsatzmechanismen. Diese Dimension beantwortet die zentrale Frage jeder Firma: Wie erzielt man mit dem Geschäft Wert?

Bild 1: Das magische Dreieck mit den vier Dimensionen eines Geschäftsmodells

Durch die Beantwortung dieser vier Fragen und die Konkretisierung der Kundensegmente, des Nutzenversprechens, der Wertschöpfungskette und der Ertragsmechanik wird das Geschäftsmodell konkret und fassbar und ermöglicht eine Basis für seine Innovation. Wir sprechen von einem „magischen Dreieck", da die Optimierung an einem der Eckpunkte (beispielsweise Ertragsoptimierung) automatisch Antworten der beiden anderen Seiten (Nutzenversprechen oder Wertschöpfungskette) erfordert.

Wer-Was-Wie-Wert?

Zusammenfassend ist ein Geschäftsmodell darüber definiert, wer die Kunden sind, was verkauft wird, wie man es herstellt und wie man einen Ertrag realisiert. Kurz gesagt, das Wer-Was-Wie-Wert? definiert ein Geschäftsmodell, wobei die ersten beiden „W" die externe Dimension eines Geschäftsmodells adressieren und die letzten beiden „W" die interne Dimension.

Um eine Geschäftsmodellinnovation handelt es sich dann, wenn mindestens zwei dieser vier Elemente geändert werden:

- **23andMe:** Das Biotech-Unternehmen *23andMe* bietet durch ein innovatives Geschäftsmodell Gentests über das Internet an. Die Kunden von *23andMe* erhalten nach ihrer Anmeldung ein Test-Kit und senden daraufhin ihre Speichelflüssigkeit ein und erhalten durch *23andMe* Informationen über ihren genetisch determinierten Gesundheitszustand *(Wie?).* Die Informationen über die Gentestergebnisse sind von großer Bedeutung für die Forschung und Entwicklung von neuen Medikamenten und Behandlungsmethoden und dienen dabei *23andMe* als innovative Ertragsquelle *(Wert?).*

- **Amazon:** Das E-Commerce-Versandhaus *Amazon* hat den größten Online-Handelsshop gebildet, indem die Angebotspalette vom ursprünglichen Bücherangebot auf Unterhaltungselektronikprodukte, Textilien, Medizin- und Kosmetikprodukte sowie digitale Güter erweitert worden ist *(Was?).* Dabei sind die ursprünglichen Erfahrungen, Prozesse und Distributionskanäle des Buchhandels auf die neuen Produktkategorien erweitert worden *(Wie?).* Im Sinne des Leverage Customer Data-Muster werden die Kundendaten bei *Amazon* als lukrative Ressource dazu genutzt, den Kunden auf Basis individueller Kaufempfehlungen zu Impulskäufen zu verleiten *(Wie? Wert?).* Durch das Geschäftsmodellmuster Two-Sided Market bietet *Amazon* auch Händlern an, ihre Produkte über die Handelsplattform zu verkaufen, und erweitert dabei seine relevanten Kundensegmente *(Wer?).*

- **BackWerk:** Bei der Selbstbedienungsbäckerei *BackWerk* sammeln die Kunden die gewünschten Brote und Gebäcke selber ein und verpacken ihren Einkauf dann auch gleich selbst *(Was? Wie?).* Durch die Einbindung des Kunden in die Wertschöpfung des Unternehmens gelingt es *BackWerk,* die Personalkosten zu minimieren und die Backwaren im Vergleich zu herkömmlichen Bäckereien 30 bis 45 Prozent günstiger anzubieten *(Wert?).* Durch ein Franchising-Konzept hat *BackWerk* bisher über 285 Filialen aufgebaut und befindet sich seit Eröffnung der ersten Selbstbedienungsbäckerei auf Erfolgskurs.

- **Dell:** Das Computerunternehmen *Dell* hat sich seit 1984 auf den Direktvertrieb fokussiert, wodurch dem Endkunden individuell zusammengestellte Produkte zu kostengünstigen Preisen angeboten werden können, da keine Zwischenhändlerkosten anfallen *(Was? Wie?).* Durch die direkten Kundenbestellungen gewinnt *Dell* wertvolle Informationen über den tatsächlichen Absatz, was ein effizienteres Lagermanagement ermöglicht und dabei hilft, das Partnerschaftsnetzwerk besser zu managen *(Wie?)*. Das Unternehmen generiert durch ein ADD-ON-Konzept zusätzlichen Umsatz, indem der Kunde nebst den Basiskomponenten zusätzliche Produktkomponenten zu seinem individuell zusammengestellten Computer hinzufügen kann *(Wert?)*.

- **Dennemeyer:** Das Unternehmen *Dennemeyer* hat sich als LAYER PLAYER auf das Patent- und Markenmanagement konzentriert und bietet für diverse Branchen ein umfassendes Spektrum an IP-Dienstleistungen an, wie rechtliche Beratungen, Portfolio-Services sowie Software-Lösungen *(Was?)*. *Dennemeyer* ist dabei hoch integriert und stark auf das IP-Management fokussiert, wodurch es dem Unternehmen gelingt, jedem Kunden eine Gesamtlösung für sein jeweiliges IP-Management anzubieten *(Wie?)*.

- **eBay:** Das Internetauktionshaus *eBay* hat die Handelswelt auf den Kopf gestellt, indem es ihm durch die Online-Auktionsplattform gelang, einen globalen Marktplatz für fast alle vorstellbaren Güter zu kreieren *(Was?)*, die auch Anbieter und Käufer ansprechen, die in traditionellen Handelsgeschäften nicht fündig geworden sind *(Wer?)*. Als Facilitator-Rolle ermöglicht und vereinfacht *eBay* den Transaktionsablauf zwischen den Parteien und übernimmt keine weiteren Aufgaben wie Lagermanagement oder Versand *(Wie?)*. *eBay* generierte durch die Einnahmen von Auktionsgebühren im Jahr 2011 einen Umsatz in der Höhe von 11,6 Milliarden US-Dollar *(Wert?)*.

- **Flyeralarm:** Das im Jahr 2002 gegründete Unternehmen ist durch ein innovatives Geschäftsmodell zu einer der größten Online-Druckereien in Europa geworden und generiert mittlerweile einen Umsatz in der Höhe von 200 Millionen Euro. *Flyeralarm* bietet dem Kunden durch ein Online-Konzept eine schnelle und kostengünstige Abwicklung von Plakat- und Flyer-Druckaufträgen an, die innerhalb von 24 Stunden versandt werden *(Was?)*. Bei *Flyeralarm* bestellt der Kunde über eine Online-Plattform und wählt dabei bereits präzise aus, was er in welcher Größe und auf welchem Papier gedruckt haben möchte. Die Ausführung des Druckauftrags ist von *Flyeralarm* zu 99 Prozent automatisiert worden, wodurch das Unternehmen schnelle und kostengünstige Lieferungen garantieren kann *(Wie? Wert?)*.

- **Google:** Der Internetgigant *Google* bietet den Kunden diverse Leistungen an, unter anderem die Suchmaschine, persönliche Kalender- und E-Mail-Dienste, Kartenapplikationen und Bewertungssysteme und generiert dadurch wertvolle Kundeninformationen *(Was?)*. Dem Unternehmen gelang es, eine breite Kundenbasis aufzubauen, auf Seiten der Nutzer wie auch auf Seiten der Werbenden *(Wer?)*. Die Kundendaten kann Google für die effektive personalisierte Werbung nutzen *(Wie?)*. Durch das Anbieten personalisierter Pay-per-click-Werbung durch *AdSense* gelang *Google* eine äußerst erfolgreiche Ertragsmodellinnovation *(Wert?)*. Die Werbenden zahlen nur dann, wenn die Nutzer auch wirklich auf ihr Inserat klicken, wodurch Streuverluste minimiert werden können. Google generiert durch Werbeeinnahmen über 90 Prozent des jährlichen Milliardenumsatzes.

- **Groupon:** Das Geschäftsmodell von *Groupon* basiert auf dem Vermitteln von gutscheinbasierten Rabattangeboten (sogenannten „Deals") zwischen den Käufern auf der einen und den Angebotshändlern auf der anderen Seite *(Was? Wer?)*. Dadurch entstehen im Sinne des TWO-SIDED-MARKET-Musters indirekte Netzwerkeffekte, wodurch sich die Nutzergruppen an *Groupon* binden lassen *(Wie?)*. Die Rabattplattform *Groupon* generiert ihre Erträge durch einen Anteil am Umsatzvolumen, d. h., die Umsätze werden zwischen dem Angebotshändler und *Groupon* geteilt *(Wert?)*.

- **Rolls-Royce:** Der britische Flugzeugturbinenhersteller *Rolls-Royce* hat mit dem „Power-by-the-hour"-Angebot ein innovatives Geschäftsmodell eingeführt. Die Airlines bezahlen nur noch die Betriebsstunden der Turbinen und sind nicht mehr dazu verpflichtet, die Turbinen zu kaufen *(Was?)*. Die Turbine als solches verbleibt dabei im Besitz von *Rolls-Royce*, welches für die Wartung und Instandhaltung der Turbine zuständig ist *(Wie?)*. *Rolls-Royce* konnte durch die Abrechnung der geflogenen Flugstunden konstante Umsatzströme generieren und durch ein effizientes Servicekonzept die Kosten senken *(Wert?)*. Als Nebeneffekt ändert sich auch der Mindset der Mitarbeiter: Während früher mit Wartung direkter Umsatz generiert wurde und daher die Entwicklung ambivalente Ziele hatte, werden mit dem neuen Geschäftsmodell die wartungsarmen Turbinen zum obersten Ziel.

- **Zopa:** Ein Beispiel für einen Geschäftsmodellinnovator in der Finanzbranche ist das 2005 gegründete Unternehmen *Zopa*. Es handelt sich hierbei um die weltweit erste sogenannte Social-Lending-Plattform, auf der Privatpersonen sich gegenseitig untereinander Kredite verleihen können *(Was?)*. *Zopa* vermittelt die Kreditsuchenden, die den benötigten Kreditbetrag sowie eine Spanne für die gewünschten Kreditkonditionen im Voraus angeben, an willige Kreditgeber *(Wie?)*. Durch dieses Konzept findet die Kreditvergabe unter Ausschaltung jeglicher Form von Banken statt, wodurch sowohl Kreditgeber als auch Kreditnehmer in Form von verbesserten Zinskonditionen profitieren. *Zopa* verdient sein Geld durch eine Gebühr von jedem Kreditnehmer, wobei für Kreditgeber keine Gebühren anfallen *(Wert?)*.

Wie die Beispiele zeigen, beziehen sich Geschäftsmodellinnovationen immer auf mindestens zwei der vier grundlegenden Dimensionen:

 Als Faustregel zur Abgrenzung von Produkt- und Prozessinnovation gilt, dass sich eine Geschäftsmodellinnovation auf mindestens zwei der vier Geschäftsmodellkomponenten *(Wer-Was-Wie-Wert?)* signifikant auswirkt.

Ziel einer jeden Geschäftsmodellinnovation sind das Schaffen und das Abschöpfen von Wert oder in den Worten eines uns bekannten CEOs: „*Create value, capture value.*" Während fast alle Geschäftsmodellinnovatoren gut darin sind, Wert zu schaffen, versagen viele darin, den geschaffenen Wert für sich nutzbar zu machen. Man denke hier an *YouTube*, das Internetvideoportal, auf dem die Benutzer kostenlos Video-Clips ansehen und hochladen können. Die Finanzierung erfolgt über die Werbung. *YouTube* schafft viel Wert: Pro Tag verzeichnet das Portal zwei Milliarden Aufrufe und pro Minute werden über 48 Stunden Videomaterial auf die Plattform geladen. Trotz der hohen Akzeptanz der Plattform macht *YouTube* sieben Jahre nach der Gründung immer noch Verluste.

Auch die soziale Plattform *Facebook* hatte eine enorm erfolgreiche Geschäftsmodellinnovation. Das Wachstum ist unverändert, jedoch ist der Aktienkurs beim Börsengang 2012 drastisch eingebrochen. Ein Grund dafür liegt darin, dass *Facebook* den Wert nicht mehr so stark für sich sichern kann wie früher. Die zunehmende Mobilität über Smartphones lässt die Werbeattraktivität sinken, da eine Werbung auf dem Smartphone deutlich weniger greift als auf einem PC.

 Eine erfolgreiche Geschäftsmodellinnovation schafft Werte und schützt diese für das eigene Unternehmen. „Create value, capture value." Oft wird der zweite Teil vernachlässigt.

■ 1.3 Die dominante Branchenlogik als größte Herausforderung

Generationen von Führungskräften wurden getrimmt auf die Branchenanalyse von Michael Porter mit den „Five Forces". Darin ist zunächst nichts Schlechtes zu sehen. Kernidee dieses Ansatzes ist, die Industrie im Detail zu analysieren und damit zu versuchen, durch eine bessere Positionierung gegenüber den Wettbewerbern einen Vorteil zu erzielen. Die Kollegen Kim und Mauborgne haben sich 2005 mit ihrer „Blue-Ocean-Strategie" erstmals in der Öffentlichkeit erfolgreich aus der Porterschen Box herausbewegt. Die Kernbotschaft lautet: Wenn Firmen ihr Geschäftsmodell erfolgreich innovieren möchten, müssen sie den hochkompetitiven roten Ozean verlassen und neue unberührte Märke schaffen, in welchen sie wachsen und gedeihen können. „Schlage deinen Wettbewerb, ohne deinen Wettbewerb schlagen zu wollen" ist das Mantra der Geschäftsmodellinnovatoren.

Neue Geschäftsmodelle werden nur geschaffen, wenn die Unternehmen sich nicht an den traditionellen Wettbewerbern orientieren: *IKEA* hat mit seinem preiswerten und trotzdem modischen Design und neuartigen Verkauf von Möbeln die Möbelindustrie revolutioniert. Die britische Rockband *Radiohead* versetzte bei der Vermarktung ihres Albums Rainbows die Musikindustrie mit einem Konzept in Aufruhr, wonach der Kunde den Preis für das Album selbst bestimmen kann, was zu Bekanntheitssteigerungen, erhöhten Konzertbesucherzahlen und vermehrten Verkäufen älterer Alben geführt hat. *Fressnapf* hat den Tierbedarfshandel mit einem FRANCHISING-Konzept revolutioniert und ist heute in Europa zum größten Unternehmen in seiner Branche aufgestiegen. Und *Car2Go* innovierte die Mietwagenindustrie mit seinem innovativen Car-Sharing-Konzept, in dessen Rahmen man Autos im Minutentakt mieten kann.

Warum innoviert nicht jede Firma ihr Geschäftsmodell und bewegt sich damit in einen blauen Ozean? In internationalen Großkonzernen entfallen auf die tatsächliche Entwicklung innovativer Geschäftsmodelle beispielsweise gerade mal knapp zehn Prozent des Innovationsbudgets. In klein- und mittelständischen Unternehmen liegt die Zahl noch deutlich tiefer. Die Antwort findet sich nicht im fehlenden Willen. Vielmehr ist das Denken außerhalb der eigenen Branchenlogik schwierig, mentale Barrieren blockieren die Entwicklung gänzlich neuer Ideen. Selbst grundsätzlich offen denkende Führungskräfte schaffen es kaum, die dominante Logik ihrer Firma und ihrer Branche nach einigen Jahren Erfahrung zu durchbrechen. Jedes Unternehmen arbeitet in einer Branche, die aufgrund des Zusammenspiels der Wettbewerber sowie der existierenden Wertschöpfungskette nach einer herrschenden Struktur funktioniert. Und auch wenn in vielen Firmen diese gar nicht explizit besprochen wird, so hat sie sich etabliert und das eigene Unternehmen hat sich danach in seinem heutigen Geschäftsmodell ausgerichtet. Jahrzehntelang haben Managementbücher dieses uniforme, eindimensionale Denken als starke „Corporate Identity" und damit als Wettbewerbsvorteil gelobt.

Die dominante Branchenlogik wird immer dann sichtbar, wenn ein Neueinsteiger im Unternehmen Fragen stellt, die nur ein Newcomer stellen kann. Nachsichtig und geduldig erklären dann die eingefleischten Branchenexperten dem Neuling die dominante Branchenlogik: *„Unsere Branche ist anders als andere. Das Geschäft läuft hier nun einmal nur so. Anders akzeptiert es der Kunde nicht."* Diese, von den Soziologen als „Orthodoxie" bezeichneten, Grundsäulen eines Unternehmens lassen sich kaum ändern. Die Führungskräfte verstehen meist nicht, warum sie ihre Komfortzone verlassen sollen, solange sie mit dem bisherigen Geschäftsmodell immer noch Gewinne erzielen. Sie halten an ihrer dominanten Logik fest und unterschätzen die Notwendigkeit der Veränderung. Sollten die Gewinne jedoch einmal einbrechen, ist es oft zu spät für neue Geschäftsmodelle. Dann hilft meist nur noch die Telefonnummer des Sanierungsexperten, der die Kosten reduziert. Michael Dell sagte es einmal treffend anlässlich einer Großveranstaltung: *„Um Innovation muss man sich kümmern, wenn es einem gut geht."*

Die Insolvenz von *Kodak* ist darauf zurückzuführen, dass die dominante Branchenlogik nicht rechtzeitig durchbrochen wurde. Obwohl *Kodak* 1975 sogar die erste Digitalkamera entwickelt hatte, verzichteten sie auf die Markteinführung – aus Angst, das dominante Geschäftsmodell, nämlich die analoge Fotografie, zu unterwandern. In der Welt der analogen Fotografie wurde viel Geld mit Verbrauchsmaterialien – Filmen und deren Entwicklung – verdient. Die Herstellung von Kameras spielte im Geschäftsmodell von *Kodak* nur eine kleine Rolle. *Kodak* glaubte fest daran, dass die analoge Fotografie erhalten bleibt, und prognostizierte 1999, als eine große Welle neu entwickelter Digitalkameras auf den Markt kamen, dass zehn Jahre später die digitale Fotografie einen Marktanteil von nur fünf Prozent haben werde. Eine existenzielle Fehleinschätzung: In 2009 entfielen nur noch fünf Prozent des Markts auf die analoge Fotografie und der Rest auf die digitale Fotografie. 2012 wurde Insolvenz angemeldet.

Eine ähnliche Geschichte schrieben auch die früheren „Big Five" der Musikindustrie *(Universal, Warner, BMG, Sony, EMI)*. Auch sie haben es nicht geschafft, die dominante Branchenlogik rechtzeitig zu durchbrechen, sondern hielten krampfhaft an ihr fest. Die 1982 vom *Fraunhofer-Institut* entwickelte MP3-Technologie ermöglichte den raschen Austausch von Musikdateien in den 1990er Jahren. Ein reger Tauschhandel ohne Beachtung der Urheberrechte ist daraufhin im Internet entstanden. Anstatt anzuerkennen, dass die MP3-Technologie die Musikindustrie revolutionieren wird, setzten die Firmen auf Rechtsstreitigkeiten mit den aufkommenden Playern wie *Napster*. Erst als dann der Branchenneuling *Apple* eine legale Alternative zum Download von Musik aus dem Internet auf den Markt brachte, erkannten die Big Five, dass die dominante Branchenlogik nun endgültig durchbrochen und kein Weg zurück mehr möglich war.

Für erfolgreiche Geschäftsmodellinnovationen ist es unabdingbar, die dominante Branchenlogik zu durchbrechen und Ideen außerhalb der existierenden Denkschemata zu entwickeln. Nur dann kann wirklich Neues entstehen.

Die Integration von neuen Ideen von außen scheint eine vielversprechende Möglichkeit zu sein, um die Mitarbeiter aus ihren gewohnten Denkstrukturen zu lösen. Das „Not-invented-here-Syndrom" greift dann allerdings schnell und erstickt die neuen Ideen, bevor sich diese überhaupt entfalten können. Eine Methode zur Innovation von Geschäftsmodellen muss demnach eine Balance finden zwischen der Notwendigkeit, externe Ideen zu integrieren, und dem Bedürfnis der Führungskräfte, ihre eigenen Ideen weiterentwickeln zu können. Zusammenfassend kann man sagen, dass der Geschäftsmodellinnovation bislang noch etwas Mythisches anhaftet, das viele Unternehmer davon abhält, diese wichtige Aufgabe anzugehen.

Folgende Mythen hört man immer wieder, wenn man mit Managern über Geschäftsmodellinnovation spricht:

- **Der Erstbesteigungsmythos**
  „Kommerzielle Durchbrüche kommen von Ideen, die noch niemand zuvor hatte."
  Fakt ist, dass neue Geschäftsmodelle oft auch Elemente von anderen Geschäftsmodellen in anderen Branchen enthalten. So hat beispielsweise Charles Merrill nach der Gründung der Bank *Merrill Lynch* bewusst Elemente aus dem Geschäftsmodell von Supermärkten auf die Bankindustrie übertragen. Dadurch konnte er einen Supermarkt für Finanzdienstleistungen schaffen.

- **Der Think-Big-Mythos**
  „Geschäftsmodellinnovationen sind immer radikal und Weltneuheiten." Die meisten Menschen denken bei neuen Geschäftsmodellen an die großen Sprünge von internetbasierten Unternehmen.
  Fakt ist, dass ein neues Geschäftsmodell, ähnlich wie bei der Produktinnovation, auch inkrementeller Natur sein kann. So ist die ursprüngliche Geschäftsmodellinnovation von *Netflix*, Videos und DVDs per Post zu versenden, inkrementeller Natur und war dennoch sehr erfolgreich und wertvoll für das Unternehmen. Mit den gesteigerten Möglichkeiten des Internets hat *Netflix* später sein Geschäftsmodell sukzessive in Richtung Online-DVD-Streaming-Service ausgebaut.

- **Der Technologiemythos**
  „Jede Geschäftsmodellinnovation beruht auf einer faszinierenden neuen Technologie, die zu neuen Produkten führt."
  Fakt ist, dass neue Technologien häufig Treiber für neue Geschäftsmodelle sind, diese aber meist generisch sind. Solche Technologien, wie das Internet, die AutoID-Technologien (z. B. RFID) oder das Cloud Computing, sind breit bekannt und allen zugänglich. Der kreative Sprung liegt in der Anwendung und Nutzbarmachung für das eigene Unternehmen, um das Geschäft zu revolutionieren. Die Entdeckung des betriebswirtschaftlichen Potenzials einer neuen Technologie ist die wahre Revolution.

- **Der Zufallsmythos**
  „Geschäftsmodellinnovationen sind ein Zufallsprodukt und können nicht systematisch angegangen werden."
  Fakt ist, dass neue Geschäftsmodelle genauso hart erarbeitet werden müssen, wie neue Produkte, neue Technologien, neue After-Sales-Prozesse oder neue Logistikkonzepte. Es erfordert eine hartnäckige Suche mit großer Energie, die ähnlich einer Expedition in neue Gefilde gut geplant und vorbereitet werden kann.

- **Der Einstein-Mythos**
  „Die wirklich innovativen Ideen sind den kreativen Genies vorbehalten."
  Fakt ist, dass Erfolge heute immer weniger das Resultat von genialen Einzelpersonen sind. An die Stelle von Edison und Wright treten heute interdisziplinäre, bereichs- und oft auch unternehmensübergreifende Teams. Innovation hat sich von der Einzeldisziplin aus der Pionierzeit zur Mannschaftssportart gewandelt. Gerade bei Geschäftsmodellinnovationen ist dies am dringlichsten. Ansonsten bleibt es eine gute Idee eines Einzelnen. So wurde zum Beispiel eine der größten Innovationen in den letzten Jahren, die iPod/iTunes-Kombination, nicht von Steve Jobs bei *Apple* im Alleingang entwickelt, wie viele meinen. Tony Fadell, ein damals externer Freelancer im IT-Bereich hatte innerhalb weniger Wochen die Idee geboren. Das erste Funktionsmuster wurde dann von einem 35-köpfigen Team unter der Leitung von *Apple* zum Prototypen entwickelt. Im Team waren neben *Apple* auch die Designfirma *IDEO*, *Connectix*, *General Magic*, *WebTV* und *Philipps* vertreten. Portal Player, bestehend aus *Wolfson*, *Toshiba* und *Texas Instruments*, führte das technische Design und erhielt dafür 15 US-Dollar für jeden verkauften iPod. Die Erfolgsgeschichte iPod war ein hoch arbeitsteiliges Projekt, das ohne die verschiedenen Kompetenzen nicht erfolgreich gewesen wäre. Oft stellen wir fest, dass Heldentum gefragt ist und ex-post Mythen um einzelne Genies und Heureka-Momente entwickelt werden.

- **Der Größenmythos**
  „Ein großer Durchbruch benötigt immer viele Ressourcen."
  Fakt ist, dass die größten Revolutionen in Geschäftsmodellinnovationen von Außenseitern vorgenommen wurden. Deutlich wird dies im Internetgeschäft, wie die Unternehmen hinter den meistbesuchten Websites zeigen. Alle Top-drei-Unternehmen waren völlige Außenseiter: *Google* wurde von Larry Page und Sergey Brien in 1998 gegründet. *Facebook* wurde 2004 von Mark Zuckerberg gegründet und *YouTube* von Chad Hurley, Steve Chen und Jawed Karim 2005. Als erster etablierter Konzern der „Old Economy" kommt *BBC Online* erst auf Platz 40 (!), alle anderen Unternehmen waren einmal Start-ups. Die Durchsetzung und Verbreitung der Geschäftsmodelle bedurfte großer Investitionen, aber der Start war bei den meisten erfolgreichen Internetfirmen klein und smart. Der erfolgreiche Serienunternehmer und *AutoScout24*-Gründer Joachim Schoss sagte uns einmal in St. Gallen: *„Corporates können das nicht, gerade wegen der vielen Ressourcen."* Wichtiger als reine Ressourcenstärke sind vielmehr die richtigen Ideen und der Mut, den ersten Schritt zu gehen.

- **Der F & E-Mythos**
  „Große Innovationen kommen aus der F & E-Abteilung."
  Fakt ist, dass das Thema Geschäftsmodellinnovation von bereichsübergreifender Natur ist und – je nach konkretem Fall – seinen Ursprung in verschiedenen Organisa-

tionseinheiten haben kann, wie die vier Elemente eines Geschäftsmodells – das *Wer-Was-Wie-Wert?* – unmittelbar verdeutlichen. Es ist also nicht mehr nur die F&E, die traditionell für neue Produkte zuständig ist, sondern auch Abteilungen wie die Bereiche Strategie, Marketing, After-Sales, Service, Logistik, Einkauf und viele andere. *„Geschäftsmodellinnovation ist die Grundaufgabe eines jeden Mitarbeiters – vom Shareholder bis zum Hausmeister"*, wie uns Dr. Theodor Niehaus, der Geschäftsführer von *Festo Didactic,* versicherte.

Mit diesen Mythen möchten wir gründlich aufräumen. Innovation ist die Grundaufgabe einer jeden Führungskraft, für das Verwalten der Routine ist der Lohn nicht gerechtfertigt. Wie jeder Friseur eine gute Schere und jeder Schreiner funktionierende Werkzeuge hat, so benötigen auch die Innovatoren in wirklich unternehmerischen Unternehmen funktionierende Werkzeuge für Geschäftsmodellinnovation.

2 Das Prinzip des St. Galler Business Model Navigators™

Das Prinzip des St. Galler Business Model Navigator™ ist ähnlich den seit Jahrzehnten bewährten Konstruktionsregeln im Maschinenbau. Eine solche ist beispielsweise die „TRIZ-Methodik" zur Produktentwicklung. TRIZ ist die russische Abkürzung für die „Theorie zur Lösung von Erfindungsaufgaben" (russisch: Teorija Rešenija Isobretatelskih Zada). Sie wurde in den 1960er- bis 1980er-Jahren vom russischen Wissenschaftler Genrich Altschuller und seinen Mitarbeitern entwickelt. Hauptmerkmal der Problemlösung mit TRIZ ist das Identifizieren, Verstärken und Eliminieren technischer und physikalischer Widersprüche in technischen Systemen. Eine Auswertung von ca. 40 000 Patenten ergab, dass sich die Erfindungsaufgaben bzw. technischen Widersprüche aus verschiedenen Branchen durch eine begrenzte Anzahl von elementaren Prinzipien (Verfahren) lösen lassen. Daraus entstand eines der bekanntesten und für jedermann einfach anzuwendenden Werkzeuge von TRIZ zur technischen Lösungsfindung: die 40 Innovationsprinzipien. Beispiele hierfür sind zerlege oder segmentiere, trenne Schädliches ab, nutze Asymmetrie, vereine Gleichartiges (Koppeln), verwende Gegenmasse oder Auftrieb. Die TRIZ-Methodik wird heute auch softwareunterstützt angeboten und zählt zum festen Bestandteil moderner Konstruktionsmethodik.

Das Ziel unseres Forschungsprogramms war nichts weniger, als eine solche Konstruktionsmethodik für Geschäftsmodellinnovation zu entwickeln. Während die Altschullerschen 40 000 Patente nur einen Bruchteil des gesamten Patentuniversums darstellen, repräsentieren unsere analysierten Geschäftsmodelle den weitaus größten Teil aller in den letzten 50 Jahren erfolgreich entstandenen Geschäftsmodelle und zahlreiche Geschäftsmodellpioniere der letzten 150 Jahre. Nicht analysiert haben wir die erfolglosen Geschäftsmodelle, jedoch ließen wir unsere Erfahrung in der Arbeit mit Unternehmen und Forschungsergebnisse hierzu ebenso in das Buch mit einfließen.

Wir haben unseren Ansatz über fünf Jahre im Rahmen von Aktionsforschung und Beratungsprojekten mit zahlreichen, international führenden Unternehmen in Chemie, Pharma, Maschinenbau, Automobilzulieferer, Elektronik/Elektrik, Energie, Service, Software, Telekom, Automobil, Finanzdienstleistung und Bauindustrie erarbeitet und anschließend angewendet. Die enge Zusammenarbeit sowohl mit dem Forschungskonsortium aus Industrie und Akademia als auch in bilateralen Projekten mit Wirtschaftsunternehmen hat die Methodik insbesondere hinsichtlich Umsetzbarkeit stark befruchtet. Inspiriert wurde unser Ansatz auch durch unsere enge Zusammenarbeit mit dem *Center for Design Research* an der *Stanford University*. Unsere Kooperation mit Gründern des Design-Thinking-Ansatzes hat uns das iterative, user-zentrierte und haptische Vorgehen in unserem Ansatz gelehrt. Aus dem mehrjährigen Einsatz unserer Methode in den St.-Galler-Executive-MBA-Programmen haben wir ebenfalls stark von den Feedbacks der Manager profitiert.

Der Business Model Navigator™ ist eine aktionsorientierte Methodik, die es jedem Unternehmen ermöglicht, die dominante Branchenlogik zu durchbrechen und das eigene Geschäftsmodell zu innovieren. Es war uns von Anfang an wichtig, über die publikationsfähige Analyse hinaus die Ergebnisse umzusetzen und die Anwender in der Handlungskompetenz zu befähigen. Die gute Nachricht dabei: Die Methodik funktioniert und hat sich in der Praxis in recht unterschiedlichen Organisationen, Branchen und Unternehmen bewährt.

Der St. Galler Business Model Navigator™ (Bild 2) basiert auf der zentralen Erkenntnis, dass sich neue Geschäftsmodelle über kreative Imitation und Rekombination erfolgreich entwickeln lassen. Der Business Model Navigator™ unterscheidet zwischen der Designphase der Geschäftsmodellinnovation und deren Realisierung. Er besteht aus vier Schritten:

1. Initiierung
2. Ideenfindung
3. Integration
4. Implementierung

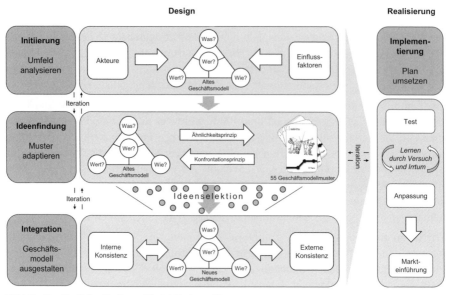

Bild 2: Der St. Galler Business Model Navigator™

■ 2.1 Zentrale Erkenntnis: Kreative Imitation und die Bedeutung der Rekombination

Die Aussage „Man muss das Rad nicht neu erfinden" beschreibt die Tatsache, dass nicht immer alles neu erfunden werden muss, sondern man sich auch von bereits Bestehendem inspirieren lassen kann. Innovationen sind oft Variationen von etwas, das bereits zuvor existiert hat, in anderen Industrien, in anderen Märkten oder in anderen Kontexten. In unserer Arbeit fanden wir heraus, dass rund 90 Prozent der Geschäftsmodellinnovationen Rekombinationen von Elementen von bereits bestehenden Geschäftsmodellen sind.

 90 Prozent aller neuen Geschäftsmodelle sind nicht wirklich neu, sondern basieren auf 55 bestehenden Mustern. Kreatives Imitieren von Geschäftsmodellen aus anderen Branchen befähigt Unternehmen, in der eigenen Branche Innovationsführer zu werden. Wichtig ist hierbei das Prinzip ‚Kapieren geht vor Kopieren'.

Diese Erkenntnis hat uns als Forscher und Coach von Unternehmen überrascht, da Geschäftsmodellinnovationen per se etwas radikal Neues sind. Aber diese sind nur neu für die Industrie bzw. Branche, nicht für die Welt. So ist dies letztlich eine Bestärkung der grundsätzlichen Erkenntnisse des frühen Innovationsforschers Josef Schumpeter, der für Innovationen im Produkt- und Prozessbereich schon herausgefunden hatte, dass über 80 Prozent aller Innovationen lediglich Rekombinationen aus existierenden Ideen, Konzepten und Technologien sind. Unsere neueren Arbeiten mit Geschäftsmodellen bestätigen diese Erkenntnis. Dabei heißt Imitieren nicht einfach, einen Plagiator zu spielen und Zeichnungen 1:1 zu imitieren. Vielmehr müssen die Elemente und deren Kombination in einem Geschäftsmodell von Grund auf verstanden und auf für die eigene Situation übersetzt werden. Kreative Imitation ist bei Geschäftsmodellen gefragt.

Bei unserer Analyse identifizierten wir 55 unterscheidungsfähige Muster, die immer wieder den Kern neuer Geschäftsmodelle bilden. Ein Gechäftsmodellmuster ist eine bestimmte Konfiguration der vier Kernelemente *(Wer-Was-Wie-Wert?)* eines Geschäftsmodells, welche sich in verschiedenen Firmen und Industrien als erfolgreich erwiesen hat. Die 55 Muster werden in Teil II dieses Buchs detailliert in Form von Steckbriefen vorgestellt. Die Business Model Navigator™ Map, die Sie als Faltplan in Teil III finden, bildet alle 55 Muster als Linien ab, zusammen mit einer chronologischen Aufzählung von Firmen, die die Muster in ihrem Geschäftsmodell anwenden. Manche Innovatoren verwenden mehrere Muster gleichzeitig, auf dieses Phänomen weisen wir in unserer Business Model Navigator™ Map in Form von Knotenpunkten zwischen verschiedenen Mustern hin. Wir führen diese aber wegen der Lesbarkeit nicht bei jeder Musterbeschreibung auf.

> In der Business Model Navigator™ Map lassen sich die größeren Zusammenhänge von Geschäftsmodellen nachvollziehen und die eigene Situation reflektieren. Gut erkennbar ist die Durchgängigkeit der Muster. Der Innovationssprung von einer Innovation im Geschäftsmodell in einer Branche zu der in einer anderen Branche ist deutlich geringer als zunächst vermutet.

An dieser Stelle greifen wir die zwei Muster SUBSCRIPTION und RAZOR AND BLADE exemplarisch heraus, um die Bedeutung der Muster und der Rekombination aufzuzeigen.

SUBSCRIPTION – das Abonnieren von Leistungen

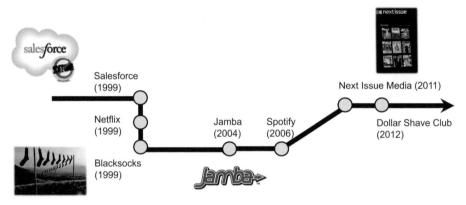

Bild 3: Muster SUBSCRIPTION

Beim Muster SUBSCRIPTION (Bild 3) zahlt der Kunde regelmäßig eine Gebühr, zumeist auf monatlicher oder jährlicher Basis *(Wert?)*, und erhält hierdurch den Zugang zu einem Produkt oder einer Dienstleistung *(Was?)*. Auch wenn das Muster bereits seit langer Zeit existiert, führt seine Anwendung in unterschiedlichen Kontexten auch heute noch zu radikalen Innovationen. So hat beispielsweise *Salesforce*, der internationale Anbieter von Cloud-Computing-Lösungen für Unternehmen, das Geschäftsmodell der Branche radikal innoviert, indem das Unternehmen als erster Anbieter Software zur Miete über das Internet zur Verfügung stellte, anstatt große Einmalzahlungen für eine Lizenz zu verlangen. Mit der Idee eines Software-Abonnements zählt *Salesforce* heute zu den zehn weltweit am schnellsten wachsenden Unternehmen. *Netflix*, der weltweit führende Online-DVD-Streaming-Service für private Konsumenten, hat den Online-Videomarkt durch die Einführung eines Abonnementmodells ebenfalls revolutioniert. Wer hätte gedacht, dass man mit dem Vertrieb von schwarzen Socken ein erfolgreiches Geschäft aufbauen oder gar eine Geschäftsmodellinnovation erzielen kann? Mit der Einführung eines Sockenabonnements über das Internet ist dies Samuel Liechti, dem Gründer und CEO von *Blacksocks*, gelungen. Das Schweizer Unternehmen hat mittlerweile 50 000 Kunden in 75 Ländern. Weitere Beispiele von Geschäftsmodellinnovationen, die im Kern das Muster der Subscription verwenden, sind *Jamba*, das Klingeltöne für Handys im Abomodell verkauft, und *Spotify*, eine Plattform, die Millionen von Musiktiteln kostenlos anbietet und gegen eine geringe monatliche Gebühr den Service ohne Werbeunterbrechung und auch fürs Handy anbietet. Ähnlich bietet *Next Issue Media* in den USA sämtliche Zeitschriften im Abomodell für Tablets an. Gegen einen monatlichen Beitrag von 15 US-Dollar hat der Leser Zugang zu über 70 Zeitschriften. Und der *Dollar Shave Club* bietet Rasierklingen im Abomodell an, womit das lästige Nachkaufen entfällt.

Razor and Blade – Haken und Köder

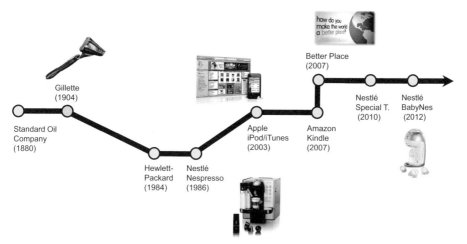

Bild 4: Muster Razor and Blade

Die Kernidee des Musters Razor and Blade (Bild 4) besteht darin, das Grundprodukt dem Kunden günstig oder gar umsonst anzubieten und die Verbrauchsmaterialien, die es zur Nutzung des Grundprodukts bedarf, mit hohen Margen zu verkaufen *(Was? Wert?)*. Um sicherzustellen, dass die Kunden die Verbrauchsmaterialien nur beim eigenen Unternehmen kaufen, müssen Austrittsbarrieren aufgebaut werden, wie Patentanmeldungen oder ein starker Markenaufbau *(Wie?)*.

Das Unternehmen *Standard Oil Company* von John D. Rockefeller, welches Ende des 19. Jahrhunderts günstige Petroleumlampen verkaufte und das Lampenöl, das aus den Raffinerien seines eigenen Ölimperiums stammte, zu teuren Preisen abgab, gilt als Pionier dieses Musters. Das Geschäftsmodell von *Standard Oil Company* war erfolgreich und so konnte das Unternehmen sein Ölgeschäft sukzessive ausweiten. Einige Jahre später wurde das Muster in der Rasiererindustrie verwendet. *Gillette* verschenkte Rasiergeräte und verkaufte die dazugehörenden Rasierklingen mit hoher Marge. Das Konzept war so durchschlagend, dass *Gillette* bereits drei Jahre nach der Ersteinführung des Wegwerfklingen-Systems im Jahr 1904 jährlich über 134 Millionen Rasierklingen verkaufen konnte. Auch in der Druckereiindustrie führte dasselbe Muster bei *Hewlett-Packard* zu durchschlagendem Erfolg: günstige Drucker und teure Patronen. Ebenfalls findet man auch bei der äußerst erfolgreichen Geschäftsmodellinnovation von *Nestlé Nespresso* die Logik von RAZOR AND BLADE wieder: Die Espressomaschinen sind sehr günstig – und die dazugehörenden Kaffeekapseln kosten das Fünffache im Vergleich zu einem normalen Kilo Kaffee.

Auch einer der größten Innovatoren der letzten Jahre, *Apple*, verwendet das Muster in seinem Geschäftsmodell, allerdings in umgekehrter Form. Während die Songs, Softwares oder E-Books günstig verkauft werden, sind die benötigten Endgeräte, wie der iPod, das iPhone und das iPad, vergleichsweise teuer. *Apple* verdient dabei 60-mal mehr mit den Endgeräten, ungefähr 30 Milliarden US-Dollar im Jahr 2010, als mit den Songs, Softwares, oder E-Books, welche ungefähr eine halbe Milliarde US-Dollar ausmachen. Ein weiterer Innovator mit dem RAZOR AND BLADE-Muster ist *Amazon Kindle* mit dem gleichnamigen E-Book-Reader und den komplementären E-Books. Für den E-Book-Reader werden mittlerweile über 450 000 Buchtitel angeboten und die Verkäufe an E-Books überstiegen 2010 erstmals *Amazons* Verkäufe an Print-Büchern. Das Unternehmen *Better Place* verwendet seit 2007 das Geschäftsmodellmuster RAZOR AND BLADE in der Elektroautoinfrastruktur-Branche. Der Kunde kauft dabei von *Better Place* ein günstiges Elektroauto und zahlt eine relativ hohe Gebühr für das Mieten und Auswechseln einer Batterie. Ähnlich wie *Apple*, das es geschafft hat, das Muster RAZOR AND BLADE innerhalb der Firma erfolgreich zu wiederholen, weitet *Nestlé* derzeit auch das erfolgreiche *Nespresso*-Konzept auf andere Produkte wie Tee (*Nestlé Special.T*) und Babynahrung (*Nestlé BabyNes*) aus.

Wir haben drei Basisstrategien identifiziert, die in der Vergangenheit verwendet wurden, um aus dem Pool von 55 Geschäftsmodellmustern neue Geschäftsideen zu erzeugen (Bild 5):

- **Übertragen:** Ein existierendes Geschäftsmodell wird auf eine neue Branche übertragen (z.B. RAZOR AND BLADE auf die Rasiererindustrie). Diese Strategie wird von den meisten Unternehmen angewandt. *Vorteile:* Beispiele anderer Unternehmen dienen als Blaupause; deren Fehler müssen nicht wiederholt werden; Innovationsführer in der eigenen Branche. *Herausforderung:* den nötigen Spielraum zur Adaption zulassen.

- **Kombinieren:** Zwei Geschäftsmodelle werden übertragen und kombiniert. Besonders innovative Unternehmen wenden drei Muster parallel an (z.B. RAZOR AND BLADE, LOCK-IN und DIRECT SELLING bei *Nestlé Nespresso*). *Vorteile:* Verstärkende Effekte erschweren eine Imitation durch den Wettbewerb. *Herausforderung:* erhöhte Komplexität bei Planung und Umsetzung.

- **Wiederholen:** Ein Unternehmen wiederholt ein erfolgreiches Geschäftsmodell in einem anderen Produktbereich (z.B. *Nestlé Special.T* und *Nestlé BabyNes*). Dies gelingt nur den innovativsten Unternehmen. *Vorteile:* Erfahrungen und Synergien lassen sich nutzen; überschaubares Risiko. *Herausforderung:* Spagat zwischen Veränderung und Stabilität.

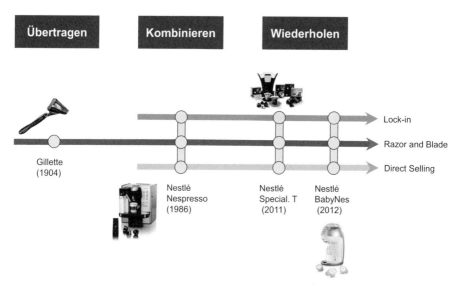

Bild 5: Drei Basisstrategien zur Anwendung von Geschäftsmodellmustern

Diese Strategien können einzeln oder auch in Kombination verwendet werden. Was können wir nun von diesen Erkenntnissen lernen? Was in der Vergangenheit funktioniert hat, hat reflektiert auch Potenzial für die Zukunft. Anders ausgedrückt, um ein Geschäftsmodell zu innovieren, muss man nicht das Rad jedes Mal neu erfinden, sondern man kann die 55 identifizierten Geschäftsmodellmuster als Inspirationsquelle zur Entwicklung neuer Ideen heranziehen. Wenn diese Muster bereits von anderen Firmen übertragen wurden und dort zu Innovationen führten, warum sollte es dann nicht auch für das eigene Unternehmen funktionieren? Ähnlich den Erkenntnissen der Benchmarking-Methodik, welche in den 1990er-Jahren unter den Unternehmen eine enorme Popularität erfuhr, reicht es nicht aus, 1:1 zu kopieren. Vielmehr müssen die Unterschiede zwischen den Unternehmen bzw. Industrien identifiziert, verstanden und dann im Sinne von Rosinenpicken übertragen werden. Die Übertragung von Geschäftsmodellen klingt nach einfacher Imitation, ist aber ein anspruchsvoller, kreativer Vorgang.

Dieser Ansatz bringt vielfältige externe Ideen ein, die notwendig sind, um die dominante Branchenlogik zu durchbrechen, bietet aber gleichzeitig noch genügend Freiraum zur Anpassung, um das „Not-invented-here"-Syndrom zu verhindern. Das Entwickeln von Geschäftsmodellinnovationen auf Basis der Rekombination der 55 Muster stellt das zentrale Ideengenerierungstool unseres Business Model Navigator™ dar.

■ 2.2 Initiierung: Umfeld analysieren

Vor der Entwicklung eines neuen Geschäftsmodells sollten ein gemeinsamer Startpunkt und die grobe Stoßrichtung definiert werden. Ein Geschäftsmodell ist kein isoliertes Konstrukt, sondern ein komplexes Geflecht unterschiedlicher Wirkungsbeziehungen. Dieses befindet sich in ständiger Wechselwirkung mit dem Ecosystem des Unternehmens, welches wiederum permanenten Veränderungen unterworfen ist. Um der Herausforderung Geschäftsmodellinnovation zu begegnen, ist daher neben dem Verständnis des eigenen Geschäftsmodells ein 360-Grad-Rundumblick auf die relevanten Akteure und die Einflussfaktoren notwendig (Bild 6). Denn erst wenn ein Unternehmen seine Branche und sein Umfeld von Grund auf versteht, wird erfolgreiche Geschäftsmodellinnovation häufig überhaupt erst möglich. Die Beschreibung des gegenwärtigen Geschäftsmodells und seine Interaktion mit den relevanten Akteuren und Einflussfaktoren ist zudem eine gute Übung, um in die Logik des Geschäftsmodelldenkens zu kommen. Dabei sollte nebst einer statischen unbedingt auch auf eine dynamische Betrachtungsperspektive geachtet werden.

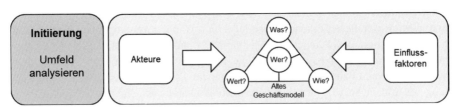

Bild 6: Initiierung – das Umfeld des alten Geschäftsmodells ganzheitlich und vorausschauend analysieren

Das eigene Geschäftsmodell wirklich zu verstehen, ist deutlich schwieriger, als man denkt. Selbst Mitarbeiter mit 20 und mehr Jahren Erfahrung in der Branche tun sich oft schwer, das eigene Geschäftsmodell und die Branchenlogik niederzuschreiben. Dieser Schritt benötigt also hinreichend Zeit. Um das eigene Geschäftsmodell ohne blinde Flecken zu erfassen, muss in größeren Unternehmen unbedingt abteilungs- und funktionsübergreifend gearbeitet werden. Diese Vorgehensweise bietet, neben der Einführung in die Geschäftsmodellthematik als solches, den zusätzlichen Vorteil, dass sich der Wissensstand unter den Teilnehmern etwas angleicht. So ist das Wissensspektrum der Mitarbeiter eines Unternehmens häufig auf einen bestimmten Unternehmensbereich, wie Marketing oder Finanzen beschränkt. Erfolgreiche Geschäftsmodellinnovationen tangieren in der Regel weite Teile eines Unternehmens, wodurch die Teilnehmer auch über Basiskenntnisse außerhalb ihres eigenen Expertenbereichs verfügen sollten. Idealerweise werden noch branchenfremde Personen hinzugezogen, da die eigenen Mitarbeiter nach 20 Jahren Betriebszugehörigkeit oft den Wald vor lauter Bäumen nicht mehr sehen. Kreative Ausnahmen bestätigen hier die Regel.

Wichtig ist, bei der Beschreibung des eigenen Geschäftsmodells eine entsprechende Flughöhe zu behalten. Die Beschreibung sollte sich nicht in Details verlieren, sondern die übergreifende Geschäftsmodelllogik und damit auch die Branchenlogik erfassen. Gleichzeitig sollte man in der Beschreibung aber auch konkret genug sein, um die kritischen Probleme zu erfassen. Oder wie Herbert Simon, der den Nobelpreis für seine Arbeiten zur beschränkten Rationalität erhielt, sagte: *„Problem solving involves not only the search for alternatives but the search for the problems themselves."*

 Zu oft wird ein Geschäftsmodell zu detailliert analysiert, so dass man sich in den Alltagskämpfen der Positionierung befindet. Nicht Bodenhöhe, sondern 10 000 Meter Flughöhe wird angestrebt, damit die dominante Branchenlogik erfasst werden kann.

Die Beschreibung des Geschäftsmodells kann wesentliche Impulse für eine Veränderung am Geschäftsmodell geben. So kommen bei der Analyse des eigenen Geschäftsmodells häufig Schwachstellen und Ungereimtheiten ans Tageslicht, die so vorher nicht offensichtlich waren. Gleichzeitig hat die Analyse des Status quo auch eine aufbruchsfördernde Wirkung, die gerade in einem innovationsscheuen Umfeld nicht zu unterschätzen ist. Denn hat ein Unternehmen erst einmal erkannt, dass sich sein Geschäftsmodell nur minimal von der dominanten Branchenlogik unterscheidet, ist häufig bereits eine erste Bereitschaft zur Veränderung geweckt. Die meisten Unternehmen haben heutzutage verstanden, dass der Erfolg der *Apple*s und *Google*s nicht auf einer Anpassung an bestehende Spielregeln beruht, sondern vielmehr auf dem Aufstellen eigener Regeln und dem damit einhergehenden Bruch mit der dominanten Branchenlogik.

Wir empfehlen, das eigene Geschäftsmodell anhand der vier Kernelemente eines Geschäftsmodells *(Wer-Was-Wie-Wert?)* zu beschreiben. Die folgenden Fragen helfen, das eigene Geschäftsmodell ganzheitlich zu erfassen:

- *Wer?:* Kunden
  - Welche Kunden bzw. -segmente werden hauptsächlich bedient? (u. a. wie wird segmentiert?)
  - Welche Art von Beziehung erwarten die Kunden und wie werden diese gepflegt? (u. a. Kosten der Beziehung?)
  - Wer sind unsere wichtigsten Kunden?
  - Welche wesentlichen weiteren Anspruchsgruppen bestehen und sind zu berücksichtigen?
  - Durch welche Absatzkanäle werden die Kunden bedient?
  - Welche Gruppen beeinflussen unsere Kunden (Meinungsführer, Stakeholder, Anwender)?
  - Werden die gleichen Kundensegmente von verschiedenen Unternehmensbereichen verschieden angesprochen?
  - Welche Menschen stecken hinter den Kunden? Sind dies immer noch die gleichen Menschen im nächsten Jahrzehnt? Insbesondere im B2B-Sektor wird der Mensch hinter dem Kunden gerne vergessen.

- *Was?:* Nutzenversprechen
  - Welche Probleme und Bedürfnisse der Kunden werden gelöst bzw. befriedigt? Durch welche Produkte und Dienstleistungen geschieht das?
  - Wie ist der wahrgenommene Kundenwert? Das ist meist nicht identisch mit den technischen Spezifikationen, hinter denen sich die Technik gerne versteckt.
  - Welcher Wert bzw. Nutzen wird für den Kunden geschaffen? Wie wird dieser kommuniziert?
  - Inwiefern unterscheidet sich das Angebot von der Konkurrenz? Welche Alternativen hat der Kunde?
  - Erfüllt das heutige Geschäftsmodell die Kundenbedürfnisse wirklich?
- *Wie?:* Wertschöpfungskette
  - Welche Schlüsselressourcen benötigt die Erstellung der Angebote bzw. des Nutzenversprechens? (Ressourcen: physische, personelle und finanzielle Ressourcen sowie geistiges Eigentum)
  - Welche Kompetenzen und Schlüsselaktivitäten sind dazu nötig?
  - Basiert unsere Wertschöpfungskette auch auf unseren Kernkompetenzen?
  - Wer sind die wichtigsten Partner? In welcher Beziehung stehen diese zum Unternehmen und was steuern sie bei?
  - Wer sind die wichtigsten Lieferanten und was liefern sie?
- *Wert?:* Ertragsmodell
  - Welches sind die größten Kostenblöcke und wesentlichen Kostentreiber?
  - Welches sind Haupteinnahmequellen (sowie Anteile am Gesamtumsatz) und wie werden die Erträge generiert? Wofür sind die Kunden bereit zu zahlen?
  - Wo liegen finanzielle Risiken im derzeitigen Ertragsmodell?

2.2.1 Akteure verstehen

Ein genaues Verständnis der Akteure im Ecosystem ist eine wichtige Voraussetzung für erfolgreiche Geschäftsmodellinnovation. In der Tat sind die meisten erfolgreichen Innovationen der letzten Jahre nicht im eigenen Unternehmen entstanden, sondern das Ergebnis einer intensiven Zusammenarbeit mit externen Akteuren (z. B. *Apple iPod/iTunes, Procter & Gamble*).

Symbolisch wird das Beziehungsgeflecht, in das ein Geschäftsmodell eingebunden ist, besonders gut durch unseren Forschungspartner *SAP* dargestellt. Wir nutzen daher diese Darstellung für die integrierte Sichtweise auf die relevanten Akteure unseres Geschäfts. Die relevanten Akteure in diesem Beziehungsgeflecht sind neben dem eigenen Unternehmen (1) die Kunden, (2), die Partner und (3) die Wettbewerber (Bild 7).

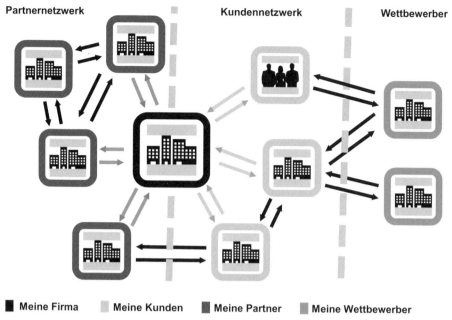

Partnernetzwerk **Kundennetzwerk** **Wettbewerber**

■ **Meine Firma** ■ **Meine Kunden** ■ **Meine Partner** ■ **Meine Wettbewerber**

Bild 7: Beziehungsgeflecht der relevanten Akteure für ein Geschäftsmodell anhand von *SAP*

Meine Kunden

Grundlage für jede Analyse des Ecosystems ist ein tiefgreifendes Verständnis von den Bedürfnissen der Kunden, die zu den wichtigsten Quellen für Geschäftsmodellinnovation zählen. Dabei sollte man nicht nur die bestehenden Kunden betrachten, sondern auch Kunden, die bisher noch nicht bedient werden, und zukünftige Kunden, die heute noch gar keine Kunden sind.

Starbucks hat es beispielsweise gut verstanden, dass die Kunden nicht nur einen Kaffee trinken wollen, sondern auch nach einem gemütlichen Ort suchen, an dem sie sich aufhalten können. Aufbauend auf dieser Logik hat *Starbucks* 20 000 Geschäftsstellen aufgebaut und ist immer noch sehr erfolgreich damit. *Zara*, das spanische Textilunternehmen, hat sein Geschäftsmodell konsequent darauf ausgerichtet, möglichst schnell sich ändernde Kundenbedürfnisse zu erfassen. Durch die volle Integration aller Teilprozesse – Entwurf, Produktion und Verkauf – ist es dem Unternehmen gelungen, die Dauer, bis eine neue Kollektion auf den Markt kommt, auf drei Wochen zu verkürzen. Das war eine Revolution für die Textilindustrie, die bislang Zeiten von neun Monaten gewohnt war.

In den letzten Jahren gehen Unternehmen sogar noch einen Schritt weiter: Sie fordern ihre Kunden auf, direktes Feedback zu Produkten und Services zu geben, oder lassen sie sogar direkt bei der Gestaltung der Produkte mitwirken. Auch *CEWE Color*, der europäische Marktführer für industrielles Fotofinishing, hat eine seiner neuen Geschäftsmodellinnovationen, *viaprinto.de*, welche sich auf den Online-Druck von Dokumenten, Prospekten etc. fokussiert, basierend auf Einträgen von Kunden im firmeneigenen

Online-Chat-Forum aufgebaut. Viele Kunden hatten das Bedürfnis geäußert, nicht nur ihre Fotos, sondern auch andere Dokumente, wie zum Beispiel MS-Office-Dateien und PDFs, in einer hochwertigen Qualität professionell drucken zu lassen. Das Geschäft *viaprinto.de* ist seit 2010 am Markt verfügbar und hat innerhalb kurzer Zeit zahlreiche Kundengruppen aus verschiedensten Branchen erschließen können. Auch hat das Geschäftsmodell bereits mehrere Innovationspreise erzielt.

Bei dem T-Shirt-Hersteller *Spreadshirt* können Kunden ihre eigenen Designs entwerfen und anschließend kaufen. Getreu nach dem Motto des *Spreadshirt*-Gründers „*Wir befähigen die User, ihr eigenes Ding zu machen*" (Spiegel Online, 2006) werden die Kundenbedürfnisse in den Mittelpunkt des Geschäftsmodells gerückt.

Steht der Kunde hingegen bei der Entwicklung neuer Produkte oder Geschäftsmodelle nicht im Zentrum, ist die Gefahr des Scheiterns groß, wie einige Innovationsflops zeigen:

- *Siemens* entwickelte 2003 ein Handy für Frauen mit integriertem Kosmetik-Spiegel. Doch die Idee war der Zeit voraus, kostete das Unternehmen 100 Millionen US-Dollar und beschleunigte den Rückzug von *Siemens* aus dem Handygeschäft. Keine zehn Jahre später belegen Softwares, welche mit der Handykamera einen Spiegel simulieren, vordere Plätze in den einschlägigen Software-Stores: Die Kundenbedürfnisse haben sich offensichtlich gewandelt.

- Bereits in den 1950er Jahren entdeckte *Chrysler* den heute großen Trend der Feminisierung der Gesellschaft und der zunehmenden Bedeutung von Frauen als neue Käufergruppe. Als Vordenker hatte *Chrysler* den Trend entdeckt, aber ihn mit der Entwicklung eines rosaroten Automobils „LaFemme" für die damalige Zeit unmöglich umgesetzt. Heute ist der Wagen ein Kultobjekt, er wurde seinerzeit jedoch kaum abgesetzt.

- *CargoLifter* nutzte eine alte Technologie völlig neu: Die Zeppelin-Technologie wurde von dem 1996 gegründeten Unternehmen eingesetzt, um enorm schwere und große Lasten zu transportieren, welche im Straßen- oder Schienenverkehr nicht transportierbar sind. Hierfür gab es zunächst viele Interessenten: Großmaschinenhersteller wie *ABB*, *General Electric* oder *Siemens* konnten ihre Anlagen als System zusammengebaut und getestet liefern. Für den Brückenbau hätten industriell vorgefertigte Elemente transportiert und dann vor Ort eingebaut werden können. Die Marktforschung hatte ergeben, dass der Bedarf klar vorhanden ist. Es wurden mit den Produktionsleitern, Entwicklern und Logistikern nur die falschen Personen gefragt. Als die Verträge final unterschrieben werden sollten, machten die Juristen auf die Risiken des Lufttransports aufmerksam. Was wäre, wenn die gesamte Gasturbine über einem Einfamilienhaus abstürzte? Nebst den ungeklärten technischen Risiken konnte *CargoLifter* die Finanzierung des Projekts nicht sicherstellen, da wiederholte Projektkostensteigerungen innerhalb des technischen Entwicklungsprojekts auftraten. Schließlich musste *CargoLifter* 2002 Konkurs anmelden, weil der Finanzierungsbedarf des CL160-Zeppelins nicht sichergestellt werden konnte.

- Marketinggurus fordern häufig die Adressierung der Nicht-Kunden. Dies tat der Zigarettenhersteller *Eclipse* und entwickelte eine Zigarette, die nicht rauchte. Diese Entwicklung wurde von Nichtrauchern sehr positiv aufgenommen. Der Haken: Nichtraucher kaufen weiterhin keine Zigaretten, Raucher hingegen wollen rauchen.

- Selbst große Unternehmen wie *Google* können scheitern, wenn Kundenerkenntnisse fehlen. Heute kennen die wenigsten noch *Google Video*, der Versuch *Googles, YouTube* mit einer eigenen Initiative zu schlagen. Das Angebot war jedoch zu unübersichtlich und verwirrte die von YouTube verwöhnten Kunden. Es blieb *Google* nichts anderes übrig, als das eigene Angebot wieder einzustellen und *YouTube* teuer zu kaufen.

Meine Partner

Neben den Kunden sind auch die Partner wichtige Akteure für die Innovation eines Geschäftsmodells. Unter Partnern verstehen wir all diejenigen, die einen relevanten Beitrag in der Wertschöpfung gegenüber dem Kunden leisten, wie zum Beispiel Zulieferer, Vertriebspartner oder Lösungspartner, aber auch Partner, die über die direkte Leistungsbeziehung hinausgehen, wie Wissenschaftler, Berater oder Verbände. Partner können ähnlich wie Kunden als Inspirationsquelle für neue Ideen dienen und sie sind oft auch eine notwendige Voraussetzung dafür, dass eine neue Idee überhaupt erst umgesetzt werden kann.

Bühler, ein global führendes Unternehmen der Verfahrenstechnik, insbesondere für Produktionstechnologien und Dienstleistungen zur Herstellung von Nahrungsmitteln und technischen Materialien, hat beispielsweise in einer engen Kooperation mit einem Hersteller von Nahrungsergänzungsmitteln einen „NutriRice", ein fortifiziertes Reisprodukt, entwickelt. Damit potenzielle Kunden das Produkt testen können, gründete *Bühler* mit *DSM* ein Joint Venture, das diese rekonstituierten Reiskörner herstellen und Interessenten anbieten kann. Dies ermöglicht potenziellen Kunden (= Reismühlen) den Aufbau eines Marktes, ohne dass diese bereits in die Technologien investieren müssen. Sobald der Markt auf den neuen Reis positiv anspricht, kann die Reismühle entscheiden, ob sie weiterhin die Reiskörner vom Joint Venture beziehen will oder direkt in eine Anlage investieren möchte. Für *Bühler* ergeben sich dadurch Umsätze beim Verkauf der fortifizierten Reiskörner und beim Verkauf der Technologie.

Neben eher zufälligen gemeinsamen Innovationen mit Partnern treiben Unternehmen auch immer mehr die systematische Einbindung von Partnern in den Innovationsprozess voran, da der Wert externer Ideen geschätzt wird. Unter dem Stichwort CROWDSOURCING lagern Unternehmen bestimmte Aufgaben an eine externe Crowd aus. Eine bekannte Firma, die systematisch CROWDSOURCING für die Entwicklung neuer Produkte und Geschäftsmodelle betreibt, ist der Konsumgüterhersteller *Procter & Gamble*. Unter dem Namen „Connect + Develop" hat sich *Procter & Gamble* zum Ziel gesetzt, mit den besten Innovatoren der Welt zu kooperieren. Inzwischen basieren mehr als die Hälfte aller neuen Produktinitiativen bei *Procter & Gamble* auf Kooperationen mit externen Partnern. Die Partner von *Procter & Gamble* sind so vielfältig wie die Ideen: kleine Firmen, internationale Großkonzerne, Wissenschaftler, einzelne Erfinder und in manchen Fällen sogar Wettbewerber aus der ganzen Welt.

Meine Wettbewerber

Auch von Wettbewerbern kann man lernen. So wurde in Spanien 2001 mit *Metro Newspaper Spain* die erste komplett werbefinanzierte freie Zeitung im Land herausgegeben. Verschiedene bestehende Zeitungsfirmen kopierten das Geschäftsmodell, wie beispielsweise *Recoletos* mit der Gratiszeitung *Qué*. Wegen der starken Konkurrenz musste 2009 der ursprüngliche Innovator *Metro Newspaper Spain*, welcher der in anderen Ländern erfolgreichen *Metro Newspaper* angehört, seine Gratiszeitung einstellen, während *Qué* mit einer täglichen Auflage von fast einer Million gut dasteht. Das Beispiel zeigt auf, dass man auch ein Stück des Kuchens haben kann, wenn man nur genügend schnell reagiert, obgleich die innovative Idee von einem Wettbewerber kommt. Auch im innovativen Mietwagengeschäft zu Minutenpreisen, das ursprünglich von *Daimler* mit *Car2Go* entwickelt worden ist, haben die Wettbewerber *Deutsche Bahn* mit *Flinkster*, *BMW* mit *DriveNow* und *VW* mit *Quicar* schnell reagiert und teilen sich nun den wachsenden Markt auf. *Flinkster* hat sich dabei, gemessen an der Kundenanzahl, 2012 zum Marktführer in Deutschland entwickelt mit über 190 000 Kunden (48 Prozent), gefolgt von *Car2Go* (18 Prozent) sowie *DriveNow* (elf Prozent) und *VW* hält im innovativen Mietwagengeschäft zu Minutenpreisen ungefähr ein Prozent Marktanteil. Auch der erfolgreiche low-cost Carrier *Ryanair* hat sein Geschäftsmodell nicht selbst erfunden, sondern es von *Southwest Airlines* übernommen. Da jedoch beide Anbieter in geografisch unterschiedlichen Märkten agieren, war das Geschäftsmodell von *Ryanair* im europäischen Raum eine Revolution innerhalb der Branche.

2.2.2 Einflussfaktoren analysieren

Neben einem tiefgreifenden Verständnis der relevanten Akteure müssen Firmen auch die wichtigsten Wandeltreiber, ihre Veränderungen und ihren Einfluss auf das Geschäftsmodell verstehen. Es gibt drei wesentliche Einflussfaktoren, die bei jeder Analyse des Ecosystems unbedingt beachtet werden müssen: Technologien, Trends und regulatorische Veränderungen.

Technologien

Viele erfolgreiche Geschäftsmodellinnovationen basieren auf technologischen Entwicklungen. Durch die internetbasierte Vernetzung von Nutzergruppen aus der ganzen Welt wurden viele neue Geschäftsmodelle, wie zum Beispiel der internetbasierte Handel mit gebrauchten Artikeln *(eBay)*, die Vergabe von Privatkrediten *(Zopa)* oder die Vermietung der Wohnung während der eigenen Ferienzeit *(Airbnb)* erst möglich. Gleichermaßen ist der Erfolg von *Skype*, der zu einer irreversiblen Veränderung von weiten Teilen der Telekommunikationslandschaft führte, maßgeblich auf die größere Verbreitung der VoIP-Technologie zurückzuführen. Ähnlich treiben neue Technologien wie das Cloud Computing, die 3D-Printing-Technologie oder das Internet die Entwicklung neuer Geschäftsmodelle voran.

Allerdings führt nicht jede neue Technologie automatisch zu einer Wertschöpfung für das Unternehmen, das sie entwickelt. Es braucht eben genau das innovative Geschäftsmodell, um Wert zu schaffen und abzuschöpfen. Dieses Problem erläutert Harvard-Kollege Clayton Christensen wie folgt: *„The history of innovation is littered with companies that had a disruptive technology within their grasp but failed to commercialize it successfully because they did not couple it with a disruptive business model"* (Christensen et al., 2009).

MP3, das elektronische Musikformat, das 1982 maßgeblich vom deutschen *Fraunhofer-Institut* entwickelt wurde, bringt *Fraunhofer* heutzutage durch die Lizenzerträge einen jährlichen Umsatz im zweistelligen US-Dollar-Millionenbereich. *Apple* hingegen, die 2003 die iPod/iTunes-Kombination auf Basis der MP3-Technologie auf den Markt brachten, erzielten bereits drei Jahre nach der Einführung einen jährlichen Umsatz im zweistelligen US-Dollar-Milliardenbereich – ein geringes Trostpflaster für *Fraunhofer*, die eigentlichen Erfinder der Technologie.

Auch *Iridium* scheiterte damit, seine großartige Technologie für Satellitentelefone mit dem richtigen Geschäftsmodell zu kombinieren. 1998 wurden für fünf Milliarden US-Dollar insgesamt 66 Satelliten in die geostationäre Umlaufbahn gesendet. Das Telefon war teuer, unhandlich und mit einem Minutenpreis von acht US-Dollar nicht für den Massenmarkt geeignet. Zudem konnte man damit überall telefonieren, außer in Gebäuden, was nicht gerade ein Verkaufsargument für die angepeilte Zielgruppe der Manager war. Als Folge wurden anstatt der geplanten zwei Millionen Nutzer gerade einmal 55 000 Kunden gewonnen. Das Unternehmen musste in 2000 Insolvenz anmelden.

Xerox schaffte es erst nach vielen gescheiterten Versuchen, seine Technologie in ein innovatives Geschäftsmodell zu integrieren. *Xerox* entwickelte 1959 eine neue Kopiertechnik mit einem signifikant höheren Durchlauf als bisherige Kopierer. Das Problem, dass die Geräte teuer waren und zu diesem Preis nicht gekauft wurden, umging *Xerox* schließlich mit einer Geschäftsmodellinnovation, indem es die Geräte zu einem geringen Preis verleaste und pro kopierte Seite abrechnete. Das neue Geschäftsmodell war so erfolgreich, dass *Xerox* seine Umsätze von 30 Millionen in 1959 auf 2,5 Milliarden US-Dollar in 1972 erhöhen konnte.

Bei der Analyse von Technologien ist es wichtig, die Zukunftsperspektive miteinzubeziehen. Technologien entwickeln sich sehr schnell und entgegen der Meinung vieler nicht linear, sondern exponentiell. Die technologische Welt von heute sieht ganz anders aus als die vor ein paar Jahren – und sie wird sich noch weiter verändern, mit einer noch schnelleren Geschwindigkeit als heute. Denken wir einmal zurück: 2002 führte *Research in Motion (RIM)* mit dem *Blackberry* das erste Smartphone ein, das große Verbreitung fand. Damals war ein *Blackberry* noch sehr teuer und wurde fast ausschließlich für geschäftliche Zwecke verwendet. Durch das Aufkommen weiterer Smartphone-Anbieter verbreitete sich die Nutzung des Smartphones rasant. Bereits in 2009 überstieg die Zahl der verkauften Smartphones und Tablet-PCs die Zahl der insgesamt verkauften PCs weltweit, dies nur sieben Jahre nach der Einführung der Technologie.

Auch die Nutzung hat sich verändert: 60 Prozent der jüngeren Nutzer (geboren nach 1985) verwenden ihre Zeit am Smartphone nicht zum Telefonieren, Skypen oder E-Mailen, sondern für Social-Networking-Aktivitäten und Web Softwares. Während es vor ein paar Jahren noch überhaupt keine sozialen Netzwerke oder Blogs im Internet gab, sind sie heute nicht mehr wegzudenken. Über eine Milliarde Menschen sind bei *Facebook* registriert, das sind mehr als zehn Prozent der gesamten Weltbevölkerung. *LinkedIn*, die Plattform, die eher auf professionelle Kontakte ausgerichtet ist, zählte 2012 über 175 Millionen Nutzer weltweit. Lady Gaga hatte bei *Twitter* im Jahr 2012 bereits 29 Millionen Follower, das sind viermal so viele Menschen, wie die Schweiz Einwohner hat. Technologien beeinflussen auch die Gesellschaft und wiederum das Konsumentenverhalten, wie man sich unschwer vorstellen kann. In den USA haben sich inzwischen mehr als eines von sieben Ehepaaren im Internet kennengelernt. Die Gründer von *Parship* haben diesen Trend auch für Europa vorhergesagt und 2000 eine Online-Partnervermittlung gegründet, bei der das Matchmaking mit einem empirisch begründeten Algorithmus erfolgt. *Parship* hat heute einen Marktanteil von über 70 Prozent in diesem Markt in Europa. Aufgrund des Netzwerkeffekts – mit mehr Mitgliedern gewinnt das Netzwerk an Wert, was wiederum die Attraktivität des Netzwerks erhöht – gilt hier das Prinzip des Abba-Songs „The winner takes it all". Bessere Markteintrittsbarrieren für mögliche Wettbewerber als die eigene, frühe Präsenz gibt es hier kaum.

Trends und regulatorische Veränderungen

Auch Trends spielen bei der Entwicklung von neuen Geschäftsmodellen eine wichtige Rolle. So geht die Idee für das Geschäftsmodell von *Better Place*, das Autobatterien zum Mieten und Austauschen anbietet, im Wesentlichen auf den globalen Trend zu alternativen Energiequellen und Fortbewegungsmöglichkeiten zurück. Entscheidend ist, dass Trends nicht als exogen vorgegebene Variablen interpretiert, sondern dass deren Hebelwirkung effektiv, wie im Fall von *Better Place*, für die Entwicklung innovativer Geschäftsmodelle genutzt wird:

- *Bharti Airtel* ist ein indischer Telefonanbieter, der das anhaltende Wachstum in den asiatischen Märkten erkannt und sein Geschäftsmodell konsequent auf die Bedürfnisse dieser wachsenden Kundenschicht ausgerichtet hat. 90 Prozent der Prozesse sind ausgelagert, es wird aggressiv akquiriert (10 000 Neukunden pro Werktag) und als Folge liegen die Minutenpreise fünf Mal unter den Minutenpreisen westlicher Telefonanbieter. Mittlerweile ist *Bharti Airtel* so attraktiv, dass der Service auch in westlichen Ländern genutzt wird. *Bharti Airtel* ist in 20 Ländern vertreten, hat über 260 Millionen Kunden und ist heute einer der größten Mobilfunkanbieter weltweit (Stand 2012).

- Auch die *Grameen Bank* hat den Trend der aufstrebenden Märkte in Entwicklungsländern erkannt und ein Bankengeschäftsmodell speziell für diese Märkte entwickelt. Kredite werden nur vergeben, wenn sich die Dorfgemeinschaft in kleinen Gruppen zusammenschließt. Dies erhöht den sozialen Druck, den Kredit auch tatsächlich zurückzuzahlen, da die Kreditvergabe an eine Gruppe nur dann möglich ist, wenn eine andere ihren Kredit bereits getilgt hat. Des Weiteren erfolgt die Kreditvergabe zu 98 Prozent nur an Frauen, da diese sich häufig als zuverlässigere Kreditnehmer herausstellen. Das Geschäftsmodell, welches Anfang der 1980er Jahre vom Friedensnobelpreisträger Muhammad Yunus, dem ehemaligen CEO der *Grameen Bank*, entwickelt wurde, ist heute so erfolgreich, dass bereits über acht Milliarden US-Dollar in Form sogenannter Mikrokredite verliehen worden sind.

- *MinuteClinic*, ein Geschäftsbereich der *CVS Caremark Corporation*, bietet einfache ärztliche Gesundheitsleistungen wie Grippeimpfungen oder die Behandlung kleiner Verletzungen und unkomplizierter Krankheiten innerhalb von bestehenden Apotheken an. Durch Öffnungszeiten an 365 Tagen im Jahr von 8 bis 24 Uhr wurde der Komfort für den Patienten signifikant erhöht. Damit hat *MinuteClinic* auf den Trend hin zur Servicegesellschaft, in der Bequemlichkeit gesucht und honoriert wird, reagiert.

- *Geek Squad* setzt auf den Trend der zunehmenden Technologisierung des Alltags und die damit einhergehende steigende Abhängigkeit von Privatpersonen und Privathaushalten von Technologien. *Geek Squad* hilft bei allen Problemen, die im Haushalt in Bezug auf technologische Endgeräte und deren Vernetzung auftauchen. Bei Problemen mit Computer und Netzwerk, TV, Video, Telefonie, Kameras, Audio oder Autoelektronik hilft *Geek Squad* aus – und die Kunden zahlen dafür, entgegen der Meinung vieler. Mittlerweile macht *Geek Squad*, zehn Jahre nach dem Kauf durch *Best Buy* für drei Millionen US-Dollar, einen Jahresumsatz von über einer Milliarde US-Dollar.

Neben Trends spielen auch Veränderungen im regulatorischen Umfeld von Unternehmen eine wichtige Rolle. Pay-TV-Sender wie beispielsweise *Sky* würde es heute ohne die gesetzliche Privatisierung der Fernsehlandschaft vor über zwanzig Jahren nicht geben.

Trends und regulatorische Veränderungen sind vielschichtig und oft schwer zu erkennen, gleichzeitig sind sie aber extrem wichtig für Geschäftsmodellinnovationen. Im Gegensatz zu Albert Einstein, der einmal sagte *„I never think of the future"* (vgl. Calaprice, 2010) raten wir jeder Führungskraft, sich die Trends immer wieder vor Augen zu führen. Auch wenn man Trends nicht verändern kann, so kann man rechtzeitig darauf reagieren oder noch besser sie sogar ein Stück weit antizipieren.

Um bei der Analyse des Ecosystems alle Faktoren zu erfassen, haben wir eine Checkliste mit den wichtigsten Fragen zusammengestellt.

Checkliste für die Analyse der Akteure und der Einflussfaktoren

- Wer sind die relevanten Akteure im Rahmen meines Geschäftsmodells?
- Was sind deren jeweiligen Bedürfnisse und Einflussmechanismen?
- Wie haben sich diese im Laufe der Zeit verändert?
- Welche Implikationen ergeben sich hieraus für das Geschäftsmodell?
- Zeigen Veränderungen in den Wettbewerbsbedingungen Stoßrichtungen für eine Veränderung des Geschäftsmodells auf? Wenn ja, welche?
- Gab es in der Vergangenheit in der Branche signifikante Innovationen am Geschäftsmodell? Wenn ja, was waren die Auslöser hierfür?
- Welche Technologien beeinflussen gegenwärtig das Geschäftsmodell?
- Wie verändern sich die Technologien? Wie sehen die Technologien in drei, fünf, sieben oder zehn Jahren aus?
- Wie beeinflussen die zukünftigen Technologien mein Geschäftsmodell?
- Was sind die relevanten Trends in meinem Ecosystem?
- Wie wirken diese Trends auf die unterschiedlichen Akteure eines Geschäftsmodells ein?
- Werden Schwächen oder Stärken des Geschäftsmodells durch diese tendenziell verstärkt oder abgeschwächt?

Gruppenarbeit zur Umfeldanalyse

1. Beschrieben und diskutieren Sie in Kleingruppen von drei bis vier Mitarbeitern Ihr Geschäftsmodell im Detail entlang der vier Dimensionen des magischen Dreiecks: *Wer-Was-Wie-Wert?* Die Fragen in Kapitel 2.2 geben Ihnen dabei Hilfestellung.

2. Überlegen Sie, warum Ihr heutiges Geschäftsmodell nicht überlebensfähig sein wird bzw. wo die Schwachpunkte des heutigen Geschäftsmodells liegen, unter Einbeziehung der zwei Elemente des Ecosystems: Akteure und Wandeltreiber.

3. Entwickeln Sie darauf aufbauend eine Grabrede für das eigene Geschäftsmodell (Bild 8 zeigt ein Beispiel).

4. Schreiben Sie die Ergebnisse auf und präsentieren Sie diese in der Gruppe.

Die Grabrede erscheint vielleicht ungewöhnlich, hat aber einen wichtigen Effekt: Obwohl das Geschäft heute noch gut läuft, werden auf eine humorvolle Art das Ende und dessen Ursachen vorhergesagt. Britischer Humor schadet hier nicht. Dieser Schritt ist wichtig, um Distanz zum eigenen Geschäftsmodell zu schaffen und das Unternehmen hinreichend kritisch zu analysieren.

Cargolifter AG

*September 1996   † August 2002

Geschäftsmodell
Was?   Transportmittel für grosse Anlagen von der Produktion zum Betriebsort, Lastkraft: 160t, flexibler, schneller, umweltverträglicher und kostengünstiger als normaler Transport
Wer?   Anlagebauer
Wie?   Eigene Entwicklung, Produktion und Vermarktung
Wert? Umsatzmodell unklar

Gründe für den Tod mit besonderer Beachtung des Ecosystems:
* Fehlende Unterstützung der Kunden (z.B. Bahn, Post, Luftfrachter, Militär)
* Kein Risk-Sharing durch Lieferanten
* Fehlender grosser Geldgeber/Investor (z.B. Industrie, Staat oder Grossinvestor)
* Mangelnde Grundlagenforschung
* Unrealistisches Timing
* Unklares Umsatzmodell

Grabrede
Wir trauern heute um Cargolifter. Wir kennen Cargolifter als ein Unternehmen mit einer grossartigen Idee und Technologie, die es bis zum Schluss verfolgt hat. Cargolifter hat sehr euphorisch und sehr ehrgeizig versucht, mit dieser Technologie ein gewinnbringendes Geschäftsmodell zu entwickeln. Leider kam es nicht dazu, da Cargolifter die Kundenbedürfnisse, die im Zentrum jeder Geschäftsmodellentwicklung stehen, vernachlässigt hat. Kunden, wie Bahn, Post und Luftfrachtindustrie haben das Geschäftsmodell nie richtig unterstützt, da das Nutzenversprechen zusammen mit dem Umsatzmodell nicht überzeugend waren. Vielleicht würde Cargolifter heute noch leben, wenn sie ihr Geschäftsmodell besser ausgestaltet und den Kunden in das Zentrum ihrer Bemühungen gestellt hätten.

Bild 8: Gruppenarbeit zur Umfeldanalyse am Beispiel von *CargoLifter*

■ 2.3 Ideenfindung: Muster adaptieren

Die Analyse des Ecosystems sowie das Erfassen des eigenen Geschäftsmodells führen in der Regel zu einer Reihe von Entdeckungen, die mögliche Stoßrichtungen für eine Geschäftsmodellinnovation aufzeigen. Die Interpretation der gemachten Entdeckungen beziehungsweise deren Überführung in ein neues Geschäftsmodell birgt jedoch große Herausforderungen. So gibt es häufig mehr als nur eine Alternative, sein Geschäftsmodell sinnvoll zu innovieren. Oft reichen die identifizierten Kundenbedürfnisse auch nicht aus, um den Anker weit genug zu werfen, sondern man verbleibt dann doch wieder in der dominanten Logik. Henry Fords berühmtes Zitat bringt es auf den Punkt: *„Wenn ich die Menschen gefragt hätte, was sie wollen, hätten sie gesagt, schnellere Pferde."* (vgl. Mörtenhummer, 2008)

Das Spektrum an möglichen Ausgangspunkten für die Entwicklung eines neuen Geschäftsmodells kann von einem vage vermuteten Nutzenpotenzial bis hin zu einer konkreten Problemstellung reichen. Nur selten ist es jedoch der Fall, dass die Ausgangsbasis und das Ergebnis des Innovationsprozesses einen klar erkennbaren Zusammenhang aufweisen. Im Gegenteil: Erfolgreiche Geschäftsmodellinnovationen sind häufig kontraintuitiv. Hinzu kommt, dass das Denken in Geschäftsmodellkategorien Unternehmen in der Regel große Schwierigkeiten bereitet, da Geschäftsmodelle einen höheren Abstraktionsgrad aufweisen als direkt greifbare Produkte.

Aufbauend auf der zentralen Erkenntnis, dass 90 Prozent der Geschäftsmodellinnovationen aus Rekombinationen bestehen und dass es 55 unterscheidbare Muster von Geschäftsmodellen gibt, haben wir eine systematische Methodik zur Ideenfindung entwickelt: die Musteradaption (Bild 9). Die Grundidee dieses Schritts ist, dass die 55 identifizierten Muster auf das eigene Geschäftsmodell übertragen werden und dadurch gänzlich neue Ideen für das eigene Geschäftsmodell entstehen. Auch führende Neurowissenschaftler und -ökonomen, wie Gregory S. Berns unterstreichen die Logik unseres Ansatzes. Um Sachen anders zu betrachten, betont Berns (2008), müssen wir unser Gehirn mit Dingen konfrontieren, mit denen es noch nie konfrontiert wurde. Nur wenn wir unser Gedächtnis dazu bringen, Informationen zu rekategorisieren und aus unseren gewöhnlichen Denkmustern auszubrechen, können wir anfangen, gänzlich neue Ideen zu entwickeln.

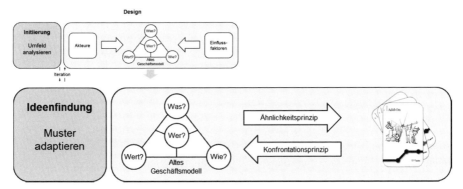

Bild 9: Ideenfindung – Muster adaptieren auf Basis der 55 Muster

Durch das Arbeiten mit Geschäftsmodellmustern werden Unternehmen strukturiert an die Entwicklung neuer Geschäftsmodelle herangeführt. Dabei wird zuerst durch die Anwendung von externen Mustern die dominante Branchenlogik durchbrochen. Anschließend wird dann das Muster in ein innovatives Geschäftsmodell überführt, das heißt auf den konkreten Kontext des Unternehmens übertragen. In diesem Schritt bleibt Freiraum für eigene Ideen und Kreativität – am Ende stimmt die Balance zwischen externem Neuigkeitsgehalt und interner, kreativer Eigenentwicklung.

 Um den Prozess der Musteradaption zu erleichtern, haben wir die 55 erfolgreichen Geschäftsmodellmuster in einem handlichen Musterkartenset zusammengefasst (Bild 10). Jede Musterkarte enthält die relevanten Informationen, die benötigt werden, um das hinter dem Muster liegende Konzept zu verstehen: der Titel, eine Beschreibung der generellen Idee, welche sich hinter dem Muster verbirgt, ein konkretes Beispiel einer Firma, die dieses Muster in ihr Geschäftsmodell integriert hat, und Beispiele von weiteren Firmen. Die Dichte an Information auf den Karten trägt dem Ideenfindungsprozess Rechnung – nicht zu wenig, um die Teilnehmer nicht aus ihren gewohnten Denkschemata zu locken, und nicht zu viel, um die Kreativität nicht einzuschränken.

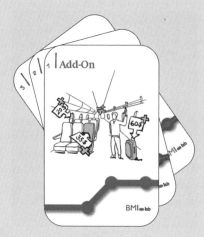

Bild 10: Musterkartensatz

Das Kartenset gibt es in zwei Versionen: als physische Karten, die in Workshops angewendet werden können, und als interaktive Software, die von jedem Mitarbeiter weltweit genutzt werden kann (siehe www.bmi-lab.ch). Alternativ können die 55 Muster auch von Hand auf Karteikarten geschrieben und angewendet werden.

Es gibt zwei Möglichkeiten, wie man die 55 Muster anwenden kann: nach dem Ähnlichkeitsprinzip und dem Konfrontationsprinzip. Beide Arten haben ihre Vorzüge und können auch kombiniert werden.

2.3.1 Muster adaptieren nach dem Ähnlichkeitsprinzip

Beim Ähnlichkeitsprinzip geht man von innen nach außen vor, das heißt, man beginnt mit Musterkarten von stark analogen Branchen und bewegt sich in Richtung weniger stark analoger Branchen und überträgt dieses auf das eigene Geschäftsmodell.

Um das Ähnlichkeitsprinzip erfolgreich anzuwenden, sollten folgende Schritte durchlaufen werden:

1. Zuerst werden die Suchkriterien definiert, um die analogen Branchen zu identifizieren. Für ein Unternehmen in der Energieindustrie, wie Elektrizitäts- und Versorgungsunternehmen, könnten die Suchkriterien und die analogen Branchen wie folgt aussehen: nicht speicherbare Güter (z.B. Dienstleistungsindustrie), Deregulierung (z.B. Telekommunikationsindustrie), hohe Volatilität (z.B. Finanzindustrie), Commodity (z.B. Chemische Industrie), vom Produkt zur Lösung (z.B. Werkzeughersteller), hohe Investitionskosten (z.B. Schienentransport).

2. Ausgehend von den Suchkriterien und den identifizierten analogen Branchen werden dann in einem zweiten Schritt aus dem Pool der 55 Muster diejenigen ausgewählt, die von den identifizierten Branchen bereits angewendet werden. Ideal sind hier sechs bis acht Muster.

3. In einem dritten Schritt werden die identifizierten Muster auf das eigene Geschäftsmodell übertragen. Für jedes Muster werden konkrete Ideen entwickelt, wie es im eigenen Geschäftsmodell wirken und die identifizierten Herausforderungen lösen könnte.

4. Falls nach Anwendung der identifizierten Muster noch keine geeignete Idee für eine Geschäftsmodellinnovation gefunden wurde, muss der Prozess wiederholt werden. In der zweiten Runde sollte man die Suchkriterien dann gegebenenfalls breiter definieren und weitere Muster in die Auswahl integrieren.

 Die dominante Fragestellung lautet beim Ähnlichkeitsprinzip:
„Welche Veränderung kann durch die Übertragung des Musters XY in meinem Geschäftsmodell bewirkt werden?"

Das Ähnlichkeitsprinzip ist durch ein stark systematisch-analytisches Vorgehen charakterisiert. Durch das graduelle Lösen von der derzeitigen Branchenlogik beziehungsweise dem bewussten Ausschluss branchenfremder Bereiche wird versucht, die Suche nach Geschäftsmodellmustern übersichtlich und effektiv zu gestalten.

Das Suchfeld ist in einem solchen Fall enger und damit sind die Anforderungen an die Abstraktionsfähigkeit im Team geringer. Dies bedeutet jedoch nicht, dass hierdurch der Analogiebildungsprozess im Rahmen der Ideengenerierung entfällt. Vielmehr wird dieser in eine Richtung gesteuert, welche das Entdecken von problemrelevanten Lösungsvorschlägen und Ideen wahrscheinlicher macht. Aus diesem Grund ist das Ähnlichkeitsprinzip eher für die Entwicklung von Geschäftsmodellinnovationen von kleinem bis mittleren Radikalitätsgrad geeignet.

Bei einer großen Schweizer Druckerei haben wir das Ähnlichkeitsprinzip erfolgreich angewendet. Das Unternehmen litt, wie viele Wettbewerber der Branche, an großen Überkapazitäten. Immer schnellere Druckmaschinen standen immer weniger Druckaufträgen gegenüber. Über das Muster No Frills – wie es bei Billigfluglinien zum Einsatz kommt – entstand die Idee, die Überkapazitäten über ein auf den reinen Druck abgespecktes Billigangebot auszulasten. Über eine Online-Plattform werden die Aufträge ohne große Dienstleistungen entgegengenommen und erst dann gedruckt, wenn gerade anderweitig Leerlauf ist. Für die bisherige Kundschaft kam diese Option nicht in Frage – wohl aber für preissensitive Kunden mit weniger zeitkritischen Aufträgen, die ansonsten ins günstigere benachbarte Ausland abgewandert wären.

Bei einem Unternehmen, das Maschinen für die Lebensmittelherstellung herstellt, führte die Analogie mit *IKEA* und dem Muster Self-Service (Teile der Wertschöpfungsstufen werden an den Kunden ausgelagert) zu der Idee, die Qualifizierungsmaßnahmen an den Kunden auszulagern, in Form eines Do-it-yourself-Toolkits. Damit wäre der Kunde selbst für die Qualifizierung verantwortlich und der Hersteller haftet nicht dafür, hilft seinem Kunden aber durch die Bereitstellung der richtigen Werkzeuge, den Prozess ordentlich durchzuführen.

2.3.2 Muster adaptieren nach dem Konfrontationsprinzip

Anders als beim Ähnlichkeitsprinzip erfolgt die Suche nach neuen Geschäftsmodellmustern beim Konfrontationsprinzip nicht durch ein vorsichtiges Öffnen und Abtasten stark analoger Optionen, sondern durch die bewusste Konfrontation mit Extremen. Hierbei wird das derzeitige Geschäftsmodell möglichst branchenfremden Geschäftsmodellszenarien ausgesetzt. Ausgehend von diesen Extremvarianten wird versucht, deren jeweilige Bedeutungshorizonte für das derzeitige Geschäftsmodell zu erfassen. Man tastet sich schrittweise von außen nach innen an das derzeitige Geschäftsmodell heran. Durch die große Lücke zwischen Status quo und den alternativen Geschäftsmodellmustern wird das derzeitige Geschäftsmodell herausgefordert. Hierdurch wird bezweckt, dass die Teilnehmer mit maximaler Kraft aus ihren bestehenden Denkmustern gelockt und hierdurch an gänzlich ungeahnte Innovationspotenziale herangeführt werden. Ein erfahrener Segler hat dies einmal bildlich verdeutlicht: *„Man muss den Anker zunächst weit genug hinauswerfen. Bis er am Boden angelangt, kommt er von alleine wieder näher ans eigene Schiff heran."*

Eine Musterkartenselektion nach dem Konfrontationsprinzip ist für alle Projekte empfehlenswert, bei denen eine eher offene oder nur teilweise bekannte Problemstellung vorliegt. Dies ist beispielsweise dann der Fall, wenn ein Unternehmen einen gewissen Handlungsbedarf für sein Geschäftsmodell zwar erkannt hat (z. B. sinkender Umsatz, erhöhter Wettbewerbsdruck mit verschwindenden Margen), jedoch noch nicht so recht weiß, wie es darauf reagieren kann. Gleichermaßen bietet sich das Konfrontationsprinzip vor allem auch für eine proaktive Exploration von möglichen Geschäftsmodellalternativen an.

Stellt man unvorbereiteten Teilnehmern aus einem Industrieunternehmen die Frage „Wie würde *Apple* unser Geschäft führen", so erntet man im ersten Moment nur Lächeln bei wohlwollendem Publikum, ansonsten auch Kopfschütteln oder offene Ablehnung. Lässt sich die Gruppe aber auf die Konfrontation ein, so kommen neue und konkrete Ideen heraus. Es ist erstaunlich, wie viel neue Ideen und Konzepte eine zielgerichtete Gruppe in einem Workshop aus dem Konfrontationsprinzip erzielen kann.

In einem unserer Workshops mit einem Maschinenbauunternehmen führte beispielsweise das Muster SUBSCRIPTION – der Kunde bezahlt eine monatliche Gebühr für eine Leistung – zu einer Idee für ein neues Geschäftsmodell für das Unternehmen. Durch die Konfrontation mit diesem Muster entstand die Idee, Anlagenbetreiber für die eigenen Maschinen selbst auszubilden und an die Kunden zu verleasen. Gleichzeitig würde das neue Geschäftsmodell die Beziehungen zu den Kunden verstärken, was die Hauptmotivation für das Nachdenken über neue Geschäftsmodelle war.

Bei einem Stahlproduzenten führte das Muster PAY PER USE – der Kunde bezahlt nur für die effektive Nutzung eines Produkts oder Services – zu der Idee, die Stahlplatten nicht pro Stück an die Kunden zu verkaufen, sondern nur die wirklich benötigten Teile zu berechnen. Der restliche Stahl wird wieder zurückgenommen und bei der Stahlproduktion erneut beigemischt.

Bei einem Zulieferer für *Apples* iPhone führte das Muster INGREDIENT BRANDING – die Vermarktung eines Zulieferprodukts, das vom Kunden sonst gar nicht wahrgenommen wird – zu der Idee, das eigene Produkt viel stärker zu vermarkten, um sich von der Abhängigkeit zu lösen und gleichzeitig weitere Märkte zu erschließen.

Der Ablauf bei der Anwendung des Konfrontationsprinzips sieht wie folgt aus:

1. In einem ersten Schritt werden sechs bis acht Muster aus dem Pool der 55 Muster ausgewählt, die sich jeweils von der eigenen Branchenlogik grundlegend unterscheiden. Die Auswahl der Muster kann intuitiv erfolgen. In zahlreichen Workshops haben wir auch gute Erfahrung damit gemacht, einer Arbeitsgruppe zehn Muster in die Hand zu geben, mit der Aufgabe, alle kurz zu überfliegen, diese anzudiskutieren und dann selbst eine Auswahl zu treffen. Es ist sinnvoll, dass die Teilnehmer nicht zu viel über die Auswahl nachdenken können und rasch der zweite Schritt angegangen wird.

2. Die ausgewählten Muster werden dann mit dem eigenen Geschäftsmodell konfrontiert. Hier hat sich bewährt, möglichst mit praktischen Firmennamen zu arbeiten, um das Team aus ihren Denkschemata zu locken. „Wie würde Firma xy unser Geschäft führen?" Als Denkmodell hilft es, sich vorzustellen, die Firma xy, welche für ein Geschäftsmodellmuster steht, hat unser eigenes Unternehmen akquiriert. Wie würde diese Firma entsprechend ihrer Erfolgslogik unser Unternehmen umgestalten. Wählt man beispielsweise die Muster FREEMIUM, FRANCHISING, RAZOR AND BLADE, LONG TAIL, SUBSCRIPTION, TWO-SIDED MARKET, USER DESIGNED, CASH MACHINE und SELF-SERVICE sehen die Fragen wie folgt aus:

- FREEMIUM: Wir würde *Skype* unser Geschäft führen?

- FRANCHISING: Wie würde *McDonald's* unser Geschäft führen?

- RAZOR AND BLADE: Wie würde *Nestlé Nespresso* unser Geschäft führen?

- LONG TAIL: Wie würde *Amazon* unser Geschäft führen?
- SUBSCRIPTION: Wie würde *Netflix* unser Geschäft führen?
- TWO-SIDED MARKET: Wie würde *Google* unser Geschäft führen?
- USER DESIGNED: Wie würde *Spreadshirt* unser Geschäft führen?
- CASH MACHINE: Wie würde *Dell* unser Geschäft führen?
- SELF-SERVICE. Wie würde *IKEA* unser Geschäft führen?

Pro Karte müssen mehrere Ideen für das eigene Geschäftsmodell generiert werden. Gerade bei diesen Extremvarianten ist das nicht immer einfach. Die Teilnehmer müssen sich zu Beginn häufig dazu zwingen, für jedes Muster Ideen zu entwickeln.

3. Sind nach der ersten Runde noch nicht hinreichend gute Ideen entstanden, wiederholt man den Vorgang mit einer anderen Auswahl von Mustern.

Oft ist es nicht Liebe auf den ersten Blick. Bei Workshops mit klassischen Automobilzulieferern folgt zunächst nur Kopfschütteln, wenn die Frage kommt „Wie würde *McDonald's* unser Geschäft führen?" Es scheint weit hergeholt, den Anker so weit zu werfen. Beginnt man aber das *McDonald's*-Geschäftsmodell zu durchdringen, sieht es rasch anders aus: Jeder *McDonald's*-Mitarbeiter an der Theke ist nach 30 Minuten Trainingszeit voll produktiv. Das *McDonald's*-Geschäft des FRANCHISING baut auf Einfachheit und Multiplizierbarkeit auf. Spätestens hier entdeckt die Mehrheit des Teams, dass die Bedeutung dieser Frage für ihr Unternehmen – für fast jedes Unternehmen (!) – enorm hoch ist.

Der Aha-Effekt muss hart durch viel Nachbohren erarbeitet werden. Also nicht vorzeitig aufgeben!

Generell ist beim Konfrontationsprinzip darauf zu achten, dass das Team in einer positiven, kreativen Verfassung ist. Die Analogiebildung mit Extremvarianten ist eine kognitiv anspruchsvolle Aufgabe, da nur wenige Hinweise für mögliche Wege des Musterübertrags vorliegen. Ein Moderator mit Geschäftsmodellerfahrung kann hier durch die richtigen Fragen helfen, die Brücken zu bauen.

Tabelle 1 stellt das Ähnlichkeits- und das Konfrontationsprinzip gegenüber. Die beiden Prinzipien sind lediglich Empfehlungen, welche Muster unter welchen Voraussetzungen präferiert angewandt werden sollten. Zielt ein Unternehmen mit hoher strategischer Bedeutung auf ein neues Geschäftsmodell ab, so macht es auch Sinn, alle 55 Muster analytisch durchzugehen. Als Faustregel gilt, dass man mit 15 Mustern bereits eine ganz gute Breite an Ideen erreichen kann.

Tabelle 1: *Die Ansätze der Musteradaption im Vergleich*

	Ähnlichkeitsprinzip	Konfrontationsprinzip
Prinzip	Was? Wer? Wert? Altes Geschäftsmodell Wie? → Ähnlichkeitsprinzip → Analoge Muster	Was? Wer? Wert? Altes Geschäftsmodell Wie? ← Konfrontationsprinzip → Entfernte Muster
Selektionskriterium	▪ Analoge Branchen	▪ Extremvarianten
Motto	▪ Mache Dir das Vertraute fremd	▪ Mache Dir das Fremde vertraut
Vorteile	▪ Eher mehr strukturiert ▪ Auch für Kreativitätsanfänger geeignet	▪ Durchbrechen von Denkmustern ▪ Erschließung ungeahnter Innovationspotenziale
Nachteile	▪ Je nach Abstraktionsgrad der Problemstellung können Denkmuster nur teilweise durchbrochen werden ▪ Gefahr, bei bekannten Kundenproblemen hängenzubleiben	▪ Erfordert hohe Kreativität, hierdurch anspruchsvoller in der Anwendung
Empfehlung	▪ Innovationsprojekte mit spezifischer Problemstellung	▪ Innovationsprojekte mit offener oder nur teilweise bekannter Problemstellung

2.3.3 Ideenfindung erfolgreich durchführen

Anwendungsvarianten in der Musteradaption

Typischerweise wird die Musteradaption im Workshop-Format durchgeführt, wobei zunächst die Generierung einer Masse von Ideen im Vordergrund steht. Dabei entstehen Ideen in zwei Phasen: zunächst bei jedem einzelnen durch den Stimulus der Musterkarte. Anschließend bei der Diskussion der Ideen, wenn die Teilnehmer auf existierende Ideen aufbauen, diese abwandeln oder ergänzen. Man kann beide Phasen strikt getrennt oder iterierend behandeln und gezielt weitere Parameter beeinflussen. Konkret stehen für die Ausgestaltung von Musteradaptions-Workshops unterschiedliche Varianten zur Verfügung:

▪ *Präsenz- oder virtuelle Workshops:* Die Workshops können als Präsenz-Workshops durchgeführt werden oder auch virtuell mit der neu entwickelten Software, welche wir als Software anbieten. Vorteile des virtuellen Ansatzes sind, dass sich mehr Mitarbeiter und auch Mitarbeiter aus unterschiedlichen Regionen in den Prozess einbringen können und dass mehr Karten pro Teilnehmer zum Einsatz kommen können, da die Zeit weniger begrenzt ist. Die Interaktion der Teilnehmer ist durch Social-Media-Elemente gewährleistet. Nachteil ist, dass Gruppendiskussionen nicht im gleichen Maße stattfinden können wie bei physischen Zusammentreffen. Es hat sich gezeigt, dass ein kombinierter Ansatz aus Präsenz-Workshops und virtuellen Elementen am wertvollsten ist.

- *Sequenziell vs. parallel:* Die Muster können sequenziell oder parallel angewendet werden. Sequenziell bedeutet, dass die ausgewählten Muster nacheinander an die Teilnehmer verteilt werden. Parallel bedeutet, dass alle Muster gleichzeitig an die Gruppe gegeben werden. Bei der parallelen Anwendung teilen sich die Gruppenmitglieder die Karten untereinander auf und jedes Gruppenmitglied stellt ein bis zwei Muster der Gruppe vor. Vorteil des sequenziellen Ansatzes ist es, dass die Gruppe dazu gezwungen wird, jedes Muster im Detail zu besprechen und Ideen zu kreieren. Nachteil ist, dass die Möglichkeit der Kombination zwischen verschiedenen Mustern bei der sequenziellen Anwendung schwieriger zu realisieren ist.

- *Offen vs. geschlossen:* Des Weiteren kann hinsichtlich der Offenheit des Prozesses unterschieden werden. Man kann die Ideen in Stillarbeit aufschreiben – die sogenannte Brainwriting-Methode – und erst anschließend die Ideen diskutieren oder man fängt gleich mit einem offenen Gruppendialog an. Vorteil des Brainwriting-Ansatzes ist es, dass jeder Einzelne dazu gezwungen wird, seine eigenen Ideen aufzuschreiben. Damit wird das kreative Potenzial der Gruppe maximal ausgeschöpft. Oft verteilt man bei diesem Ansatz eine bestimmte Anzahl an Karten an jeden Teilnehmer und verpflichtet ihn dazu, diese Karten mit jeweils einer Idee zu füllen. Stillarbeit hilft zudem auch, um Störenfriede auszuschalten, die bei einigen Ideen vielleicht bereits zu Beginn ihren Unmut oder ihre Skepsis äußern. Nachteil der Brainwriting-Methode ist, dass die Diskussion der Muster nicht in der Gruppe stattfindet, damit schafft man nicht das kreative Momentum, das durch Gruppendiskussionen ausgelöst werden kann. Das Ganze ist oft mehr als die Summe des Einzelnen. Für die erste Durchführung empfehlen wir eher den offenen Gruppendialog.

- *Hohe vs. niedrige Frequenz:* Des Weiteren muss festgelegt werden, wie viel Zeit den Teilnehmern pro Muster gegeben wird. Eine Variante ist, dass man den Teilnehmenden bewusst wenig Zeit pro Muster lässt, um sie dazu zu zwingen, schnell Ideen zu entwickeln. Ein relativ kurzes, aber ausreichendes Zeitintervall sind drei Minuten (bei Stillarbeit: 90 Sekunden) pro Muster. In den ersten drei Minuten werden am meisten kreative Ideen entwickelt, danach tritt eine Sättigung ein und es werden nur noch marginale Veränderungen erreicht. Manche Teilnehmer fühlen sich jedoch mit einer hohen Frequenz auch zu sehr unter Druck gesetzt, was zu Denkblockaden führt und damit kontraproduktiv für die Innovationsfähigkeit sein kann. Die Entscheidung für oder gegen eine hohe Frequenz hängt stark von der Gruppe und deren Erfahrung ab.

 Es sollten mindestens zwei bis drei Anwendungsrunden durchgeführt werden. Der Kreativitätshöhepunkt wird bei den meisten Teilnehmern in der zweiten Runde erreicht. Die dritte Runde dient dazu, das restliche vorhandene Kreativitätspotenzial der Teilnehmer maximal auszuschöpfen. Dabei empfiehlt es sich auch, verschiedene Anwendungsvarianten pro Runde zu wählen.

Ein erfahrener Moderator ist von großer Bedeutung für den gedanklichen Brückenbau zwischen der dominanten Branchenlogik und den neuen Geschäftsmodellmustern. Hier hilft es, wenn der Moderator von außerhalb der Branche kommt, da er damit leichter die gewünschte Flughöhe in der frühen Ideengenerierung erreicht.

Auch Cross-Industry-Workshops, bei denen Teams aus mehreren, nicht konkurrierenden Unternehmen unter neutraler Anleitung gemeinsam an den verschiedenen Geschäftsmodellen arbeiten, sind zu empfehlen.[1]

Erfolgsfaktoren in der Phase der Musteradaption

Folgende Regeln für eine erfolgreiche Durchführung der Musteradaption haben sich bewährt:

1. *Get it all out:* Bevor Ideen generiert werden, sollten die bereits vorhandenen Ideen im Rahmen eines „Get it all out" zusammengetragen werden. Hierdurch wird bezweckt, dass sich die Teilnehmer bei der Musteranwendung mit voller Konzentration der Ideengenerierung widmen können, anstatt geistig bei den bereits bestehenden Ideen „hängenzubleiben".

2. *Alles ist erlaubt:* In der Ideengenerierungsphase gilt grundsätzlich, dass alle Ideen erlaubt sind. Andernfalls besteht die Gefahr, dass sich bei den Teilnehmern ein kreativitätshemmendes Angst- oder Schamgefühl ausbreitet, die falsche Idee zu generieren. Negativkommentare oder abfällige Bemerkungen von Teilnehmern während des Ideengenerierungsprozesses sind somit unbedingt zu unterbinden.

3. *Keine Urheberrechte:* In der Ideenphase gibt es keine Urheberrechte. Jede Idee gehört allen. Jede Idee kann von jedem Teammitglied aufgegriffen und weiterentwickelt werden. Es wird auch nicht darauf geachtet, wer wie viele oder welche Ideen geäußert hat, sondern die Ideen sind das Ergebnis der gesamten Gruppe und nicht eines Einzelnen.

4. *Quantität vor Qualität:* Es ist zunächst wichtiger, viele Ideen zu entwickeln als besonders durchdachte oder qualitativ hochwertige Ideen. Die Teilnehmer müssen verstehen, dass es anfangs darauf ankommt, möglichst viele Ideen zu äußern, ohne sich zu viele Gedanken über die Ideenbewertung zu machen. Oft entwickeln sich auch aus anfänglich wirren Ideen neue Denkanstöße.

5. *Keine Killerphrasen:* Negative Bewertungen oder die berüchtigten Killerphrasen wie zum Beispiel „das haben wir doch schon einmal versucht" müssen konsequent unterbunden werden. Am einfachsten schafft man dies, indem man zu Beginn die am häufigsten genannten Killerphrasen aufschreibt und im Raum aufhängt. Sollten die Phrasen genannt werden, kann man auf die verbotenen Sätze hinweisen.

---

[1] Bei Interesse an Cross-Industry-Veranstaltungen zu Geschäftsmodellinnovation verweisen wir gerne auf www.bmi-lab.ch, bei der wir nach dem sogenannten Action-based-Learning-Ansatz Geschäftsmodelle interdisziplinär, unternehmensübergreifend entwickeln.

6. *Zehn Sekunden:* Um zu vermeiden, dass Ideen oder Assoziationen während der Ideengenerierung verloren gehen, müssen diese innerhalb von zehn Sekunden festgehalten werden. Nach Ablauf dieser Zeitspanne kann es passieren, dass der „Geistesblitz" beim Teilnehmer erloschen ist und dieser sich nicht mehr an ihn erinnern kann. Allzeit bereite Schreibutensilien helfen, diese Regel in die Praxis umzusetzen.

7. *Anker weit werfen:* Unabhängig davon, ob eine Umsetzung im weiteren Projektverlauf als wahrscheinlich oder strategisch gewünscht gilt, sollte der Fokus während der Ideengenerierung auf möglichst radikale statt auf inkrementelle Ideen gelegt werden. So ist es häufig problemlos möglich, eine radikale Idee im Rahmen der Konzeptentwicklung „herunterzudampfen", sprich in eine inkrementelle Variante zu überführen. Der umgekehrte Weg hingegen fällt den meisten Menschen aufgrund der bestehenden Denkmuster deutlich schwerer.

8. *Anekdoten und die richtigen Fragen stellen:* Während der Anwendung der Karten ist es wichtig, dass der Moderator die richtigen Fragen stellt, um die Gruppe zu zwingen, über jedes einzelne Muster nachzudenken. Durch kleine Anekdoten zu den einzelnen Mustern und geeignete Fragen erhöht man die Wahrscheinlichkeit, dass sich die Teilnehmer auf das Experiment einlassen. Beispielsweise kann das beschriebene Beispiel, was man von *McDonald's* lernen kann, als Denkanstoß dienen. Denkt man den eigenen Betrieb komplett durch, wie man radikal vereinfachen kann, so lässt sich in jedem Unternehmen enorm viel verändern. Die Stoßrichtungen gehen hier in Richtung schlanke Prozesse, Komplexität eliminieren, Multiplikationsfähigkeit erreichen. Die konsequente Anwendung des KISS-Prinzips (Keep it Simple and Stupid) hat bei jedem Unternehmen ein Potenzial. Solche Beispiele des Moderators helfen als kleine Denkanstöße für die Teilnehmer.

Die Erfolgsfaktoren sollten den Teilnehmern vorab auch nochmals als „Regeln" vermittelt oder sogar ausgehändigt werden. Zwar sind sie implizit jedem bekannt – nur halten sich die wenigsten daran, wenn nicht ausdrücklich darauf hingewiesen wird.

2.3.4 Ideenselektion – der NABC-Ansatz

Zur Bewertung und Auswahl von Geschäftsmodellideen hat sich der „NABC-Ansatz" aus der Venture-Capital-Szene bewährt. Bei vielen Ideen empfiehlt es sich, diese vorab in der Gruppe nach ähnlichen Stoßrichtungen und Ergänzungspotenzial zu clustern und die Selektion auf Clusterebene auszuführen Mit dem NABC-Ansatz werden dann die ausgewählten Ideencluster in vier Perspektiven jeweils in einem kurzen sogenannten „Elevator Pitch" vorgestellt. Hier empfiehlt es sich, eine Präsentationszeit zwischen acht und zehn Minuten zu wählen. Mehr Zeit liefert hier in den meisten Fällen keinen echten Mehrwert. Gleichzeitig können auf diese Art eine große Anzahl der generierten Ideen kritisch durchgesehen und gefiltert werden. Der Elevator Pitch stammt aus den 1980er Jahren. Der Präsentator hat eine Aufzugsfahrt Zeit, um eine Botschaft seinem Gegenüber überzeugend zu präsentieren. Heute werden die Elevator Pitches genutzt, um bei einer hohen Anzahl von Start-up-Unternehmen die guten von den schlechten Konzepten möglichst rasch auszuwählen. Der NABC-Ansatz zwingt die Präsentationen der neu generierten Ideen in diese vier wettbewerbsrelevanten Dimensionen (Bild 11).

Need	**A**pproach	**B**enefits	**C**ompetition
‚Was ist das **zentrale** Kundenbedürfnis? Wo liegt unsere Chance? Wer sind unsere Kunden?'	‚Wie sieht der Lösungsansatz bzw. das **Leistungs-versprechen** aus? Wie liefern wir es?'	‚Was ist der **Nutzen** für den Kunden? Für uns? Qualitativ und quantitativ?'	‚Was ist der **Wettbewerb**? Wer ist die Konkurrenz? Was gibt es für Alternativen?'
Kunden-perspektive	**Innen-perspektive**	**Wert-perspektive**	**Außen-perspektive**

Bild 11: Der Bottom-up-Ansatz des NABC zur Ideenbewertung

In der Geschäftsmodellentwicklung ist es im Gegensatz zur Venture-Capital-Branche wichtig, dass die entwickelten Ideen nicht zu früh niedergeschmettert werden. Während die Investoren in der VC-Branche möglichst rasch selektieren möchten, geht es bei neuen Geschäftsmodellen mehr um die Weiterentwicklung von Ideen. Hier hat sich die Praxis des iterativen Vorgehens bewährt, welche auch stark im Design-Thinking-Ansatz verankert ist. Ein Zyklus besteht aus folgenden Schritten:

1. *Entwicklung:*
   Eine Geschäftsmodellidee wird nach dem obigen Vorgehen in einem Team entwickelt. Anschließend wird die erfolgversprechendste Idee für neue Geschäftsmodelle zu einem Konzept entwickelt und entsprechend dem NABC-Ansatz eine Präsentation vorbereitet.

2. *Präsentation:*
   Anschließend präsentiert eine Gruppe nach der anderen in einem kurzen Elevator Pitch ihre Idee vor der gesamten Gruppe. Finden diese weniger häufig statt, kann man auch Entscheidungsträger und externe Experten hinzuziehen.

3. *Diskurs:*
   Jede Gruppe erhält Feedback nach dem Give-and-Take-Prinzip: Die Gruppe, die jeweils präsentiert hat, darf nach der Präsentation nur noch Verständnisfragen beantworten. Sie darf sich auf Kritik durch die restliche Gruppe hin nicht rechtfertigen. Dadurch wird gewährleistet, dass die Gruppe möglichst viele Informationen aufnimmt, ohne dass unnötige Rechtfertigungsschlaufen oder zeitraubende Diskussionen entstehen. Die geäußerte Kritik wird in der nächsten Runde aufgenommen und dort verarbeitet. In der Venture-Capital-Branche nennt man dies auch „Waterholing", da sich hier die Teams mit neuen Ideen „erfrischen und stärken" können. Wichtig ist bei dem Feedback-Prozess, dass nur konstruktive Kritik geäußert wird. Destruktive Killerphrasen sind zu vermeiden. Die getroffenen Annahmen der jeweiligen Geschäftsideen sind zu hinterfragen. Insgesamt ist es wichtig, dass die Kriterien transparent diskutiert werden. Versteckte Interessensvertretungen (die sogenannte „Hidden Agenda") sollten möglichst vermieden werden; bei ersten Anzeichen sind diese Konflikte direkt und offen durch den Moderator anzusprechen.

4. Redesign:

In der letzten Phase werden die Schwächen und Herausforderungen durch neue Ideen adressiert. Hier lassen sich sowohl bisherige Ideen nochmals einbringen als auch neue Muster aufgreifen. Die Annahmen werden überarbeitet, die neuen Impulse werden aufgenommen und verarbeitet, um einen neuen NABC zu entwickeln. In einer ausweglosen Situation kann es Sinn machen, den gesamten Prozess nochmals zu starten und eine bisherige Idee aufzugeben oder mit einer früher verworfenen Idee zu kombinieren.

Nach der Redesign-Phase erfolgt ein neuer Zyklus, bei dem wieder die verbesserten Ideen und Konzepte der jeweiligen Teams vorgestellt werden. Der iterative NABC-Ansatz (Bild 12) ist gut für die Konkretisierung der Geschäftsmodellideen geeignet. Bei der Konkretisierung werden häufig auch die Schwächen offen gelegt.

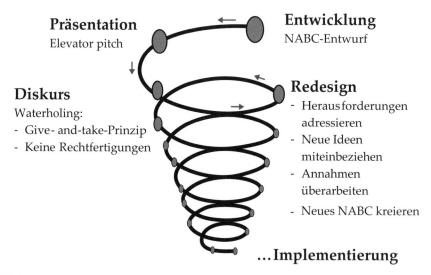

Bild 12: Das iterative Vorgehen beim NABC-Ansatz

■ 2.4 Integration: Geschäftsmodell ausgestalten

Die Anwendung des Musteradaptionsprinzips bringt in der Regel eine Reihe an potenziellen neuen Geschäftsmodellideen hervor. Das Identifizieren und Adaptieren neuer Muster ist essenziell, führt dies doch in der Umsetzung zum Bruch mit der dominanten Branchenlogik. Dabei darf dieser Schritt jedoch nicht mit der Entwicklung eines neuen Geschäftsmodells verwechselt werden. Bevor eine Geschäftsmodellinnovation überlebensfähig wird, müssen die neuen Ideen in ein ganzheitliches Geschäftsmodell eingebunden werden *(Wer-Was-Wie-Wert)*, das in sich konsistent ist und mit dem externen Umfeld in Einklang steht. Die neue Idee muss also in ein neues, stimmiges Geschäftsmodell überführt werden, das konsistent ist zu den internen Anforderungen eines Unternehmens und gleichzeitig zum externen Umfeld (Bild 13). Letztlich heben sich erfolgreiche Geschäftsmodellinnovationen nicht nur dadurch hervor, dass sie den Pfad der dominanten Branchenlogik verlassen. Sie sind vielmehr in hohem Grad konsistent und das eben auch ohne die Existenz eines etablierten Vorbilds, an dem sie sich ausrichten könnten.

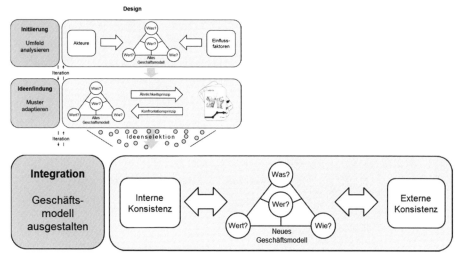

Bild 13: Das Geschäftsmodell ausgestalten

2.4.1 Interne Konsistenz

Bei der internen Konsistenz geht es um die stimmige Ausgestaltung der vier Dimensionen – dem *Wer-Was-Wie-Wert?*. Führungskräfte tun sich oft schwer damit, die neue Idee in ein Geschäftsmodell zu überführen. Ein CTO sagte uns einmal: *„Eine Dimension des Geschäftsmodells zu ändern, ist relativ einfach, aber die Schwierigkeit liegt wirklich darin, den Rest daran anzupassen."* Das Umsatzmodell und die Wertschöpfungskette werden meist erst in der Integrationsphase hinzugefügt. Produkt-/Marktkombinationen lassen sich leichter in einem ersten Schritt innovieren, Prozesse oder Umsatzmodelle sind hingegen schwieriger zu ändern.

Dies zeigt auch das Innovationsranking, welches wir in 2012 in der Schweizer Wirtschaft durchgeführt haben: In einer repräsentativen Befragung von 422 CEOs in der Schweiz zeichnen sich die 15 innovativsten Unternehmen der Schweiz alle durch Produktinnovationen und zwei davon auch durch innovative Dienstleistungen *(Coop* und *Swisscom)* aus. Nur gerade zwei Unternehmen *(Swatch* und *Nestlé)* wurden zudem durch ihr Geschäftsmodell als innovativ eingestuft und lediglich ein Unternehmen durch innovative Geschäftsprozesse (der Hörgerätehersteller *Sonova)*. Der Fokus von Innovationen liegt bei den meisten Unternehmen noch auf den Produkten (siehe zur Untersuchung Bilanz 10/2012). Dies ist auch in Deutschland und Österreich ähnlich zu erwarten.

Um sicherzustellen, dass alle vier Dimensionen *Wer-Was-Wie-Wert?* aufeinander abgestimmt sind, empfehlen wir, das neue Geschäftsmodell anhand der vier Dimensionen eines Geschäftsmodells detailliert zu beschreiben. Dazu haben wir eine detaillierte Checkliste, ähnlich zu der in Schritt 1, entwickelt (Tabelle 2).

Tabelle 2: Checkliste zur Beschreibung des neuen Geschäftsmodells

Wer?	Kunden	• Wer sind unsere Zielkunden?
	Anspruchsgruppen	• Für wen generieren wir (zusätzlichen) Wert?
	Vertriebskanäle	• Durch welche Kanäle erreichen wir unsere Kunden? • Sind die Kanäle in unsere anderen Geschäftstätigkeiten integriert? • Sind die Kanäle auf die Ansprüche unserer Kunden ausgerichtet?
	Kundensegmente	• Haben wir unsere Kundschaft segmentiert? • Welche Geschäftsbeziehung in Bezug auf jedes Kundensegment ist anzustreben?
Was?	Nutzenversprechen	• Welches Kundenproblem versuchen wir zu lösen? • Welche Kundenwünsche versuchen wir zu befriedigen? • Welche Produkte und Dienstleistungen bieten wir unseren Kunden segmentspezifisch an? • Welchen Wert generieren wir für unsere Kunden? • Wie unterscheidet sich unser Wertversprechen von demjenigen der Konkurrenz?
Wie?	Interne Ressourcen	• Welche Ressourcen sind für das Erfüllen unseres Werteversprechens zentral? • Wie können wir die Ressourcen effizient allokieren?
	Aktivitäten & Fähigkeiten	• Welche Aktivitäten sind zur Erfüllung unseres Werteversprechens zentral? • Welche Aktivitäten können wir bereits heute mit unseren bestehenden Fähigkeiten ausführen? • Welche neuen Aktivitäten müssen wir ausführen und welche Fähigkeiten benötigen wir dazu?
	Partner	• Welches sind unsere wichtigsten Partner? • Welches sind unsere Hauptlieferanten? • Welche Aktivitäten können unsere Hauptpartner ausführen bzw. welche zentralen Fähigkeiten besitzen sie? • Was haben unsere wichtigsten Partner von der Zusammenarbeit mit uns und wie können wir sie an uns binden?

Wert?	Kostentreiber	▪ Welches sind die wesentlichen Kosten in unserem Geschäftsmodell? ▪ Welche finanziellen Risiken bestehen? Wie adressieren wir diese?
	Ertragsströme	▪ Welches sind die Ertragsquellen? ▪ Wofür ist der Kunde bereit zu bezahlen? ▪ Wie bezahlen die Kunden momentan? Wie sollen die Kunden in Zukunft bezahlen? ▪ Wie viel trägt jeder einzelne Ertragsstrom zum Gesamtumsatz bei?

Ist der interne Fit zwischen den vier Dimensionen erreicht, hat man sich typischerweise einen Wettbewerbsvorteil erarbeitet, der nicht so schnell eingeholt werden kann, wie auch der Altmeister der Strategie Michael Porter (1996) feststellt: *„It is harder for a rival to match an array of interlocked activities than it is merely to imitate a particular sales-force approach, match a process technology, or replicate a set of product features."*

2.4.2 Externe Konsistenz

Bei der externen Konsistenzebene geht es vornehmlich darum, die Konsistenz des neuen Geschäftsmodells mit dem unternehmerischen Umfeld sicherzustellen. Hierbei muss hinterfragt werden, inwieweit das neue Geschäftsmodell die Bedürfnisse der jeweiligen Akteure befriedigt und auf welche Art und Weise den vorherrschenden Trends und Wettbewerbsbedingungen begegnet wird. In diesem Sinne handelt es sich also um eine detaillierte Betrachtung des Umfelds vor dem Hintergrund des neuen Geschäftsmodells. Da sich das Umfeld auch kontinuierlich verändert, ist es wichtig, während der Entwicklung des Geschäftsmodells immer wieder das Umfeld in die Betrachtung miteinzubeziehen.

Zeigen sich in der internen oder externen Konsistenzebene Ungereimtheiten, die nicht gelöst werden können, sollten die aufgezeigten Schritte wiederholt durchlaufen werden, bis ein neues, stimmiges Geschäftsmodell vorliegt. Aber auch sonst ist ein iteratives Vorgehen lohnenswert, da hierdurch der innovative Output sowohl in quantitativer als auch in qualitativer Hinsicht gesteigert werden kann. Die Einführung des Flottenmanagements bei *Hilti*, dem Premiumhersteller von führenden Werkzeugen für die Bauindustrie, zeigt lehrbuchhaft, wie die Ausgestaltung eines neuen Geschäftsmodells aussehen kann.

Fallbeispiel *Hilti*

Hilti wurde durch die Einführung des Flottenmanagements in 2000 in Bezug auf Geschäftsmodellinnovationen bekannt. Hintergrund war die Erkenntnis von *Hilti*, das *„der Kunde Löcher statt Bohrhämmer kaufen möchte"* (Zitat des damaligen CEO). Anstatt die Werkzeuge von *Hilti* nur zu kaufen, ermöglicht das neue Geschäftsmodell dem Kunden eine permanente „Werkzeugverfügbarkeit". Der Kunde kann eine Werkzeugflotte von *Hilti* leasen, wobei *Hilti* die volle Verantwortung für Werkzeugversorgung, Reparatur, Ersatz und Diebstahlschutz übernimmt.

Die Idee, ein Flottenmanagement für Baumaschinen anzubieten, war nur der Startpunkt in der Entwicklung des neuen Geschäftsmodells. Im Prinzip erklärte es nur die *Was?*-Dimension in unserem Geschäftsmodellkonzept, nämlich ein neues und innovatives Wertversprechen für die Bauindustrie. Es bedurfte viel Anstrengung und Analysen auf der Seite von *Hilti*, um dieses neue Nutzenversprechen in ein konsistentes Geschäftsmodell zu überführen, das auch die drei anderen Dimensionen *Wer? Wie?* und *Wert?* in einer solchen Art veränderte, dass es *Hilti* möglich war, mit der neuen Idee Wert für den Kunden zu schaffen und Wert für sich selbst abzuschöpfen.

Der Zielkunde – oder die *Wer?*-Dimension – sollte im neuen Geschäftsmodell derselbe bleiben. Auch wenn der Leasing-Modus für neue Kundengruppen, wie kleine Firmen oder Baufirmen in aufstrebenden Märkten, interessant wäre, entschied sich *Hilti* bewusst dafür, sein neues Angebot nur seinen bestehenden Kunden anzubieten.

Das *Wie?* erforderte Veränderungen in allen Bereichen von *Hilti*s Wertschöpfungskette. Der Vertrieb, auch wenn es die gleiche Zielgruppe war, musste ein Trainingskonzept entwickeln, das die Vertriebsmannschaft auf die neuen Herausforderungen vorbereitete. Anstatt die Werkzeuge an den Baustellenleiter zu verkaufen, brauchte der Vertrieb nun die Fähigkeit, große mehrjährige Serviceverträge mit erfahrenen Managern zu verhandeln. Die Logistik und Beschaffungskette benötigten ebenfalls neue Konzepte, um *Hilti*s Verfügbarkeitsversprechen inklusive der gesamten Serviceabdeckung für Reparatur und Ersatz für alle Produkte einzuhalten. Das Einsammeln und Managen aller Werkzeuge nach Ablauf des Vertrags bedeutete weitere Herausforderungen für diese Gruppen. Nicht zuletzt mussten auch IT-unterstützte Prozesse definiert werden, die es *Hilti* und seinen Flottenmanagementkunden ermöglichten, den Werkzeugbestand und die Leasingverträge zu managen.

Die Festlegung des Umsatzmodells war komplett neu für *Hilti*, das sein Geld bisher mit dem Verkauf von Produkten, Ersatzteilen und Instandhaltungsleistungen verdient hatte. Mit dem neuen Geschäftsmodell ersetzte *Hilti* große Einmalverkäufe durch kleinere regelmäßige Umsätze und übernahm damit Vermögensgegenstände aus den Bilanzen der Kunden.

Während die Schemata für Leasingverträge von der Automobilindustrie übernommen werden konnten, gab es viele Unsicherheiten auf der Preisseite: Wie teuer sollte eine monatliche oder jährliche Verfügbarkeit sein? Wird die Schadenanzahl explodieren, sobald die Werkzeuge Eigentum von *Hilti* sind? Wie sieht es mit Diebstahl aus? Sollten die Preise für verschiedene Märkte unterschiedlich sein? Sollten verschiedene Optionen angeboten werden? Würden die Kunden ihre Effizienzgewinne hoch genug bewerten, so dass die zusätzlichen Kosten, die für *Hilti* durch das Anbieten eines All-Inclusive-Pakets entstehen, gedeckt sind? *Hilti* hat es geschafft, diese Unsicherheiten zu minimieren und ein erfolgreiches Umsatzmodell zu entwickeln.

Hilti hat basierend auf einer innovativen Idee die anderen drei Dimensionen des Geschäftsmodells sorgfältig angepasst und es dadurch geschafft, ein äußerst konsistentes und erfolgreiches Geschäftsmodell zu entwickeln. Das Geschäftsmodell macht heute bis zu 50 Prozent der Werkzeugverkäufe in bestimmten Märkten aus und ermöglicht zusätzliche Umsätze durch Cross- und Upselling. Für *Hilti* war diese Innovation ein großer und wichtiger Schritt, da das Unternehmen es mit dieser Innovation geschafft hat, sich deutlich und nachhaltig vom Wettbewerb zu differenzieren. Der Chief Technology Officer von *Hilti* bezeichnete einmal in einem Gespräch mit uns die Bedeutung dieser Innovation wie folgt: *„Auch wenn Hilti viele sehr innovative und auch sehr erfolgreiche Produktinnovationen hervorgebracht hat, ist die Geschäftsmodellinnovation mit dem Flottenmanagementkonzept die bedeutendste Innovation in der Firmengeschichte von Hilti."*

Mehrere Wettbewerber, beispielsweise *Bosch*, haben lange versucht, das Geschäftsmodell zu kopieren, aber bei fehlendem Direktvertrieb ist dessen Einführung in der Fläche zu komplex. Lediglich für die Betreuung von Großkunden, die auch direkt betreut werden, konnte das Geschäftsmodell kopiert werden. *Hilti* ist es somit gelungen, einen nachhaltigen Wettbewerbsvorteil durch das Flottenmanagement aufzubauen.

■ 2.5 Implementierung: Plan umsetzen

Hat man die ersten drei Schritte des St. Galler Business Model Navigator™ durchlaufen, ist das Design des neuen Geschäftsmodells vorläufig abgeschlossen. Nun folgt die Implementierung des neuen Geschäftsmodells – eine der schwierigsten Aufgaben der Geschäftsmodellinnovation (Bild 14). Es geht konkret um Verhandlungen mit neuen Kooperationspartnern, die Installation von neuen Absatzkanälen, den Go-to-Market Approach etc. Die faktische Überwindung der dominanten Branchenlogik stellt eine enorme Herausforderung dar. Ein Unternehmen muss seine Glaubensgrundsätze hinterfragen und sich gegen enorme Widerstände am Markt, bei den Partnern und den eigenen Mitarbeitern durchsetzen. Dies erfordert eine gewaltige Energie.

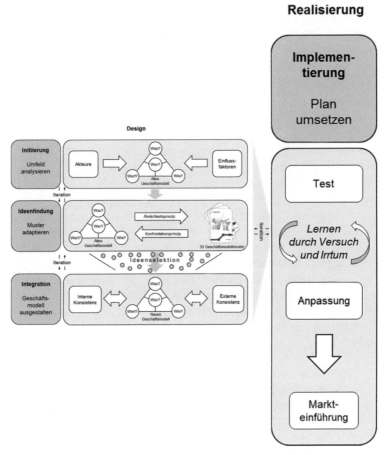

Bild 14: Implementierung – Plan schrittweise und iterativ umsetzen

Es ist empfehlenswert, eine neue Geschäftsmodellinnovation nicht auf einen Schlag in einem Roll-out im Markt zu implementieren, sondern ähnlich der Produktinnovation erst einmal Prototypen zu entwickeln und diese im kleinen Rahmen zu testen. Damit wird das Risiko beschränkt und die Möglichkeit des weiteren Lernens geschaffen.

Diese Phase profitierte sehr von unserer engen Zusammenarbeit mit der Design-Thinking-Schule an der Stanford University, insbesondere den Professoren Larry Leifer und Martin Steinert, die sich vor allem auf innovative Produktentwicklung konzentrieren. Gemeinsam haben wir einen Prozess für die Implementierung von Geschäftsmodellen erarbeitet und in unserem Forschungsprojekt mit den Unternehmen verifiziert und weiterentwickelt. Der Basisprozess (vgl. auch Leifer, Steinert 2011) besteht aus einem Kreislauf mit drei Elementen (Bild 15).

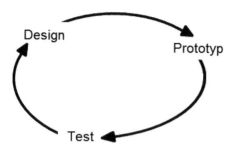

Bild 15:
Der Grundzyklus einer Geschäftsmodellinnovation

Design

Eine Geschäftsmodellinnovation wird auf Basis der drei genannten Schritte – Initiierung, Ideenfindung und Integration durchlaufen. Am Ende der Designphase sind typischerweise ein bis zwei innovative Geschäftsmodelle identifiziert und in den vier Dimensionen des Geschäftsmodells konsistent ausgestaltet.

Prototyp

Im nächsten Schritt geht es darum, das Design zu konkretisieren. Nach dem Motto der Stanford-Kollegen *„Ein Bild sagt mehr als tausend Worte und ein Prototyp sagt mehr als tausend Bilder"* müssen die entwickelten Ideen zuerst in einem Prototyp materialisiert und dargestellt werden, bevor sie bewertet oder weiterentwickelt werden. Ähnlich arbeiten auch Architekten, die immer zuerst ein Modell entwickeln, bevor sie das Objekt wirklich bauen. Ein Prototyp ist besser fassbar und schafft mehr Vertrauen in das neue Produkt. Der Vorteil des sogenannten Rapid Prototyping ist, dass die Prototypen relativ schnell und kostengünstig entwickelt und mit kalkulierbarem Risiko getestet werden können und dabei rasch und deutlich die Stärken und Schwachstellen einer Idee aufzeigen.

„Show, don't tell." Was bedeutet dies nun für die Geschäftsmodellinnovation, wie sieht ein Prototyp für die Geschäftsmodellinnovation aus? Ein Prototyp für die Geschäftsmodellinnovation kann verschiedene Formen annehmen – von einer detaillierten Präsentation, über einen Business Plan, bis hin zu einem ersten Pilotprojekt in einem kleinen Markt. Wichtig ist, dass in dieser frühen Phase nicht zu viel Zeit in die detaillierte Ausarbeitung des Prototyps gesteckt wird, da dieser noch mit hohen Ungenauigkeiten behaftet ist.

Beim Durchlaufen des Zyklus Design – Prototyp – Test hat sich auch ein weiteres Dogma des Design Thinking bewährt: Die Teams sind multidisziplinär mit möglichst breitem Erfahrungshintergrund zusammengesetzt. Iterativ werden jeweils komplette Designzyklen durchlaufen. Dabei werden die ersten niedrig auflösenden Prototypen neuer Geschäftsmodelle sukzessiv ersetzt durch höher ausgefeilte Versionen. Die Granularität des neuen Geschäftsmodells wird somit verfeinert. Ganz nach dem Popperschen Prinzip werden Annahmen aufgestellt, welche dann rasch mit der Realität konfrontiert werden (vgl. Popper, 1968). Dieses auch Boot-camp genannte Vorgehen beschleunigt die Wissensentwicklung im Team, erhöht das gemeinsame Verständnis bezüglich der eigenen Orthodoxien und identifiziert Hebel zur Überwindung derselben sowie die nächsten Schritte im Projekt.

Test

Beim Test des Prototyps geht es darum zu erkennen, welche Dimensionen des neuen Geschäftsmodells funktionieren und an welchen Stellen es noch Schwachstellen gibt. Im Rahmen der Geschäftsmodellprototypen sollte man sich von bedeutenden Stakeholdern sowohl innerhalb als auch außerhalb des Unternehmens, wie zum Beispiel potenzielle Kunden oder Lieferanten, Feedback einholen. Es ist wichtig, recht schnell viele Erfahrungen mit dem Prototyp zu sammeln. Die gemachten Erfahrungen und Feedbacks werden dann wieder genutzt, um den Prototyp weiter zu verbessern und weiterzuentwickeln. Im schlimmsten Fall muss der Prototyp ganz verworfen und eine neue Option weiterverfolgt werden. Der Abbruch einer Alternative ist ein versteckter, oft vernachlässigter Erfolgsfaktor in Innovationsprojekten. Die Stanford-Kollegen Leifer und Steinert unterstreichen in ihren Aussagen immer wieder die Bedeutung von Prototypentests, auch von gescheiterten. Nach ihren Erfahrungen kommt man gerade durch das Scheitern oft auf neue Ideen – entweder auf solche, die helfen, die ursprüngliche Innovation weiter auszubauen, oder auf völlig neue Ideen.

Ein solcher Implementierungsprozess ist nicht eindimensional, sondern iterativ. Der Zyklus Design-Prototyp-Test wird mehrere Male hintereinander durchlaufen, bevor man zur Markteinführung schreiten kann. Im Zeitablauf dieses Vorgehens wird die Realitätsnähe des neuen Geschäftsmodells größer sowie der Detaillierungsgrad höher. Dabei wechseln sich divergentes und konvergentes Denken permanent ab. Beim divergenten Denken wird der Lösungsraum weit geöffnet, um möglichst viel Varianz zu erhalten. Beim konvergenten Denken wird die Vielzahl an Lösungen auf wenige vielversprechende reduziert (Bild 16).

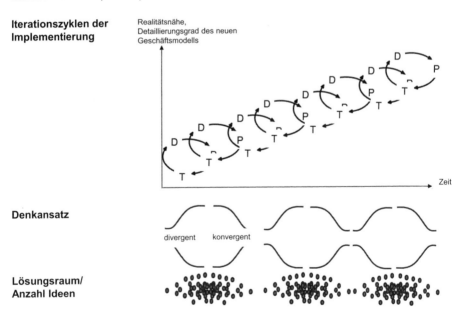

Bild 16: Iterativer Prozess der Geschäftsmodellinnovation

Der Prozess des iterativen Vorgehens wird erst gestoppt, wenn die richtige Lösung gefunden wurde. Das ist dann der Fall, wenn man mit der Markteinführung des neuen Geschäftsmodells starten kann.

Während des Implementierungsprozesses Design-Prototyp-Test gibt es folgende Erfolgsregeln:

1. Offenheit: Nur weil wir es noch nicht machen, muss es nicht schlecht sein.

2. Mut: Nicht alles, was gewagt wird, gelingt. Aber alles, was gelingt, wurde einmal gewagt.

3. Ständige Iterationen: Das Bessere verdrängt das Gute.

4. Team aus konvergenten und divergenten Denkern zusammensetzen – Balance zwischen beiden Denkarten sicherstellen.

5. Wendepunkte im Prozess erkennen und bewusst eingehen.

6. Nach jedem Zyklus muss festgehalten werden, was gelernt wurde.

7. Jeder Fehlschlag ist ein Lernfortschritt. Alle sind verantwortlich für Lernen. Lernen ist wichtiger als Erfolgskontrolle.

8. Viele Fragen stellen, Fragen erhöhen die Leistung der Implementierung.

9. Den Pivot Denker, der die beiden Denkmuster divergent und konvergent integriert, gezielt einsetzen, um den Prozess zu beschleunigen.

10. Aufgeschlossenheit gegenüber dem „Dark Horse", das dem Prozess eine gänzlich neue Richtung geben kann.

Das erfolgreiche Nestlé-*Nespresso*-Geschäft, das wir schon an anderen Stellen in diesem Buch erwähnt haben, durchlief eine lange Phase des *„Trial and Error"*, bis der erste Erfolg eintrat. Das erste Patent für die Kaffeekapseln wurde bereits in den 1970er Jahren durch den jungen *Nestlé*-Forschungsmitarbeiter Eric Favre erworben. *Nestlé* war zu dieser Zeit im Kaffeemarkt nur durch den Instantkaffee Nescafé vertreten. Durch das Kaffeekapselkonzept von *Nespresso* wollte das Unternehmen seine Position im Bereich des gerösteten und gemahlenen Kaffee stärken. *Nespresso* wurde 1986 als vollkommen unabhängiges Unternehmen von *Nestlé* gegründet. Der große Erfolg mit den Kaffeekapseln blieb jedoch zunächst aus – das Topmanagement war sogar kurz davor, die Anlagen zu verkaufen. Im Jahr 1988 begann daraufhin ein neuer CEO das ursprüngliche Geschäftsmodell zu ändern, es sollten mehr Haushalte anstatt nur Bürobetriebe angesprochen werden, woraufhin auch ein direkter Postversand der Kaffeekapseln eingeführt wurde. Durch ein geschicktes Vertriebsmodell, bei dem die Kaffeemaschinen durch den Einzelhandel und die Kapseln durch Online-Direktvertrieb und in den exklusiven Nespresso-Boutiquen vertrieben werden, und mithilfe ansprechender Marketingkampagnen mit George Clooney gelang es *Nestlé Nespresso*, seit 2000 jährliche Wachstumsraten von 35 Prozent mit den Luxus-Kaffeeprodukten zu erzielen. Im Jahr 2010 wurden über 4,8 Milliarden Kaffeekapseln abgesetzt und ein Umsatz in Höhe von ca. 2,5 Milliarden Euro erzielt.

Ein weiteres Beispiel ist die spanische Handelskette für Nahrungsergänzungsmittel *Naturhouse*. Auch dort gab es viele Iterationszyklen bis das Geschäftsmodell stimmig war und die heutigen Erfolgspfeiler verankert waren. Das Geschäftsmodell war ursprünglich darauf ausgerichtet, Nahrungsergänzungsmittel über den Einzelhandel zu vertreiben. Nach der Liberalisierung des Markts für Diätprodukte in Spanien ging der Umsatz der Firma jedoch signifikant zurück. Daraufhin wollten die Gründer mit einem neuartigen Konzept Einzelhandelsfilialen aufbauen, die sie später franchisen können. Der erste Prototyp war die Eröffnung eines Shops im Baskenland 1992, der jedoch aufgrund diverser Probleme, wie falsche Lage, Kauf des Objekts statt Miete, zu viele Produkte im Angebot, wieder geschlossen werden musste. Daraufhin wurde aufbauend auf den Learnings in kontinuierlichen iterativen Prozessen das Geschäftsmodell verbessert, wobei dem Feedback der Manager der Einzelhandelsfilialen eine Schlüsselbedeutung zukam. Von 1997 an, also fünf Jahre nach der Eröffnung des ersten Shops, erzielte *Naturhouse* ein jährliches Wachstum von 40 Prozent und ist heute mit mehr als 1800 Geschäften weltweit eine der größten Franchise-Firmen der Welt.

Auch bei dem Online-Supermarkt von *Migros „Le Shop"*, der 1996 gegründet wurde, dauerte es lange, ehe große Erfolge verbucht werden konnten. In den ersten Jahren war das Wachstum gering und erst ab 2004, also acht Jahre nach der Gründung, konnten zweistellige Wachstumsraten realisiert werden. In 2010 verbucht das Unternehmen einen Umsatz von ca. 123 Millionen Euro, das ist eine Umsatzsteigerung von 15 Prozent gegenüber 2009.

Generell gilt bei neuen Geschäftsmodellen: weniger Business-Plan, dafür mehr haptische Realisierung. Anstatt detaillierte Business Cases zu berechnen, ist es sinnvoller, sich qualitative Gedanken über die Geschäftsmodellinnovationen zu machen: In welchem Markt können wir das Geschäftsmodell testen? Können wir erste Kundenfeedbacks einsammeln? Gibt es Killer-Applikationen in Reichweite? Wo liegen die technologischen Chancen und Risiken? Welche Schlüsselkunden würden auf das neue Geschäftsmodell anspringen?

Business-Pläne errichten große Welten basierend auf Annahmen; Prototypen verifizieren stattdessen Annahmen und beschleunigen daher den Erkenntnisfortschritt. Gemachtes überholt dabei Gedachtes.

Während in Rapid-Prototyping-Ansätzen schon in den frühen 1990er Jahre auf eine Beschleunigung des Erkenntnisfortschritts via Design – Prototyp – Test geachtet wurde, ist man bei den Geschäftsmodellen bei den controllergetriebenen Business-Plänen geblieben. Wir möchten davon nicht gänzlich abraten, empfehlen aber, den Schwerpunkt auf raschere Realisierungen und iteratives Vorgehen zu legen.

3 Den Wandel führen

Die größte Herausforderung einer Geschäftsmodellinnovation ist der Kampf gegen interne Widerstände. Nur wer es schafft, die Widerstände zu überwinden und auszuräumen, hat eine Chance, erfolgreich zu implementieren. Warum stemmen sich Mitarbeiter mit aller Macht gegen den Wandel? Die einfache Antwort ist, dass sie Angst vor den Veränderungen haben. Sie haben Angst, etwas zu verlieren. Folgende Fragen hört man immer wieder, wenn man Mitarbeiter bei der Implementierung von Geschäftsmodellinnovationen begleitet:

- Wie sieht das Unternehmen nach der Einführung der Geschäftsmodelinnovation aus?
- Kannibalisieren wir nicht unser eigenes Geschäft? Haben wir genügend Ressourcen?
- Was passiert mit der Organisation, ist die Innovation wirklich gut für unsere Organisation? Ist es nicht besser, wenn wir so weitermachen wie bisher?
- Warum sollen wir uns jetzt ändern, unser Geschäftsmodell funktioniert doch noch gut? Die Wettbewerber ändern sich auch nicht.
- Wie sieht die Interaktion mit den anderen Business Units aus?
- Wie sieht mein Job in der neuen Organisation aus? Habe ich die richtigen Fähigkeiten, um in der neuen Organisation auch einen gleichwertigen Job zu bekommen?
- Was passiert mit mir, wenn es meine Position nicht mehr gibt?
- Welche Rolle habe ich in dem Veränderungsprozess?

Und die meisten Mitarbeiter denken sich dabei:

- Und was wird dann aus meiner Geschäftseinheit, meiner Abteilung?
- Hilft mir die Innovation oder stellt diese nur eine Bedrohung dar?
- Bin ich dadurch bedroht?
- Was nützt dies mir?
- Was wird aus mir?

Einen Wandel gut zu führen, erfordert von den Führungskräften viel Arbeit. Es reicht nicht aus, eine Schulung durchzuführen oder eine Meldung über die anstehenden Veränderungen im Intranet zu machen. Der Widerstand gegen den Wandel sitzt meist tief. Ein alteingesessener Mitarbeiter sagte mal beim Start eines Innovationsprojekts zu uns: *„Wenn Sie mit Ihrer Geschäftsmodellinnovation fertig sind, bringen Sie mir bitte eine Kopie Ihrer Ausarbeitungen. Ich lege sie dann in die Schublade zu den bereits erarbeiteten Inno-*

vationsideen von früheren Anbietern. Wie auch bei den anderen Anbietern werden wir Ihr Konzept ebenfalls nicht umsetzen." Dass die Firma unser Konzept am Schluss doch umsetzte, ist einerseits auf die tiefe Überzeugung des CEO zurückzuführen, andererseits auf die erfolgreiche Anwendung der zentralen Stellhebel des Wandels. Im Folgenden werden die wichtigsten fünf Stellhebel dargestellt, ohne dass wir hier ein vollständiges Buch über Change Management schreiben möchten. Ohne diese Stellhebel wird die beste Analyse zur Paralyse. Geschäftsmodelle sind aber nur so gut, wie sie auch umgesetzt werden.

■ 3.1 Den Wandel vorantreiben

Einer der wichtigsten Punkte von guten Wandelprojekten ist die Führung. Jede Idee scheitert – egal wie gut sie ist –, wenn sie nicht vom oberen Management unterstützt wird. Dabei sind folgende Punkte zu beachten:

3.1.1 Committment zeigen

„In jedem Auto steckt ein Stück von mir", so bezeichnete Martin Winterkorn, der Vorstandsvorsitzende des *Volkswagen*-Konzerns, die Tatsache, dass er sich um die Innovationen seines Konzerns kümmert – er nimmt jedes Auto persönlich ab, bevor es auf den Markt kommt (Welt.de, 2012). Steve Jobs war Projektleiter des iPad und das „In Memory"-Thema bei *SAP* wird vom Unternehmensgründer Hasso Plattner selbst vorangetrieben. Auch die Geschäftsmodellinnovation tiptoi, das neue digitale Lernspiel von *Ravensburger*, wurde maßgeblich durch den Leiter für innovative Geschäftsmodelle vorangetrieben.

Das Committment der Geschäftsleitung wird unmittelbar sichtbar durch ihre Handlungen im Zusammenhang mit dem neuen Geschäftsmodell, welche die Mitarbeiter schnell erkennen: Wie viel Zeit verbringt die Geschäftsleitung mit dem Projektleiter des neuen Geschäfts? Wie oft ist das Geschäftsmodellprojekt auf der Agenda der Geschäftsleitung? Wie leicht ist der Zugang des Projektleiters zu strategischen Ressourcen in der informellen Hierarchie des Unternehmens? Wie stark kommuniziert das Unternehmen das neue Geschäftsmodell in den offiziellen Medien wie Geschäftsbericht und Jahresansprachen? Wie stark halten Geschäftsleitungsmitglieder bei Ressourcenverteilkonflikten zwischen bestehendem Geschäft und neuem Geschäft zu dem noch jungen Pflänzchen des neuen Geschäfts?

Der frühere CEO des in den Life Science tätigen *Lonza*-Konzerns hat vor einigen Jahren erkannt, dass *Lonza* zwar kundenorientiert ist, aber den großen Innovationssprung aus eigener Kraft nicht schafft. Er etablierte daher ein separates Ventureteam, mit dem radikale Innovationen in Technologie, Produkt und Geschäftsmodell vorangetrieben wurden. Diese sogenannte LIFT-Initiative (*Lonza* Initiative for Future Technologies) hat die

Aufgabe, einen Jahresumsatz von 500 Millionen Schweizer Franken in 15 Jahren zu erzeugen, und erhielt dafür fast 20 Millionen Schweizer Franken Budget pro Jahr. Wirkliches Committment zeigte der CEO, als er das LIFT-Budget auch im schwierigen Jahr der Finanzkrise durchgezogen hatte. Er glaubte an das Projekt und vertrat es vehement gegenüber den Mitarbeitern, dem Management und dem Verwaltungsrat (Aufsichtsrat).

„Wer Wandel erreichen will, muss ihn vorleben", das hat schon Mahatma Gandhi gesagt. Nur wenn Mitarbeiter sehen, dass auch die Führungskräfte den Innovationsprozess im Unternehmen vorantreiben, sind sie bereit, es auch selbst zu tun. Innovationsprozesse sollten vom Top-Management vorangetrieben werden, ansonsten sind sie zum Scheitern verurteilt. Wir hatten – insbesondere in den Executive MBA Workshops – schon Fälle gehabt, bei denen versucht wurde, aus dem unteren und mittleren Management heraus die Geschäftsarchitektur zu revolutionieren. Dies führte zu Misserfolgen. Der Spruch eines nicht abgeholten CEO *„Schuster, bleib bei deinen Leisten"* ist oft genug gehört worden. Es gilt auch hier die Binsenweisheit: *„Sag mir, wie ein Projekt startet, und ich sag dir, wie es endet."*

Geschäftsmodellinnovation muss von oben getrieben werden, ansonsten ist die Umsetzung nicht erfolgreich. Dies heißt nicht, dass aus dem unteren und mittleren Management in Großunternehmen oder von den Mitarbeitern in KMUs nicht oft der entscheidende Anstoß kommt. Die erfolgreiche Umsetzung eines neuen Geschäftsmodells benötigt jedoch am Ende fast immer die Unterstützung der obersten Geschäftsleitung – nicht nur wegen des Ressourcenbedarfs in einer späteren Roll-out-Phase, sondern vor allem wegen der Unterstützung bei der Durchsetzung gegen Widerstände.

3.1.2 Mitarbeiter in den Wandelprozess involvieren

Involvieren Sie Ihre Mitarbeiter in den Wandel, lassen Sie sie aktiv bei der Gestaltung der Prozesse und der Ausfüllung der neuen Aufgaben mitwirken – damit erhalten Sie motivierte und wandelbereite Mitarbeiter. Der CEO eines Automobilzulieferers sagte einmal zu uns: *„Ein Change-Prozess mit Mitarbeitereinbindung ist wie eine Wanderung mit Rucksack. Man kommt zwar nicht so schnell voran wie ohne Rucksack, da es kräftezehrender ist, aber dafür hat man alles Wichtige dabei und kann nach kurzen Pausen wieder weiterwandern oder am Ziel gleich mit den Erkundungen beginnen."*

In einem mittelständischen Druckereiunternehmen, das wie fast alle Mitbewerber im deutschsprachigen Raum unter enormem Margendruck stand, hatte der Geschäftsführer eine Vision von einer Druckerei der Zukunft. Er entwickelte im eigenen Kämmerchen und an Wochenenden zuhause ein Bild einer radikal veränderten Unternehmung. Als er seine über Monate gewachsenen Erkenntnisse seinen Mitarbeitern in einem Strategieworkshop vorstellte, wunderte er sich, dass die große Mehrheit skeptisch war und mehr oder weniger offen Widerstand ankündigte. Die Lokomotive hatte den Zug verloren, das Tempo einer Lokomotive darf nicht so schnell sein, dass sie die Anhänger verliert. Der Bestsellerautor Collins (2001) offeriert eine andere Lösung: Der CEO verkündet, in welche Richtung der Bus fährt und gibt gleichzeitig bekannt, dass alle, die in eine andere Richtung wollen, sich einen anderen Bus – sprich Unternehmen – suchen müssen.

So weit die Theorie. Doch die Praxis zeigt, dass die Widerstände bei einem solchen Führungsstil oft nicht mehr offen kommuniziert werden. Stattdessen wird die Guerillataktik gewählt, bei der man zwar offiziell voll hinter der eingeschlagenen Richtung steht, aber ständig Barrieren und Fakten auf der Sachbearbeiterebene findet, die die Lösung behindern. Es dauert in einem solchen Fall oft lange, bis die Verhinderer wirklich identifiziert sind.

Es hat sich bewährt, die Mitarbeiter verschiedener Hierarchien frühzeitig aktiv in die Ausgestaltung der Innovation einzubinden. In einem Innovationsprojekt mit einer großen Spedition beispielsweise haben wir einen Teil der Innovationsworkshops mit den Lkw-Fahrern selbst durchgeführt. Anstatt Powerpoint verwendeten wir beschreibbare Bausteine, um beispielsweise einen neuen Prozess (das Wie?) zu skizzieren. Die Fahrer waren begeistert und da sie wussten, dass sie die Innovation zu einem Teil selbst gestaltet haben, waren sie äußerst motiviert, diese auch umzusetzen. Sie arbeiteten intensiv an der Implementierung des neuen Geschäftsmodells – eine so hohe Motivation hätten wir mit dem besten Vortrag der Welt nicht erreichen können.

Die gute Nachricht: Motivation lässt sich verändern. Die schlechte Nachricht: Motivation lässt sich deutlich leichter in die negative als in die positive Richtung beeinflussen. Eine flapsige, abwertende Bemerkung des CEO zu einem Mitarbeiter im Blog eines internationalen Konzerns hat sich wie ein Lauffeuer im Unternehmen verbreitet. Der besagte CEO versuchte monatelang mithilfe von Kommunikationsberatern, diesen Satz zu korrigieren. Jedoch vergeblich, zehn Sekunden im Blog richteten einen irreparablen Schaden im Vertrauen an.

3.1.3 Aufbau von Champions und Wandelverantwortlichen

Im Wandelprozess ist es wichtig, frühzeitig Champions und Wandeltreiber im eigenen Unternehmen aufzubauen. Sie helfen, den Wandelprozess durch die Organisation zu tragen und die breite Masse zu mobilisieren. Solche Champions können Vordenker sein, die sich durch gute Leistungen im bisherigen Innovationsprozess ausgezeichnet haben. Es kann aber auch Sinn machen, diejenigen Mitarbeiter auszuwählen, die sich mit allen Kräften gegen die Innovation stemmen und dabei auch noch Meinungsmacher im Unternehmen sind. In einem breit angelegten Innovationsprojekt eines High-tech-Unternehmens hatten wir bewusst eine mittlere Führungskraft, die sich lange gegen die Innovation gestemmt und dabei viele Mitarbeiter um sich geschart hatte, in die Task Force miteinbezogen und zu einer der Kernverantwortlichen für den Wandel gemacht. Nach anfänglichen Schwierigkeiten und längeren Diskussionen funktionierte die Strategie überraschend gut. Die Person fühlte sich nicht mehr als Opfer, sondern als eine Person, die den Wandel selbst aktiv beeinflusst. Damit stieg die Motivation von ihr selbst und von ihren vielen Anhängern. Die Strategie „Betroffene zu Beteiligten machen" funktioniert meistens, der Zeitverlust in der Konzeptionsphase wird in der Regel überkompensiert durch die raschere Umsetzung.

Bei den meisten Innovationsprojekten gibt es 15 Prozent erbitterte Gegner, fünf Prozent Befürworter und 80 Prozent der Unentschiedenen oder nicht direkt Betroffenen. Es ist immer abzuwägen, wie viel Zeit zur Überzeugung der harten Gegner einer Idee aufgebracht werden soll und was der Nutzen davon ist. Ist der Innovationsgegner, wie im oberen Fall beschrieben, ein Meinungsführer mit vielen Anhängern, kann es sinnvoll sein, den harten Opponenten zu bearbeiten und einzubeziehen. Oft sind aber auch 80 Prozent aller Betroffenen im Unternehmen unentschieden, also stille Zuschauer. Diese gilt es ebenfalls zu adressieren, anstatt zu viel Energie auf die Opponenten aufzuwenden. Den Produktionsleiter gewinnt man selten, wenn es um die Auslagerung seiner Produktion geht. In einer politischen Wahl werden auch vor allem die Unentschlossenen angesprochen, nicht die treuen Parteigänger der gegnerischen Partei.

3.1.4 Entscheidungspathologien vermeiden

Bei der Analyse und Selektion von neuen Geschäftsmodellkonzepten, die im Laufe eines Projekts generiert werden, passieren immer wieder die gleichen Fehleinschätzungen bzw. Fehlentscheidungen. Einige der typischen Ursachen für Fehlentscheidungen sind im Folgenden kurz dargestellt.

Der Mensch trifft täglich 10 000 intuitive Entscheidungen, vom Aufstehen am Morgen bis zur Wahl des Hemds. In den Ingenieurs- und Naturwissenschaften sind intuitive Entscheidungen aber nur Nobelpreisträgern erlaubt. Einfache Projektteams müssen mit aufwendigen Nutzwertanalysen nachweisen, dass die getroffene Entscheidung objektiv und richtig ist. Dabei hat Herbert Simon bereits in den 1970er Jahren gezeigt, dass gerade kollektive Entscheidungen in Unternehmen enorm irrational sind. Die emotionale Seite von Entscheidungen spielt eine große Rolle, das Bauchgefühl ist wichtiger, als wir es wahrhaben wollen.

Häufig entstehen Entscheidungspathologien, weil die Psychologie auch vor dem Management nicht Halt macht. Bei der Ideenselektion entstehen oft systematisch Fehler aufgrund folgender psychologischen Effekte:

- *Systemrechtfertigung:* Es besteht stets die Tendenz zum Status quo. Steht das neue Geschäftsmodell im Konflikt mit dem alten, so wird aufgrund der menschlichen Neigung zur Bewahrung stets die dominante, alte Branchenlogik verteidigt. Es ist wichtig, zu verstehen, dass Menschen den Status quo grundsätzlich rechtfertigen, nicht nur aus Ängsten.

- *Extrem-Aversion:* Werden der Geschäftsleitung drei Alternativen vorgestellt, wird in den meisten Fällen die Mitte ausgewählt. Dies gilt in fast allen Ländern; Menschen mögen im Durchschnitt nicht das Extreme.

- *Ankereffekt:* Wird einmal eine Zahl in den Raum gestellt, so werden die folgenden Alternativen daran gemessen. Anker setzen auch erfahrene Autoverkäufer: Fast immer werden alle Extras im Wagen vorgestellt, damit sich der Preis des Vorführautos als Referenz im Kopf des Kunden festsetzt. Wird beim Geschäftsmodell ein Geschäft von 300 Millionen Euro in einer Geschäftsleitungspräsentation in Aussicht gestellt, so sind ein Umsatz von 50 Millionen Euro enttäuschend – auch wenn das Unternehmen dadurch stark gewachsen ist.

- *Sunk Costs:* Auch wenn frühere Investitionen bilanziell nicht aktiviert werden können, so ist es deutlich schwieriger, ein Projekt zu stoppen, das bislang drei Millionen Euro gekostet hat, als eines, das nur 50 000 Euro gekostet hat.

- *Frequenz-Validität:* Je häufiger eine Tatsache gehört wird, umso eher wird diese geglaubt. Oft sind Vorstände selbst von einer unsinnigen Prognose überzeugt, weil sie diese so oft gehört haben. Es ist enorm schwer, einen einmal gesetzten Irrglauben auszuräumen.

- *Zero-Risk-Bias:* Eine Variante A, bei der ein relativ kleines Risiko völlig eliminiert werden kann, wird gegenüber einer Variante B, bei der ein relativ großes Risiko drastisch reduziert werden kann, bevorzugt, Dies gilt selbst dann, wenn die Erwartungswerte für die Variante B sprechen – wir sind also dazu bereit, zu viel für die totale Sicherheit zu bezahlen. Neue Geschäftsmodelle können hohe erwartete Net Present Value versprechen, das Risiko wird jedoch immer höher sein als Investitionen in das heutige Geschäft.

- *Asch-Effekt:* Der Gruppenzwang wurde 1951 von Solomon Asch durch das Konformitätsexperiment nachgewiesen. Menschen passen sich der Mehrheitsmeinung an. Gibt es keine Bedenkenträger oder hat der Patron eines Unternehmens ein starkes Plädoyer gehalten, findet man nur noch Zustimmung – manchmal auch entgegen der eigenen Überzeugung.

Routineentscheidungen fallen leichter als Grundsatzentscheidungen. Dabei sollten gerade Erstere häufiger hinterfragt werden. Meist werden bei Entscheidungen im Alltagsgeschäft zu häufig die Symptome und zu wenig die Ursachen von Problemen adressiert. Toyota hat hierzu die einfache 5-Why-Methode im Einsatz: Bei jedem Problem fünf Mal „warum?" fragen – auf jede Antwort ein weiteres Warum. Dadurch basieren Entscheidungen rasch auf einer völlig neuen Grundlage.

 Regeln für gute Entscheidungen

- Grundlagen klären für die Entscheidung. Bei Innovationen wird meistens unter hoher Unsicherheit entschieden.

- Personenkreis im Entscheidungsprozess einschränken, Unbeteiligte bremsen eine Entscheidung nur.

- Tiefere Ursachen analysieren, 5-Why-Methode anwenden.

- Das Bauchgefühl zulassen. Intuition basiert auf Erfahrungen und unbewusstem Wissen, das häufig hoch komplexe Entscheidungen gut unterstützt.

- Entscheidungspathologien vermeiden, schon deren Kenntnis hilft dabei.

- Konsens unter den Involvierten bei der Entscheidung erhöht die Geschwindigkeit bei deren Umsetzung.

- Mut zur Entscheidung: Eine Falschentscheidung kann revidiert werden, Nicht-Entscheiden blockiert die ganze Mannschaft.

- Macht- und Interessenskonflikte offen adressieren.

- Aus Fehlentscheidungen lernen: Jeder darf Fehler machen, aber möglichst nicht zweimal die gleichen.

3.1.5 Wandel führen erfordert Geduld

Der CEO des Sanitärunternehmens *Hans Grohe* sagte uns einmal: *„Zu Innovation ist nötig: Geist, Geduld, Geld, Glück ... und Sturheit."* Innovation bedeutet Wandel und der ist nicht einfach. Ein katholischer Bischof verkündete auf einer Konferenz, dass es rund 50 Jahre dauert, bis eine Enzyklika, das päpstliche Rundschreiben, in allen Teilen der Kirche wirklich verstanden und gelebt wird. Nun mögen die meisten Unternehmen rascher handeln als die katholische Kirche – immerhin mit rund einer Milliarde Mitgliedern die wohl größte globale Organisation der Welt. Aber die Dauer der Umsetzung einer neuen Idee wird oft systematisch unterschätzt. In der Wissenschaft rechnet man mit rund 30 Jahren, bis sich eine grundlegende Neuerung von der ersten Idee bis zum kommerziellen Produkt durchgesetzt hat.

Manchmal reicht diese Zeit jedoch nicht aus. *Kodak* ist nicht blind untergegangen. Das Unternehmen ist bereits in den 1990er Jahren eine Kooperation mit *Microsoft* im Bereich des Digital Imaging eingegangen, um so die Grundlagen für die Digitalfotografie zu legen. *Kodak* hatte aber das Denken des nicht Denkbaren – „Digital ersetzt Analog" – bei seinen Mitarbeitern zu lange nicht durchsetzen können. Als man dann im Jahr 2008 die F & E-Fabrik in Rochester, welche über Jahrzehnte das Juwel des Konzerns war, medienwirksam und für alle Mitarbeiter erfahrbar in die Luft sprengte, war es zu spät. Spätestens diese symbolträchtige Handlung des Sprengens der bisherigen Denkfabrik hat den Mitarbeitern gezeigt, dass die traditionelle analoge Geschäftswelt für *Kodak* zu Ende war. Allerdings zu spät, 2012 kam der Konkurs.

Oft hört man aus dem mittleren Management die Argumentation der Kurzfriststrategie, mit der man den Gegebenheiten des Markts Rechnung tragen muss. Auch *Kodak* hatte Kurzfriststrategien, mit denen die analoge Welt aufrechterhalten wurde. Eine „Kurzfrist-Strategie" ist jedoch ein Oxymoron, ein Widerspruch in sich selbst, denn das Verfolgen von kurzfristigen Zielen hat inhärent einen nichtstrategischen Charakter. Zu lange wird oft an Paradigmen festgehalten, welche durch den Markt, die Technologie, die Konsumenten oder neue Wettbewerber offensichtlich obsolet geworden sind.

Häufig geht es den Mitarbeitern einer solchen Firma wie einem übergewichtigen Raucher: Er kennt die Gesundheitsgefährdung, hat eine Strategie, wie er das Problem angeht. Jedoch fehlt die deterministische und disziplinierte Umsetzung der Dinge, welche zum Ziel führen. Die Versuchungen der nächsten Zigarre oder des nächsten guten Essens sind zu hoch. Mehr Fachwissen durch Experten reicht hier übrigens nicht aus: Die Ärzte sind bekanntlich eine überdurchschnittlich rauchende Berufsgruppe. Ähnlich ist die Versuchung des nächsten kleinen Auftrags, der zumindest einen Teil der Fixkosten deckt und besser ist als nichts, Die Alternative des Verzichtens auf den Auftrag und stattdessen Investieren in eine radikale Änderung für eine erfolgversprechendere Zukunft fällt häufig schwer. Um nochmals die Medizin heranzuziehen: Ist einmal ein fortgeschrittener Tumor vorhanden, muss er mit klaren und oft schmerzhaften Schnitten herausoperiert werden – auch wenn es dem Patient kurzfristig schlechter geht. Nach dem früheren Harvard-Kollegen und heutigen Berater David Maister setzt genau hier die Rolle des Managements an: Es muss Energie, Disziplin und Fokus entwickelt werden, wie die kurzfristigen Versuchungen überwunden werden können.

■ 3.2 Eine grobe Stoßrichtung definieren

Ein zentraler Bestandteil einer guten Führung des Wandels ist es, die grobe Stoßrichtung zu definieren. Diese gibt den Mitarbeitern Orientierung im Alltagshandeln und reduziert die Angst vor dem Ungewissen. Dabei müssen gleichzeitig zwei Dinge vorangetrieben werden: die Entwicklung einer langfristigen Vision als Orientierung und die Erzielung von kurzfristigen Erfolgen zur Bestärkung, dass der eingeschlagene Weg richtig ist.

3.2.1 Vision entwickeln

Für jeden Wandelprozess ist es wichtig, eine klare, langfristige Vision zu entwickeln. Wo soll das Unternehmen hin, wo werden wir in drei, fünf oder sieben Jahren stehen? Warum müssen wir uns ändern? Die Vision muss klar kommuniziert werden. Die meisten Geschäftsmodellinnovationen scheitern, da die Absicht nicht klar kommuniziert wurde. Dies liegt häufig aber nicht daran, dass zu wenig kommuniziert wird, sondern dass zu viel kommuniziert wird.

 Eine Vision ist ein Traum mit einem Verfallsdatum. Fehlt der Zeitpunkt, wann eine Vision erreicht werden soll, bleibt es bei der Träumerei. Fehlt jedoch der Traum vor lauter Terminen, so verharrt das Unternehmen im operativen Geschäft. ■

Die Mitarbeiter sind heutzutage einer Flut an Informationen ausgesetzt; E-Mails, Updates im Intranet oder in der Betriebszeitung sind nur ein paar Beispiele von Informationen. Viele Mitarbeiter können deshalb wichtige von unwichtiger Information kaum mehr unterscheiden. Eine Führungskraft in einem unserer Geschäftsmodellprojekte ging sogar so weit, dass er in seine E-Mail eine dauerhafte automatische Antwort installierte mit der Aussage, seine E-Mails nicht mehr zu lesen und wer wirklich wichtige Informationen mitzuteilen hätte, sollte auf seinem Handy anrufen.

Bei bevorstehenden Veränderungen müssen sich Führungskräfte genau überlegen, wie sie die Mitarbeiter erreichen können. Einer unserer Projektpartner aus einem Unternehmen der High-Tech-Branche nutzte erfolgreich die Methode der sogenannten „Town-Hall Meetings". Diese Meetings finden typischerweise an allen großen Standorten des Unternehmens statt und alle Mitarbeitenden sind dazu eingeladen. Damit kann die wertvolle Face-to-face-Kommunikation stattfinden. *Bühler* hat die neue strategische Innovationsinitiative auf eine ungewöhnliche Weise im Unternehmen veröffentlicht: Es gab Poster, Fahnen, und Bodenbeklebungen auf dem gesamten Firmengelände (innerhalb und außerhalb von Gebäuden), außerdem sogar eine Videomessage. Es gilt hier „Perception is reality". Wird die Stoßrichtung nicht kommuniziert, so existiert sie für die Mitarbeiter nicht.

Neben der Art und Weise, wie eine Nachricht transportiert wird, ist es auch entscheidend, welche Nachricht weitergegeben wird. So ist es wichtig, die Geschichte für den Wandel in die Sprache der jeweiligen Mitarbeiter zu übersetzen. Die Nachricht für den oberen Managementkreis über die Veränderung des Geschäftsmodells sollte anders aussehen als die Nachricht an die Außendienstmitarbeiter. Wichtig ist auch, dass die Bedeutungen für die einzelnen Personen herausgearbeitet werden. Jeder Mitarbeiter muss verstehen, was bedeutet diese Innovation für mich persönlich? Was bedeutet beispielsweise die Einführung eines Online-Vertriebs für die Vertriebsmannschaft? Welche Jobs bleiben erhalten, welche nicht? Welche Aufgaben ergeben sich für die betroffenen Mitarbeiter?

3.2.2 Schnelle Erfolge erzielen

Neben der langfristigen Vision ist es genauso wichtig, schnelle Erfolge zu realisieren. Die niedrig hängenden Früchte sind zuerst zu ernten. Sogenannte Quick-Wins können im Zusammenhang mit Geschäftsmodellinnovationen ein positives Kundenfeedback sein, ein erfolgreicher Abschluss mit einem wichtigen Partner oder sogar ein erster Auftrag mit dem neuen Geschäftsmodell. Solche schnellen Erfolge sind wichtig, da sie dem sich ändernden Unternehmen Sicherheit geben. Sie zeigen, dass die Veränderung in die richtige Richtung geht. Sie dienen auch dazu, Bedenkenträgern den Wind aus den Segeln zu nehmen. Die schnellen Erfolge sollten entsprechend gefeiert werden, um das positive Momentum vom kleinen Kernteam auf das ganze Unternehmen zu übertragen.

Als die deutsche Tochtergesellschaft von *3M*, dem weltweit wohl innovativsten Unternehmen mit 50 000 Produkten und 45 dahinterstehenden Technologieplattformen, in 2011 begann, mit *3M Services* ein Dienstleistungsgeschäft aufzubauen, war dies ein enormer Schritt. Die DNA von *3M* ist durch und durch die einer produkt- und technologieorientierten Unternehmung, so dass für dieses Vorhaben selbst in diesem innovativen Unternehmen nicht alle Türen offen waren. Es war daher wichtig zu zeigen, dass mit dem Servicegeschäft, als Voraussetzung für Komplettlösungen mit *3M*-Produkten und Dienstleistungen aus einer Hand, auch das Produktgeschäft gefördert wird. Die *3M Services* bieten maßgeschneiderte Lösungen inklusive Beratung, Projektmanagement, Abwicklung, Schulung und After-Sales-Betreuung für Geschäfte rund um die *3M*-Produkte an. Erste Erfolge mit konkreten Aufträgen, die auch den Produktumsatz steigerten, erhöhten unmittelbar die Akzeptanz der neuen Geschäftseinheit.

Führungskräfte sollten aktiv nach schnellen Erfolgen suchen bzw. diese gestalten. Man muss nicht abwarten, bis sich schnelle Erfolge einstellen, man kann diese zumindest zu einem gewissen Grad selbst steuern. Aktive Befragungen bei Kunden oder eine Fokussierung auf diejenigen Elemente des Geschäftsmodells, die rasch zu implementieren sind, sind vielversprechende Möglichkeiten, um schnelle Erfolge zu fördern. Gerade in den frühen Implementierungsphasen des neuen Geschäftsmodells ist es enorm wichtig, dass auch kleinste Erfolge stetig an die Mitarbeiter kommuniziert werden.

Es ist aber auch darauf zu achten, dass die langfristigen Ziele nicht aus den Augen verloren werden. Eine gesunde Balance zwischen Kurzfristigkeit und Langfristigkeit sollte angestrebt werden.

■ 3.3 Strukturen, Prozesse und Ziele definieren

Eine dritte wichtige Dimension bei der Führung von Wandelprojekten ist die Etablierung von formalen Strukturen, Prozessen und Zielen. Jeder Mensch funktioniert nach Anreizen. Deshalb ist es auch in dem Kontext von Geschäftsmodellinnovationen wichtig, die formalen Mechanismen richtig zu setzen.

3.3.1 Strukturen festlegen

Eine Geschäftsmodellinnovation kann auf verschiedene Arten implementiert werden: Entweder als Teil des bestehenden Geschäfts, als separate Einheit im Unternehmen oder sogar als eigenständiges, ausgegründetes Unternehmen. Die Entscheidung, welche Form präferiert wird, hängt von dem externen Kontext ab. Die bereits erwähnte *3M* hat bei der Implementierung des *3M-Services*-Geschäfts gleich zu Beginn auf die Gründung einer neuen Geschäftseinheit Wert gelegt, um die Unabhängigkeit der Einheit vom Kerngeschäft zu demonstrieren. Auch *CEWE Color* entschied sich bei dem Aufbau der Geschäftseinheit, die sich ausschließlich auf digitale Produkte konzentrieren sollte, für die Spin-off-Variante, weil die neue radikale Mission nicht in das hocheffiziente System der bestehenden Technologien und Produktion gepasst hätte. Die neue *CEWE Digital GmbH* wurde dann 1997 gegründet. Aus Sorge, das Kerngeschäft durch die neue Digitaltechnologie zu schwächen, ist die neue Geschäftseinheit vorrangig mit neuen Mitarbeitern belegt worden, die unterschiedliche technologische Hintergründe mitbrachten. Mit der vollen Unterstützung des Top-Managements und dem nötigen Freiraum von den existierenden Geschäftsbereichen, konnte die *CEWE Digital* neue Prozesse und Produktionstechnologien erfolgreich entwickeln und Produkte für neue digitale Applikationen entwerfen und verkaufen. In 2004 wurde die *CEWE Digital* in das Kerngeschäft reintegriert und viele Mitarbeiter aus dem analogen Bereich der Mutter *CEWE Color* wurden in den digitalen Bereich umgeschult und das Portfolio wurde sukzessive mit digitalen Produkten gestärkt. *CEWE Color* ist heute in fast allen europäischen Ländern Marktführer. Der Marktanteil liegt im Durchschnitt bei über 40 Prozent. Das Unternehmen hat 2009 mehr als 2,6 Milliarden Fotos und über 3,6 Millionen *CEWE*-Fotobücher und -Fotogeschenke entwickelt.

Unabhängig davon, ob ein neues Unternehmen gegründet wird oder nicht, ist es auf jeden Fall wichtig, dass die Innovation in der Anfangszeit noch einen „geschützten" Status vom operativen Geschäft erhält. *Evonik* entwickelt seine Innovationen in räumlichen getrennten Projekthäusern, um die Venture-Teams wie Start-up-Unternehmen zu behandeln. Oft werden Geschäftsmodellinnovationen sogar in separaten Räumlichkeiten mit Sicherheitszugang entwickelt. Der Aufzugs- und Fahrtreppenkonzern *Schindler* hat für radikale Innovationen einen eigenen räumlich geschützten Bereich, zu dem nur ausgewählte Mitarbeiter einen Zugang haben. Apple unter Steve Jobs entwickelte in den 1980er-Jahren die erfolgreiche Macintosh-Baureihe in einem separaten Gebäudekomplex, der sogar von einer Piratenflagge geziert wurde.

Die Gefahr, dass die Opponenten der Innovation die unvermeidbaren Fehler und Misserfolge der frühen Phasen nutzen würden, um das Geschäftsmodell im Keim zu ersticken, ist zu groß. Auch *SAP* hat bei der Entwicklung von *SAP Business by Design*, die *SAP*-Lösung in der Cloud, die speziell für den Mittelstand entwickelt wurde, das Team, welches die Innovation vorantrieb, in ein separates Gebäude mit hohen Sicherheitsanforderungen gesetzt – unzugänglich für Mitarbeiter außerhalb der Task Force.

Bei der Entwicklung neuer Geschäftsmodelle ist es vorteilhaft, wenn die Teams organisatorisch und räumlich getrennt sind vom operativen Geschäft. Damit steigt nicht nur die Fähigkeit, die dominante Branchenlogik zu überwinden und radikal neue Ansätze anzudenken, sondern auch die Überlebenswahrscheinlichkeit des neuen Geschäfts. Die unvermeidlichen ersten Fehler brechen dem neuen Geschäftsmodell noch nicht gleich das Genick.

Gleichzeitig sinkt mit zunehmender Isolierung die Akzeptanz der heutigen Geschäftsbereiche, das neue Geschäftsmodell zu adoptieren. Es ist daher oft sinnvoll, gleich eine neue legale, strukturelle Einheit zu schaffen.

3.3.2 Ziele definieren

Von großer Bedeutung bei Wandelprozessen sind neben den großen Visionen und langfristigen Stoßrichtungen die konkreten **Ziele** als Basis von Leistung und Gegenleistung. Bei der klassischen Zieldefinition hat sich das SMART-Schema in der Praxis bewährt:

- **S** pezifisch: Ziele müssen eindeutig und präzise sein;
- **M** essbar: Ziele müssen klar messbar sein;
- **A** kzeptiert: Ziele müssen vom Team akzeptiert sein;
- **R** ealistisch: Ziele müssen erreichbar sein;
- **T** erminiert: Ziele müssen zu einem Termin erreicht sein.

Bei neuen Geschäftsmodellen muss man jedoch vorsichtig abwägen, zu welchem Zeitpunkt man die Ziele setzt. In der frühen Phase ist der unternehmerische Freiraum oft wichtiger. Ein Leiter des Business Development eines großen Software-Unternehmens sagte seinem Chef, als ihm wieder einmal der Controller im Nacken saß, er solle ihn doch behandeln wie Venture Capital-Investoren ein Start-up behandeln: Es ist eine Investition in ein neues Geschäft, bei dem das Managementteam eine gewisse unternehmerische Freiheit benötigt, um erfolgreich zu sein. Tatsächlich bekam er für drei Jahre ein Budget und musste erst danach Ergebnisse vorweisen.

Bei dem Konsumgüterhersteller Henkel sind die 3x6-Teams entstanden: 6 Mitarbeiter außerhalb der F&E durften 6 Monate frei arbeiten, um 6 Produktkonzepte zu entwickeln. Es gab keine weitere Messgröße, außer dass 6 potenzialträchtige Konzepte am Ende herauskommen mussten. Dies erscheint auch für Geschäftsmodellprojekte ein sinnvolles Vorgehen: Die Entwicklung eines neuen Geschäftsmodells ist eine strategische Investition, welche bezüglich der Umsetzung eine gewisse Freiheit erfordert.

Ein neues Geschäftsmodell muss sich als Pilot am Markt erst behaupten. Zu frühe Ziele bergen die Gefahr, das neue Geschäft allzu stark einzuengen. Entscheidungen haben dann die Tendenz, nur auf die Erzielung kurzfristiger Erfolge ausgerichtet zu sein, statt die richtigen Weichen für langfristige Erfolge zu setzen. Aus diesem Grund hat *3M* dem CEO, der das Servicegeschäft in Deutschland aufgebaut hat, ein Jahr lang Freiraum eingeräumt und erst im zweiten Jahr wurden klare Ziele und KPIs definiert. Der CEO von *3M Services Deutschland* sagte uns einmal: *„Das war wie im Paradies, ein Jahr keine Ziele zu haben, aber es war auch genau die richtige Strategie – das Geschäftsmodell brauchte die Zeit, um sich zu entwickeln."* Und das ist in der Tat so, mittlerweile spricht das Unternehmen davon, mittel- bis langfristig ein Viertel seines Umsatzes durch Komplettlösungen zu machen.

3.3.3 Performance-Management-Systeme einführen

Neben klaren Zielen ist es wichtig, dass die Leistung von Einzelnen, von Gruppen und von der gesamten Geschäftsmodellinnovation regelmäßig über verschiedene Dimensionen gemessen wird. Solche Management Cockpits helfen, den Fortschritt schnell zu erkennen und bei Zielabweichungen entsprechende Änderungen vorzunehmen. Die Leistung sollte relativ zu den Zielen gemessen werden, aber auch Vergleiche zwischen Gruppen können die Motivation fördern. So hatten wir in einem unserer Innovationsprojekte die regionalen Gruppen im Hinblick auf ihre Leistung bei Quick Wins verglichen. Die Ergebnisse wurden wöchentlich in der Kantine veröffentlicht, was zu einem sportlichen, aber freundschaftlichen Wettbewerb zwischen den einzelnen Teams geführt und den Implementierungsfortschritt enorm beschleunigt hat.

Es ist unbedingt notwendig, die Ziele mit Anreizen zu verknüpfen. Menschen funktionieren über Anreize und deshalb sollte man diesen wichtigen Mechanismus auch im Rahmen der Geschäftsmodellimplementierung nutzen. Es müssen nicht immer monetäre Anreize sein, auch symbolische Aktionen wie Auszeichnungen motivieren die Mitarbeiter. So belohnt auch *CEWE Color* beispielsweise herausragende Ideen mit einem Bonus. Zudem dürfen die Mitarbeiter, wenn ihre Idee weiterverfolgt wird, diese im Topmanagement-Gremium vortragen. Dies ist häufig für die Mitarbeiter viel bedeutender als eine zusätzliche Zahlung. Bei dem schweizer Technologiekonzern *Bühler* dürfen die Gewinnerteams des internen Innovationswettbewerbs sich aussuchen, ob sie zu einer Ausbildung an die Harvard Business School gehen oder ob sie sich um die Anschubfinanzierung für ihre Idee bewerben, um eine eigene Firma zu gründen. Die dänische *FLSmidth*, einer der führenden Lieferanten für die Zement- und Mineralindustrie, setzt ähnliche Anreize und belohnt die Gewinner als Team mit einer Freistellung zu 50 Prozent für die Umsetzung des Projekts mit gleichzeitigem Coaching durch die *DTU* in Kopenhagen, was dem *MIT* in Boston von Dänemark entspricht. Diese Art von Belohnung adressiert nicht nur die extrinsische Motivation (Finanzen, Status), sondern auch die intrinsische Motivation (Aufgabe selbst treibt an). Innovationserfolge korrelieren klar mit der intrinsischen Motivation, wenn es gelingt, diese zu adressieren.

■ 3.4 Fähigkeiten aufbauen

Um eine Geschäftsmodellinnovation erfolgreich am Markt umzusetzen, bedarf es vor allem der richtigen Fähigkeiten. Fähigkeiten basieren auf Wissen, das wiederholt angewendet wird. Wissen ist somit eine notwendige Voraussetzung für Fähigkeiten, aber nicht ausreichend. Menschen müssen das Wissen anwenden, um Fähigkeiten aufzubauen. Mit anderen Worten: Das Projekt des neuen Geschäftsmodells muss vom Team bis in den Markt begleitet werden.

3.4.1 Das richtige Team selektieren

Wie in jedem Projekt sind Ressourcen notwendig, damit es kein zahnloser Tiger wird. Für die erste Phase des Projekts – die Designphase – sind die Ressourcen in finanzieller Sicht noch nicht spielentscheidend. Es ist wichtiger, dass die Geschäftsleitung und die im Projekt Beteiligten den Sinn hinter der Initiative verstehen. Eine starke Vision und der Wille, vorwärts zu gehen, sind zunächst wichtiger als die Budgetfreigabe. Martin Luther King sagte auch nicht *„I have a budget …"* Jedoch ist es der Lackmustest der Geschäftsleitung, ob sie wirklich hinter dem Projekt steht oder dies nur kommuniziert, wenn Ressourcen durch die Freistellung von Schlüsselpersonen benötigt werden und damit echte Opportunitätskosten im laufenden Geschäft entstehen.

Teambasiertes Arbeiten ist in der heutigen Arbeitswelt nicht wegzudenken. Dennoch wird in der Praxis zu wenig Wert auf die richtige Teamselektion gelegt. Dabei kann ein Projekt nur so gut sein wie sein Team. Bei der Teamselektion ist einerseits auf individuelle Eigenschaften wie fachliches Wissen, Arbeitsstil und Sozialkompetenz zu achten. Anderseits ist jedoch auch die richtige interfunktionale und interdisziplinäre Teamzusammensetzung zu berücksichtigen. Dabei ist Denken nicht nur erlaubt, sondern eine Pflicht eines jeden Mitarbeiters. Die Zeiten von Henry Ford sind vorbei, der gesagt haben soll: *„Ich bezahle die Hände meiner Mitarbeiter und nicht ihren Kopf."*

Früher wurde häufig der Fehler begangen, dass Innovation auf die Ingenieure der Forschung und Entwicklung begrenzt, war und somit nur den „Kreativen" zustand. Heute weiß man, dass Innovation – und dies gilt noch deutlich stärker für Geschäftsmodellinnovation – ein interdisziplinärer, hoch interaktiver Prozess ist, bei dem möglichst viele Perspektiven berücksichtigt werden müssen. Typisch sind bei der Entwicklung einer neuen Geschäftsmodellinnovation nicht nur die Involvierung von F&E, sondern auch von Marketing, Strategie, Vertrieb, Produktion, Logistik, Einkauf und in jüngerer Zeit immer mehr auch von Kunden und Lieferanten, die bereits in frühen Phasen hinzugezogen werden. Falls das Team zu Beginn auf ein kleines Kernteam konzentriert ist, so muss sichergestellt werden, dass die komplementären Perspektiven situativ eingebunden werden. Ansonsten entstehen blinde Flecken beim Design des neuen Geschäftsmodells, welche sich dann zu Killerargumenten entwickeln können.

Hierzu sind bei der Teamrekrutierung folgende zehn Punkte zu prüfen.

 Checkliste für die Selektion von Teams

1. Sind alle relevanten Funktionen wie Marketing, Technologie, Strategie, Logistik, Produktion und Einkauf im Team involviert?
2. Sind Kunden oder potenzielle Kunden dabei oder werden diese repräsentiert?
3. Gibt es genügend Querdenker, die Out-of-the-Box-Denken einbringen?
4. Ist genügend branchenfremdes Wissen vorhanden?
5. Ist das Team energetisch genug, um die Initialträgheit in Organisationen zu überwinden?
6. Ist es keine reine Stabsübung, sondern ist auch genügend praktisch-operative Kompetenz im Team?
7. Ist das Team hinreichend mit dem Rest der Organisation vernetzt, ohne von dieser gebremst zu werden?
8. Gibt es einen Prozesskatalysator im Team, der solche Projekte vorwärtstreibt?
9. Benötigt man einen externen Moderator für den Prozess?
10. Ist ein Sponsor aus der Geschäftsleitung mit an Bord?

3.4.2 Fehlende Fähigkeiten aufbauen

Stellt man bei der Konkretisierung des Geschäftsmodells fest, dass die Fähigkeiten für die Umsetzung des Geschäftsmodells im Unternehmen nicht vorhanden sind, gibt es drei Möglichkeiten, diese aufzubauen:

- **Fähigkeiten selbst entwickeln:** Die Fähigkeiten können im Unternehmen durch Learning-on-the-job, Rekrutierung neuer Mitarbeiter sowie geeignete Schulungen selbst entwickelt werden. Der Schritt des Aneignens von Fähigkeiten dauert jedoch lange und erfordert Geduld. Als sich beispielsweise das Technologie- und Beratungsunternehmen *Zühlke* 2010 entschloss, einen neuen Geschäftsbereich *Zühlke Ventures* zu gründen, bei dem Start-ups finanziert und technologisch begleitet werden, musste das Venture Capital-Know-how von Grund auf erarbeitet werden. Zwei Geschäftsleitungsmitglieder widmeten sich Vollzeit dieser Tätigkeit, so dass *Zühlke* neben ihrer Technologieexpertise schnell in der Start-up- und Gründerszene bekannt wurde.

- **Partnerschaften eingehen:** Eine zweite Möglichkeit, Fähigkeiten aufzubauen, erfolgt über Partnerschaften. Partner bringen die Fähigkeiten mit, die man sucht, und im Vergleich zu einem Zukauf ist der Aufwand weniger groß. So entschied sich *3M Services* beispielsweise, Lösungen basierend auf den eigenen Produkten anzubieten, jedoch die zugehörigen Dienstleistungen ausschließlich über Partner zu beziehen. Neben fehlenden eigenen Ressourcen und Kompetenzen im Dienstleistungsbereich führte auch das Vorhandensein passender Dienstleister zu dieser Entscheidung. Bestellt beispielsweise ein Autohaus heute bei *3M Services* die Folienverklebung auf ein Fahrzeug, so kommuniziert es von Terminvereinbarung bis Rechnungsstellung ausschließlich mit *3M*. Zur Applikation der Folie auf das Fahrzeug erscheint dann jedoch ein von *3M Services* beauftragter und für diese Dienstleistung zertifizierter Partner aus dem Netzwerk des Unternehmens. Im geschilderten Bereich greift *3M Services* auf die Fähigkeiten von über 30 verschiedenen Partnern zurück. Für andere Lösungen hingegen arbeitet man exklusiv mit einem einzelnen Dienstleister zusammen.

Auch *Geberit*, der Schweizer Hersteller für Sanitär- und Rohrsysteme, hat im Jahr 2000 sein Geschäftsmodell grundlegend verändert. Von einem Push-Geschäft hat es sich zu einem Pull-Geschäft entwickelt. Anstatt Produkte an den Großhandel zu verkaufen, wurden Lösungen an den Endkunden verkauft. Dies konnte *Geberit* alleine allerdings nicht bewerkstelligen, da das Unternehmen nicht das Know-how für die Abstimmung mit den Endkunden hatte, und baute deshalb ein Netzwerk mit zahlreichen Installateuren auf. Über Anreize wie freie Servicetelefone, große Wissenskonferenzen, freie Schulungen und Trainings schaffte es Geberit, seine Partner zu überzeugen. Das neue Geschäftsmodell funktioniert sehr gut, *Geberit* ist Marktführer in der Schweiz und in Deutschland.

- **Zukauf von Fähigkeiten bzw. von Geschäften:** Zuletzt können fehlende Fähigkeiten auch über den Zukauf von ganzen Einheiten oder Geschäften aufgebaut werden. Diese Strategie wirkt schnell, ist allerdings auch riskant.

  Lufthansa stand vor der Herausforderung, dem Trend der Low Cost Carrier nachzukommen. Da die eigene Kostenstruktur zu hoch war, um ein solches Geschäft selbst aufzubauen, entschied sich der Konzern dazu, die Billigfluglinie *German Wings* zuzukaufen. Allerdings stehen sie nun vor der Herausforderung, die Billigfliegerstrategie mit ihrem bisherigen premiumorientierten Konzept zu vereinen. Dies gilt insbesondere, weil das neue Geschäftsmodell das alte immer weiter verdrängt und dabei großen Unmut bei den Kunden auslöst: *„Ich stelle mir gerade so ein wenig die Frage, ob es bei der Lufthansa irgendwo etwas hackt"*, schreibt beispielsweis ein verärgerter Passagier auf der Facebook-Seite der Fluglinie.

  Legendär ist beispielsweise die Einkaufswut des *Oracle*-Gründers Larry Ellison. Ursprünglich für seine Datenbanksoftware bekannt, gab das Unternehmen in den letzten zehn Jahren über 50 Milliarden US-Dollar für Firmenübernahmen aus. Letztlich dienten alle Zukäufe dem Ziel das Geschäftsmodell hin zum SOLUTION PROVIDER von Unternehmens-IT zu verändern. Neben Datenbanksoftware kann der *Oracle*-Kunde heute über die passende Hardware samt Betriebssystem (ehemals *Sun*), Virtualisierungs- und Administrationssoftware (ehemals *Virtual Iron*), ERP-Software (ehemals *PeopleSoft*, *BEA* und *Siebel*) und *Cloud-CRM* (ehemals *RightNow*) seinen kompletten IT-Bedarf bei *Oracle* decken. Kommentatoren aus der Branche sehen die Integration der Zukäufe sowohl in technischer als auch in betriebswirtschaftlicher Hinsicht noch skeptisch – das Geschäftsmodell ist noch nicht vollständig umgesetzt und sein langfristiger Erfolg fraglich. Dennoch sprudeln bereits heute die Gewinne beim laut Forbes zweitgrößten Softwarehersteller der Welt auch zu einem großen Teil dank seiner Zukäufe. Auch Innovation lässt sich zukaufen – viele Firmen haben bereits eigene Venture

Abteilungen, wie zum Beispiel *3M New Ventures*, die permanent den Markt screenen nach interessanten Investitionsobjekten, die die Fähigkeiten der Muttergesellschaft ausbauen. Im Unterschied zu anderen Corporate Venture Initiativen anderer Unternehmen sucht *3M New Ventures* nur in strategisch wichtigen Suchfeldern ergänzende Geschäfte, welche die Kernkompetenzen von *3M* nutzen und erweitern können.

■ 3.5 Kultur als Treiber des Wandels

Gerade in technischen Bereichen wird die Unternehmenskultur als Erfolgsfaktor häufig unterschätzt und gar nicht adressiert. Gleichzeitig wird der Kultur oft auch in fatalistischer Weise begegnet: *„Es ist alles Kultur, aber wir sind nur Ingenieure ... unsere Kultur tickt nun mal so."* Dabei kann Kultur auch aktiv durch die Führung entwickelt werden.

3M hat eine starke Innovationskultur, von welcher die „15-Prozent-Regel" nur eine sichtbare Ausprägung ist. Jeder Mitarbeiter in jedem Bereich darf 15 Prozent seiner Arbeitszeit in kreative Tätigkeiten außerhalb der Kernaufgabe investieren – ein Konzept, das auch andere innovative Unternehmen wie *Google* übernommen haben. Beim Arbeiten mit dem Unternehmen *3M* und seinen Mitarbeitern merkt man, dass diese Offenheit gegenüber Neuem tatsächlich in der DNA der Mitarbeiter verankert ist. Beim jährlichen Innovationssummit in der *3M Deutschland* werden diese Innovationsfähigkeiten auch offen ausgetauscht.

Ähnlich spürt man den Innovationsgeist beim amerikanischen Unternehmen W. L. *Gore & Associates (Gore)*, das vor allem über die Marke *Gore-Tex* im Textilienbereich bekannt wurde. *Gore* hat 8000 Mitarbeiter, welche ihren Vorstandsvorsitzenden basisdemokratisch vorschlagen und wählen. Dem Grundsatz, dass Menschen von sich aus arbeitswillig sind und daher keiner Führung bedürfen, wird auch heute noch konsequent nachgegangen. Alle 8000 Mitarbeiter von *Gore* sind Associates, also Partner. Die Führungskräfte werden für die Zeit eines Projekts von den Projektmitarbeitern gewählt, neue Mitarbeiter erhalten keinen direkten Vorgesetzten. Stattdessen wird ihnen bei ihrem Eintritt ein Mentor zugeteilt, der sie in Karriere im Unternehmen begleitet. Um ständig flexibel genug zu sein und Verkrustung oder der Entwicklung einer Hierarchie vorzubeugen, teilt sich eine Organisationseinheit, sobald diese mehr als 150 Mitarbeiter beschäftigt. Dieses intern als „Amöbenprinzip" bezeichnete Grundregel führt dazu, dass das Unternehmen auch heute noch kein träger Tanker, sondern ein hoch innovatives, offenes Unternehmen ist, das neben Textilien nun auch stark in Medizinaltechnik, Elektronik und Industrieprodukte wächst. Der an Anarchie grenzende Spirit wird durch die CEO Terri Kelly bestärkt: *„No ranks, no titles. If you call a meeting and nobody is there your idea was probably not good."*

Gore verfolgt folgende Prinzipien als Statuten:

1. *Freiheit:* Selbst Unternehmen im Unternehmen zu sein, sich selbst zu entwickeln und eigenen Ideen nachzugehen. Dabei auf die Toleranz bei Fehlern und Misserfolgen bauen zu können.

2. *Selbstverpflichtung:* Nicht auf Anweisungen handeln, sondern sich Projekte selbst suchen und für deren Erfolg zu arbeiten sowie sich an gemachte Absprachen halten.

3. *Fairness:* kein Wettbewerb innerhalb des Unternehmens. Mit Lieferanten und Mitarbeitern wird ein vertrauensvoller Umgang gepflegt.

4. *Waterline:* Entscheidungen, die das Unternehmen als Ganzes gefährden können (und deshalb unterhalb der Wasserlinie liegen), müssen mit anderen Mitarbeitern. abgesprochen und entschieden werden. Ansonsten sind Experimente erlaubt und sogar erwünscht.

Wie Studien des Harvard-Kollegen Stern gezeigt haben, lassen sich in Unternehmen mit einer starken Innovationskultur folgende Elemente finden:

- Hoher Anteil an Eigeninitiative: Empowerment ist von großer Bedeutung.

- Erlaubnis zu inoffiziellen U-Boot-Projekten: *Ericsson* erlaubt explizit Aktivitäten unterhalb der offiziellen Oberfläche, also nicht vom Management erfasste Projekte. *BMWs* Touring, heute ein zentrales Erfolgsmodell, ist in der Garage eines Mitarbeiters entgegen der Unternehmensstrategie entstanden. Erst der gebastelte Prototyp hat das Management überzeugt. Gleichwohl ist dies ein zweischneidiges Schwert: Berichtet werden nur die erfolgreichen U-Boot-Projekte, über die im Sand verlaufenen Millionen wird nie berichtet.

- Serendipity: Die Gabe, den glücklichen Zufall auch zu nutzen. Hier ist es wichtig, Gelegenheiten zu entdecken und auch umzusetzen. Das Post-it von *3M* war ein solcher glücklicher Zufall, der aber später auch kommerziell genutzt wurde. Bei der amerikanischen *Gore* wird dies explizit mit der Amöbenmetapher gefördert.

- Hohe Diversität der Mitarbeiter: Unternehmen sind innovativer, wenn die Mitarbeiter aus unterschiedlichen Berufen, sozialen Schichten, Geschlechtern und Nationalitäten kommen. Bei dem weltweit führenden Designunternehmen *IDEO* wird Diversität als zentrales Kreativitätsmerkmal bewusst geschaffen.

- Kommunikation, Kommunikation, Kommunikation: Innovation ist fast immer das Ergebnis von Kommunikation. 90 Prozent aller Geschäftsmodellinovationen sind Rekombinationen von existierenden Ideen, Konzepten und Mustern. Die Heureka-Momente eines alleine tüftelnden Daniel Düsentriebs sind zwar noch wichtig, verlieren aber im Vergleich zur arbeitsteiligen Innovation an Bedeutung.

Alle Punkte lassen sich durch Führung gezielt und bewusst beeinflussen. Eine Kultur aktiv in eine Richtung zu entwickeln, dauert länger, als ein Entwicklungstool einzuführen, aber es ist möglich. Die stärksten Elemente sind Rekrutierung der richtigen Mitarbeiter, Zielentwicklung, Umgang mit Abweichungen und eigenes Vorleben.

Ohne die offene, änderungsfreudige Kultur gelingt die Geschäftsmodellinnovation als die Königsdisziplin der Innovation nicht. Die Bedenkenträger haben neun von zehn Mal recht, wenn sie ein Konzept für ein neues Geschäftsmodell ablehnen. Eine offene Innovationskultur „energetisiert" eine Unternehmung für die Durchbrechung der alten Branchenlogik. Einfach ist es jedoch nicht, der Mensch ist von Natur aus beharrend, auch wenn die Glücksgefühle beim Innovieren nachweislich größer sind.

TEIL II

Die 55 Muster zur Geschäfts- modellinnovation

1 Add-on

1 Add-on
Separate Verrechnung von Extras

Das Muster

Im ADD-ON-Muster wird dem Kunden ein Nutzenversprechen zu einem möglichst günstigen Preis angeboten. Eine Vielzahl von Zusatzoptionen und Extras treiben den Preis des Produkts jedoch schnell in die Höhe. In den meisten Fällen wird der Kunde einen Preis zahlen, den er nicht erwarten oder vorhersehen konnte *(Wert?)*. Das ADD-ON-Muster geht häufig mit einer ausgeklügelten Preisstrategie einher. Das Kernprodukt wird dabei werbewirksam

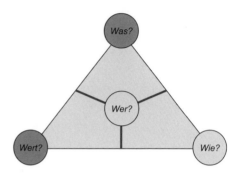

und nicht selten zu Kampfpreisen angeboten, während Positionen der Aufpreisliste vom Kunden meist teuer erworben werden müssen *(Wert?)*. Solche aufpreispflichtigen Extras können zusätzliche Attribute, gekoppelte Services, Erweiterungen des Produkts, bis hin zu einzelnen Individualisierungsmaßnahmen darstellen. Dem Kunden ist es überlassen, ob er sich von der langen Aufpreisliste locken lässt und sein Produkt individuell ergänzt oder ihn das anfängliche Nutzenversprechen bereits zufriedenstellt. Hier liegt zugleich der große Kundenvorteil im Muster: Dem Konsumenten ist die Möglichkeit gegeben, ein Produkt individuell zu konfigurieren, ohne ungewollte Extras erwerben zu müssen *(Was?)*. Umgekehrt wird der Kunde durch zusätzliche, optional gewählte Features möglicherweise für das Produkt mehr bezahlen als ihn vergleichbare Konkurrenzangebote gekostet hätten *(Was?)*.

Ähnlich dem Konzept des Grenznutzens, bei welchem erörtert wird, welche Anzahl an Produkten dem Kunden den größten Wert stiftet, muss ein Hersteller abwägen, in welcher Konfiguration sein Produkt möglichst vielen Kunden das größtmögliche Nutzenversprechen liefert. Ausgehend von den Kernfunktionen des Basisprodukts, kann der einzelne Kunde dann diese durch ADD-ONS selbst erweitern, bis für ihn persönlich der optimale Nutzen erzielt wird.

Das ADD-ON-Muster ist insbesondere für Märkte geeignet, die nicht klar zu segmentieren sind: Aufgrund divergierender Kundenanforderungen reicht es in diesem Fall oftmals nicht aus, ein Produkt lediglich in einzelne Stufen oder Varianten zu gliedern, da vielen Kunden dadurch kein optimales Nutzenversprechen gegeben würde. Die Automobilindustrie hat daher zusätzlich zur Versionierung das System der langen Aufpreislisten und Sonderausstattungsoptionen perfektioniert.

Der Ursprung

Ein genauer Ursprung dieses Musters lässt sich nicht leicht ausmachen. Zusatzangebote bzw. modular aufgebaute Produkte existieren bereits seit langer Zeit. Gerade bei angebotenen Dienstleistungen war es nur logisch, durch Sonderleistungen oder Zusatzoptionen eine höhere Zahlungsbereitschaft von Kunden abzuschöpfen. Sicherlich markierte auch die Industrialisierung ein neues Zeitalter, da es ab diesem Zeitpunkt zunehmend einfacher wurde, modularisierte Produkte herzustellen und somit Sonderausstattungen und Zusatzoptionen anzubieten.

Jedem ist der Gedanke bekannt, am Abend oder in der Nacht ein Wasser aus der Minibar seines Hotelzimmers entnehmen zu wollen. Diese zusätzliche Leistung lässt sich das Hotel allerdings teuer bezahlen und erhebt hohe Aufschläge für Getränke und Snacks. Ausgehend vom altbewährten Hotelbeispiel hat sich das Muster auch längst in vielen Bereichen der Tourismusbranche durchgesetzt: Reiseveranstalter wie Kreuzfahrtunternehmen unterbieten sich gegenseitig mit günstigen Angeboten – „Packages" beinhalten meist Basistransport und -unterkunft mit Schiff und Flugzeug zu kleinen Preisen. Für Kabinen mit Balkon, Landausflüge, Getränke, Veranstaltungen, Fitnessstudio etc. müssen Kunden hohe Aufpreise zahlen.

Die Innovatoren

Ryanair, 1985 gegründet als irische Regionalfluglinie, ist heute eine der größten Low-Fare-Airlines Europas und verfolgt eine klare Strategie als Billigfluglinie. Ausgehend von 76,4 Millionen Passagieren im Jahr 2011, ist *Ryanair* sogar Europas größte Airline, noch vor *Lufthansa* mit 65,6 Millionen Passagieren. Eine aggressive Preisgestaltung und eine schlanke Kostenstruktur ermöglichen es der Fluglinie, profitabel zu wirtschaften. Dies ist nicht zuletzt auf das von *Ryanair* angewandte ADD-ON-Muster zurückzuführen.

Die „Basis-Fare" für Flugtickets wird günstig angeboten. Viele komplementäre Extras lassen zusätzliche Gebühren anfallen, wie Bordservice, Verpflegung (Essen und Trinken), Reiseversicherung, Priority Boarding, Extragepäck und Übergepäck. Im Weiteren werden viele Elemente der Preisbildung direkt auf den Kunden abgewälzt, so beispielsweise die Treibstoffkosten, welche als ADD-ON-Position für den Kunden sichtbar sind. Der irische CEO Michael O'Leary sagte uns einmal vor Jahren schmunzelnd: „*There are three things important in business: costs, costs, costs. The rest you leave to the business schools.*" Diese konsequente Linie führt zu einem harten Verdrängungswettbewerb. In Zeiten des Internetbuchens und der hohen Transparenz der Angebote ist dies ein gangbarer Weg, um die Kundenanzahl zu erhöhen.

Die Automobilindustrie vermochte das ADD-ON-Muster ebenfalls erfolgreich zu übertragen: Hier tragen Positionen der Aufpreisliste bzw. Sonderausstattungen teilweise sogar mehr als überproportional zum Deckungsbeitrag bei als das Serienfahrzeug selbst.

Insbesondere bei höher positionierten Marken der Automobilbranche, wie beispielsweise *Mercedes-Benz* oder *BMW*, sind ADD-ON-Muster ein profitabler Weg, dem Kunden ein individuell zugeschnittenes Produkt anzubieten und hierüber hohe Margen zu erzielen. Nicht zuletzt konnten sich preislich höher angesiedelte Hersteller durch zahlreiche

Individualisierungsmöglichkeiten und Luxusausstattungen als Premiummarken positionieren, um den anspruchsvollen Kunden gerecht zu werden.

Bei einer *Mercedes-Benz*-S-Klasse Baujahr 2012 kann beispielsweise aus über 100 Aufpreispositionen gewählt werden. Beginnend bei Ausstattungspaketen, bis hin zu einzelnem Zubehör, lässt sich der Preis eines Fahrzeugs leicht um über 50 Prozent des anfänglichen Anschaffungspreises steigern.

Das ADD-ON-Muster kann zusätzlich verwendet werden, um bestimmten Technologien und Ausstattungen zum Durchbruch zu verhelfen. Oft werden dann ADD-ONS quersubventioniert. Um beispielsweise anfänglich teure Technik wie Assistenzsysteme im Fahrzeug zu forcieren und deren Stückzahlen zu erhöhen, werden diese über eine etwas höhere Bepreisung anderer „Standardextras" subventioniert.

2

AFFILIATION

2 Affiliation
Erfolg des Partners = eigener Erfolg

Das Muster

Das Muster AFFILIATION – zu dt. Angliede-
rung – ist ein Marketingkonzept, welches
sich als „Affiliate-Marketing" zu einer zentralen Triebfeder des Internethandels und
der Finanzierung kostenloser Inhalte entwickelt hat. Die dahinterliegende Idee ist,
Dritte für die Zuführung von Kundschaft
zu entlohnen. Die Grundidee ist nicht neu,
man denke nur an unabhängige Versiche-
rungsvertreter und ihre Vermittlungsprovisionen. Jedoch ermöglichten erst das

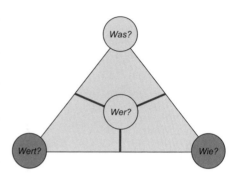

Internet und die damit einhergehende Automatisierung die Gestaltung großangelegter
und offener Affiliate-Programme. Der Verkäufer einer Ware oder Dienstleistung kann
sein eigenes Programm aufsetzen oder aber die Dienste professioneller Anbieter von
Affiliate-Netzwerken in Anspruch nehmen. Dem Vertriebspartner schließlich bleibt in
der Regel im Rahmen vorgegebener Richtlinien ein großer Gestaltungsspielraum, die
Waren oder Dienstleistungen des Verkäufers zu positionieren.

Entscheidend ist, dass am Ende der Kunde auf die Internetseite des Verkäufers geleitet
wird. Dabei wird eine Kennung übermittelt, welche die Zuordnung des Kunden zum
vermittelnden Vertriebspartner ermöglicht *(Wie?)*. Als Provisionsschemata haben sich
verschiedene Möglichkeiten etabliert. Die gängigsten sind eine Umsatzbeteiligung oder
ein fester Betrag für den Vertriebspartner, wenn der geworbene Kunde eine vorher festgelegte Aktion durchführt, also zum Beispiel einen Kaufvorgang abschließt oder mit
einem Kontaktformular nähere Informationen anfordert.

AFFILIATION ist nicht nur ein wichtiges Geschäftsmodellmuster auf Anbieterseite geworden, wo es die Vertriebslogik und die Ertragsmechanik beeinflusst, sondern hat sich
auch zu einer festen Größe im Ertragsmodell auf Vertriebspartnerseite entwickelt
(Wert?). Eine Vielzahl populärer Blogs, Foren, Preisvergleichsseiten, Produkt- und Leis-
tungsverzeichnisse finanzieren sich ausschließlich oder zu großen Teilen über Vermittlungsprovisionen.

Der Ursprung

Die Wurzeln des modernen Affiliate-Marketings lassen sich bis zu den Ursprüngen des
Internets zurückverfolgen. Obwohl *Amazon*, damals noch ein Online-Buchhändler, im
Jahr 2000 das US-Patent 6029141 für ein „Internet-based customer referral system"
zugesprochen bekam, haben andere Firmen das Muster bereits einige Jahre früher ange-
wandt. Die Webmarketing-Spezialisten von *ClickZ* kamen in ihrer Spurensuche zum
Schluss, dass wohl Erotikseiten wie *Cybererotica* bereits in den frühen 1990er Jahren die

Pioniere in diesem Feld waren. Im hart umkämpften Markt des „Adult Entertainment" waren und sind Vermittlungsprovisionen in Höhe von 50 Prozent des Kundenumsatzes keine Seltenheit. Die weitere Verbreitung des Musters in andere Industrien erfolgte anschließend explosionsartig – bereits im Jahr 1997 wurde die Webseite *refer-it.com* als erstes spezialisiertes Verzeichnis der immer unübersichtlicheren Menge an Affiliate-Programmen gegründet. Man muss wohl kaum darauf hinweisen, dass das Unternehmen bis zu seinem Verkauf 1999 den Großteil seiner Einnahmen über Provisionen für vermittelte neue Vertriebspartner erzielte.

Die Innovatoren

Als einer der ersten Anbieter von Affiliate-Programmen gilt die Firma *PC Flowers & Gifts*, die bereits Ende der 1980er Jahre im Computernetzwerk Prodigy (vergleichbar dem deutschen und österreichischen *Btxoder* und dem schweizerischen *Videotex*) ihre Produkte feilbot. Bereits im ersten Jahr nach Start ihres Internetablegers, im Jahr 1995, konnte sie ein Affiliate-Programm mit 2600 Vertriebspartnern vorweisen. Ihr Gründer William J. Tobin hält mehrere Patente im Bereich des Affiliate-Marketing und gilt als Mitbegründer dieses Musters. Den größten Schub erhielt das Affiliate-Marketing jedoch mit seiner Anwendung durch die Firma *Amazon*, welche 1996 mit seinem „*Amazon.com Associates Program*" startete. Ab sofort konnte jeder Webseitenbetreiber seinen Lesern Buchempfehlungen geben und über Vermittlungsprovisionen an *Amazons* Erfolg partizipieren. *Amazons* Affiliate-Marketing breitete sich in der Folge wie eine Welle durch das Internet aus und beflügelte nicht nur den Erfolg des Unternehmens, sondern profitierte umgekehrt auch von dessen schneller Sortimentsausweitung. Musik- und Filmbesprechungen kamen kaum noch ohne den zugehörigen „*Buy from Amazon.com*"-Knopf aus, ebenso wenig Tests von Elektronikprodukten oder Haushaltsgegenständen. *Amazon* zahlt dem Vermittler dabei in der Regel zwischen vier und zehn Prozent des vom Kunden getätigten Umsatzes und gibt seinen Vertriebspartnern hilfreiche Werkzeuge zur Optimierung ihrer Vermittlungstätigkeit an die Hand.

Nicht wenige Internetseiten und die dahinter stehenden Unternehmen verdanken solchen und ähnlichen Programmen ihre Existenz – und nutzen damit das AFFILIATION-Muster als zentrales Ertragselement ihres Geschäftsmodells. Ein hervorstechendes Beispiel ist hier das soziale Netzwerk *Pinterest*, welches es nicht nur durch sein vielzitiertes Design, sondern auch durch geschickte Nutzung von Vermittlungsprovisionen innerhalb kürzester Zeit zu einem der populärsten Start-ups im Silicon Valley gebracht hat. Laut dem amerikanischen Marktforscher *comScore* ist *Pinterest* die bislang erste Webseite, welche weniger als zwei Jahre nach dem Start bereits zehn Millionen eindeutige Besucher pro Monat erreichte. Das Konzept der Seite ist so einfach wie genial: Nutzer können bequem auf virtuellen Pinnwänden Bilder und Links zu ihren Interessensgebieten sammeln und anderen Interessierten zur Verfügung stellen. Oft genug befinden sich darunter Fotos von schönen Dingen, die käuflich zu erwerben sind. Diese verknüpft *Pinterest* praktischerweise direkt mit der Webseite des entsprechenden Anbieters – versehen mit seiner eigenen Affiliate-Kennung. Im Verkehr mit Internetweiterleitungen hat *Pinterest* in den USA damit zeitweise schon zu *Google*, *Twitter* und *YouTube* aufgeschlossen. Umsatzzahlen gibt das Unternehmen nicht bekannt, sie dürften beeindruckend sein.

3 AIKIDO

3 Aikido Stärken des Gegners in Schwächen umwandeln

Das Muster

Bei AIKIDO handelt es sich um eine japanische Kampfsportart, bei der versucht wird, die Kraft eines Angreifers so abzulenken, dass sie sich gegen den Angreifer selbst richtet. In Form eines Musters ist mit AIKIDO ein Angebot von Produkten und Dienstleistungen gemeint, welches sich radikal vom üblichen Branchenangebot unterscheidet *(Was?)*. Aus Sicht des Unternehmens kann hierdurch eine Position besetzt werden, welche der Konkurrenz

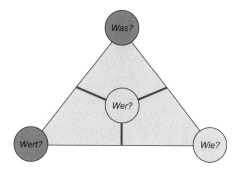

diametral entgegensteht. Das Unternehmen kann das direkte Kräftemessen mit Wettbewerbern umgehen und so quasi in eine konkurrenzfreie Zone mit profitablen Wachstumsmöglichkeiten vorstoßen *(Wert?)*. Die Konkurrenz ist in ihrer Gleichartigkeit dabei in der Regel so sehr mit sich selbst beschäftigt, dass sie von dieser neuen Art des Angebots gänzlich überrascht wird. Im Ergebnis verwandeln sich deren einstige Stärken wie beispielsweise ein Qualitätsvorsprung oder günstigerer Preis plötzlich zu deren Schwächen, da sie der Andersartigkeit des neuen Gegners nicht länger standhalten können.

Der Ursprung

Sich komplett gegensätzlich zur Konkurrenz zu verhalten und diese hierdurch quasi mit deren eigenen Waffen zu schlagen, stellt ein altbewährtes Konzept dar. Nach der Bibel besiegte der Schafshirte David den deutlich überlegeneren Goliath auf diese Art und Weise, da er sich nicht auf Kraft und Körpermaße, sondern auf den geschickten Einsatz seiner Steinschleuder fokussierte. Ein Unternehmen, das AIKIDO erfolgreich in der Privatwirtschaft nutzen konnte, ist die 1976 gegründete Kosmetikkette *The Body Shop*. Das Geschäftsmodell von *The Body Shop* unterscheidet sich stark vom Geschäftsmodell der restlichen Kosmetikindustrie. Seine Gründerin, Anita Roddick, fasste dies einst wie folgt zusammen: *„I watch where the cosmetics industry is going and then walk in the opposite direction"* (vgl. Simon, 2000).

Wesentliche Differenzierungsmerkmale von *The Body Shop* bestehen in dem Verzicht auf glamouröse Werbeauftritte, wodurch das Unternehmen mit knapp einem Fünftel des sonst für Kosmetikfirmen üblichen Marketingbudgets auskommt. Des Weiteren setzt *The Body Shop* auf nachfüllbare und umweltverträgliche Verpackungen sowie natürliche Inhaltsstoffe und macht sich für ethische Belange wie den Verzicht auf Tierversuche stark. Hiermit kommt *The Body Shop* die Rolle eines Exoten in der Kosmetikindustrie zu, welcher es geschafft hat, einen gänzlich neuen Markt für naturbelassene und umweltverträgliche Kosmetik zu begründen.

Die Innovatoren

Im weiteren Verlauf fand das AIKIDO-Muster auch in anderen Bereichen seine Verbreitung. Ein Beispiel hierfür stellt *Cirque du Soleil* dar. Es handelt sich hierbei um einen kanadischen Kulturexport, welcher auf dem Konzept des Zirkus basiert, sich hiervon jedoch in einer Reihe von wichtigen Punkten unterscheidet. So verzichtet das Unternehmen beispielsweise auf kostspielige Raubtiernummern und Star-Artisten, die sonst in einem klassischen Zirkus vorzufinden sind. Stattdessen werden Unterhaltungselemente aus Oper, Ballett und Theater mit klassischen Zirkuselementen kombiniert, wodurch eine gänzlich neue Form der Unterhaltung entsteht. Im Ergebnis kann *Cirque du Soleil* nicht nur Kosten gegenüber einem traditionellen Zirkus einsparen, sondern auch gänzlich neue Kundengruppen, überwiegend im Bereich der Erwachsenen und Firmenkunden, für sich gewinnen.

Ein weiteres Beispiel für eine Geschäftsmodellinnovation, die auf AIKIDO basiert, stellt die Spielekonsole *Wii* von *Nintendo* dar. Im Gegensatz zu seiner Konkurrenz wie der *Playstation* oder der *Xbox* wurde mit der *Wii* nicht das klassische Zielsegment des Hardcore-Gamers, sondern stattdessen das des gelegentlichen Freizeitspielers adressiert. Als Basis dient eine radikale Abkehr von einer Reihe von für die Videospielbranche als konstituierend geltenden Faktoren. So wird im Rahmen der *Wii* beispielsweise bewusst auf teure Grafikkarten sowie andere kostspielige technische Features wie eine Dolby-Surround-Unterstützung oder ein zusätzliches CD-/DVD-Laufwerk verzichtet. Hierdurch kann die *Wii* zur Hälfte des Preises wie die *Playstation* oder *Xbox* angeboten werden. Des Weiteren basieren die Videospiele weniger auf Spezialeffekten, sondern stechen stattdessen durch spielerisch-unterhaltsame Elemente hervor. Hierdurch soll ein möglichst breiter Interessentenkreis über alle Alters- und Bevölkerungsschichten hinweg angesprochen werden.

4 AUCTION

4 Auction
Drei, zwei, eins ... meins

Das Muster

Bei dem Muster AUCTION handelt es sich um eine Form der partizipativen Preisermittlung. Dies bedeutet, dass der Preis für ein Produkt oder eine Dienstleistung nicht fix durch den Verkäufer vorgegeben wird, sondern der Käufer stattdessen aktiv hierauf Einfluss nehmen kann. Als Basis für die Preisermittlung dient die Abgabe eines Gebots durch den potenziellen Käufer, welches dessen individuelle Zahlungsbereitschaft widerspiegelt. Nach Ablauf der Auktion erhält der Meistbietende den Zuschlag und erwirbt damit verbindlich die Leistung.

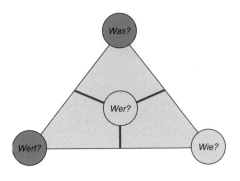

Aus Sicht des Käufers hat dies den Vorteil, dass er nie mehr für eine Leistung bezahlen muss, als er sich leisten kann oder leisten möchte *(Was?)*. Der Verkäufer profitiert ebenfalls von diesem Muster, da er hierdurch eine verbesserte Marktallokation seiner Leistungen erreichen kann *(Wert?)*. Dies erweist sich insbesondere für sehr seltene und inhomogene Güter von Vorteil, für die kein Referenzpreis existiert bzw. die Nachfrage nur schwer abgeschätzt werden kann. Da der finale Preis für die Leistung erst nach Ablauf der Auktion feststeht, hat es sich in manchen Fällen bewährt, vorab einen sogenannten Reservationspreis zu bestimmen, welcher den Verkäufer vor einer zu günstigen Veräußerung seiner Produkte und Dienstleistungen schützt *(Wert?)*.

Der Ursprung

Bei der Auktion handelt es sich um ein altes Geschäftsmodellmuster. So wurden Frauen im alten Babylon bereits 500 v. Chr. an ihre zukünftigen Ehemänner versteigert. In der Neuzeit wurde die Auktion durch das Aufkommen von Auktionshäusern populär. Zu einem der weltweit ältesten und traditionsreichsten Auktionshäuser zählt *Sotheby's*, welches im Jahre 1744 vom Buchhändler Samuel Baker in London gegründet wurde. Die erste Auktion wurde von Baker am 11. März 1744 mit dem Ziel durchgeführt, einige Hundert wertvolle Bücher gewinnbringend zu veräußern. Daraufhin wurde das Geschäftsfeld sukzessive auf andere Gegenstände wie Medaillen, Münzen und Druckgrafiken ausgeweitet.

Eine bedeutsame Zäsur erfuhr das Muster im weiteren Verlauf durch das Aufkommen des Internets. Durch das Internet können Auktionen ohne räumliche Beschränkungen durchgeführt und somit einem größerem Publikum zugänglich gemacht werden. Zu den Pionieren auf diesem Gebiet zählt das Online-Auktionsportal *eBay*, auf dem Nutzer weltweit ihre ausgedienten Privatgegenstände versteigern können. Zu diesem Zweck wird eine Beschreibung des Gegenstands angelegt und auf dem Portal veröffentlicht. Interessierte geben dann verbindliche Gebote für den Gegenstand ab. Gegen Ende der Auktion geht das Eigentum des Gegenstands schließlich auf den Bieter mit dem höchsten Gebot über. Seit seiner Gründung im Jahr 1995 wurden auf *eBay* auf diese Art und Weise schätzungsweise bereits über zwei Milliarden Auktionen durchgeführt, womit das Unternehmen mit Abstand das weltweit größte Auktionshaus ist.

Die Innovatoren

Neben *eBay* hat das Auktionsmuster in den vergangenen Jahren zu weiteren innovativen Geschäftsmodellen geführt. Ein Beispiel hierfür stellt das Weinauktionsportal W*inebid* aus dem kalifornischen Napa dar. Auf *Winebid* können Privatpersonen sowie Weinhändler ihren Wein an Weinkenner aus aller Welt versteigern. Dabei wird vom Verkäufer ein Reservationspreis pro Flasche angegeben, wodurch einer Versteigerung des Weins unter Wert vorgebeugt wird. Das 1996 gegründete Weinportal ist mit diesem Geschäftsmodell sehr erfolgreich und zählt mit über 60 000 registrierten Benutzern zu den größten Anbietern seiner Art.

Weitere Beispiele für auktionsbasierte Geschäftsmodellinnovationen finden sich im Bereich der sogenannten „Reverse Auction", welche auch als Auftragsauktion bezeichnet wird. Es handelt sich hierbei um eine Abwandlung der klassischen Auktion, bei der nicht die potenziellen Käufer, sondern die Anbieter einer Leistung um den Zuschlag konkurrieren. Ein prominentes Beispiel für ein Unternehmen, welches die „Reverse Auction" mit großem Erfolg anwendet, stellt der im Jahr 1997 gegründete Touristikdienstleister *Priceline* dar. Auf *Priceline* erhält der Kunde die Möglichkeit, seine Präferenzen für eine bestimmte touristische Dienstleistung zu spezifizieren (z. B. Flug, Hotelübernachtung, Mietwagen). Neben den groben Eigenschaften der Dienstleistung, wie zum Beispiel dem Urlaubsland oder der Verpflegungsart, gehört hierzu der Maximalpreis, den der Kunde bereit ist, für die Leistung auszugeben. Nach Abgabe der Leistungsspezifikation ermittelt *Priceline* innerhalb seines Partnernetzwerks von Reiseveranstaltern ein Angebot, welches den vom Kunden gemachten Vorgaben entspricht. Da das Abgeben einer Leistungsspezifikation aus Sicht des Kunden verbindlich ist, verpflichtet sich dieser, das von *Priceline* vorgeschlagene Angebot anzunehmen. Trotz des damit verbundenen Risikos befindet sich *Priceline* mit diesem Geschäftsmodell auf Erfolgskurs. So erzielte das Unternehmen im Jahr 2011 einen Umsatz in Höhe von 4,4 Milliarden US-Dollar und zählt über 3400 Mitarbeiter weltweit.

Ein weiteres Beispiel für eine erfolgreiche Anwendung des Auktionsmusters bietet das Geschäftsmodell von *MyHammer*. Das im Jahr 2006 gegründete Unternehmen hat sich auf Auftragsauktionen für Handwerks- und Dienstleistungsaufträge spezialisiert. Analog zu *Priceline* können die Kunden hier eine Spezifikation für die benötigte Dienstleistung abgeben, wobei das Spektrum von kleinen Reparaturen, über Umzüge, bis hin zu kompletten Baumaßnahmen reichen kann. Mit dieser Art Geschäftsmodell ist es *MyHammer* innerhalb weniger Jahre gelungen, sich zu einem der führenden Marktplätze für Handwerks- und Dienstleistungsaufträge zu etablieren. Bis heute wurde auf *MyHammer* schätzungsweise ein Auftragsvolumen in Höhe von über 100 Millionen Euro abgewickelt.

5 BARTER

5 Barter
Kuppelprodukte als Zugabe

Das Muster

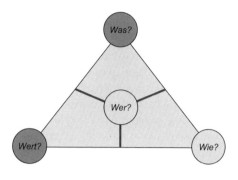

Das Geschäftsmodellmuster BARTER (zu dt. Tauschhandel) bezeichnet ein Konzept, bei dem Produkte und Dienstleistungen kostenlos an Personen oder Organisationen abgegeben werden, um eine Naturalleistung zu erhalten. Es handelt sich im engeren Sinne um ein entgeltloses Kompensationsgeschäft. Vergleichbar ist dieses System auch mit dem Sponsoring. Als Geschäftsmodellmuster geht BARTER jedoch über die Förderung und finanzielle Unterstützung von Dritten im Sinne einer Marketingmaßnahme hinaus. Externe sollen vielmehr aktiv in den Wertschöpfungsprozess des Unternehmens eingebunden werden. In der Pharmaindustrie werden so beispielsweise Medikamente unentgeltlich an Ärzte und Krankenhäuser abgegeben. Diese lassen die Arzneimittel wiederum ihren Patienten für klinische Tests zukommen und übernehmen damit für die Pharmaunternehmen eine wichtige Vermittlerrolle.

Ein Tauschgeschäft zwischen Unternehmen kann jedoch auch in anderen Situationen nützlich erscheinen. So weisen in bestimmten Situationen sonst unterschiedlich bewertete Ressourcen einen ähnlichen Wert für mehrere Parteien auf, die sich gegenseitig etwas bieten können. Dies begünstigt ein Tauschgeschäft, welches effizienter und eventuell günstiger vollzogen werden kann als eine Serie monetärer Transaktionen mit gleichem Ergebnis *(Was?)*. In der länderübergreifenden militärischen Beschaffung sind Tauschgeschäfte oder sogenannte Kompensationsgeschäfte üblich. Kauft die Schweiz den schwedischen Kampfflieger Grippen, so wird parallel evaluiert, welche Leistungen schwedische Firmen oder staatliche Organisationen aus der Schweiz im gleichen Umfang beziehen könnten.

Das BARTER-Konzept ist auch nützlich, um den Bekanntheitsgrad einer Marke zu steigern und potenzielle Kunden an bestimmte Produkte heranzuführen *(Wert?)*. Gängig ist die Strategie beispielsweise bei Babynahrung. Mit diesen Lebensmitteln sehen sich Eltern nach der Geburt ihres Kindes häufig das erste Mal konfrontiert. In solchen Fällen eignet sich das Geschäftsmodellmuster BARTER besonders gut zur Akquisition und Bindung neuer Kunden, da die Hersteller der Säuglingsnahrung mit der kostenlosen Abgabe der entsprechenden Produkte eine Sensibilisierung für ihre Marke erreichen können.

Der Ursprung

Die historischen Ursprünge des Geschäftsmodellmusters BARTER gehen im weitesten Sinne bis in die vorchristliche Zeit zurück. So war es bereits im antiken Rom üblich, Kultur und Gemeinwesen neben finanziellen auch mit anderen Mitteln zu fördern. Als Urvater dieses Systems wird Gaius Cilnius Maecenas erachtet, der als politischer Berater im Dienste von Kaiser Augustus stand. Er prägte den Begriff des Mäzenatentums, bei dem bestimmte Personen oder Einrichtungen unterstützt werden, ohne dass eine direkte Gegenleistung erforderlich ist. Diese Geschäfte waren jedoch nicht rein altruistisch motiviert, sondern wurden unter anderem auch dazu genutzt, um eigene politische oder wirtschaftliche Ziele zu erreichen. Aus diesem Prinzip entstand später das BARTER-Muster, das sich insbesondere ab 1960 zunehmend professionalisierte. Während das Konzept damals vorwiegend als finanzielle Unterstützung für Organisationen oder Sportvereine im Rahmen der Öffentlichkeitsarbeit umgesetzt wurde, hat es sich seit der Jahrtausendwende auch als eigenes Geschäftsmodellmuster etabliert. Immer mehr Unternehmen integrieren Formen des BARTER mittlerweile als festen Bestandteil in ihrer Wertschöpfungslogik.

Die Innovatoren

Zu den wohl bekanntesten Innovatoren, die das Geschäftsmodellmuster BARTER anwenden, zählt der Konsumgüterkonzern *Procter & Gamble*. Das amerikanische Unternehmen konzentriert sich auf die Kommerzialisierung von Markenprodukten und gilt als Pionier des erfolgreichen Markenmanagements. *Procter & Gamble* hält mittlerweile 26 Marken, die jeweils einen Umsatz von über eine Milliarde US-Dollar einbringen. Dazu gehört auch die Marke Pampers, unter deren Namen in erster Linie Windeln vertrieben werden. Bei der Vermarktung der Pampers-Windeln setzt *Procter & Gamble* stark auf das BARTER-Muster. Da Eltern diesen Produkten vor der Geburt ihres Kindes in der Regel nur wenig Beachtung schenken, stellt die kostenlose Abgabe von Pampers-Artikeln auf Geburtsstationen eine gute Möglichkeit dar, sie als potenzielle Kunden zu gewinnen.

Die Form des Tauschgeschäfts sah auch *Pepsi* als eine hilfreiche Alternative, um 1972 Cola in die ehemalige Sowjetunion exportieren zu können und im Gegenzug Stolichnaya Wodka in die USA zu importieren. Pepsi erhielt somit auch als eines der ersten US-amerikanischen Unternehmen Zugang zum sowjetischen Markt.

Für ähnliche Tauschgeschäfte war auch *Lufthansa* offen. Die Fluggesellschaft tauschte Mitte der 1990er Jahre unbenutzte Immobilien, für die noch langfristige Mietverträge bestanden, gegen Werbezeit und Flugzeugbenzin ein. So wurden bestehende Ressourcen, die unbenutzt Kosten verursachten, einfach und effizient in nutzbare Güter oder Dienste transformiert.

Aktuelle Beispiele für das Geschäftsmodellmuster BARTER lassen sich mittlerweile auch im Internet in größerer Anzahl finden. Eine äußerst innovative Form der Umsetzung bildet das Konzept des *Pay with a Tweet*, bei dem die Netzwerkeffekte von Social-Media-Plattformen für die Vermarktung von Gütern genutzt werden. *Pay with a Tweet* ist eine Webseite, auf der Unternehmen Produkte eintragen können, für die auf der Plattform

Twitter geworben werden soll. Benutzer von *Twitter* erhalten dann ein Exemplar dieses Artikels kostenlos zugestellt, sofern sie alle ihre Kontakte auf der Social-Media-Plattform mittels einer Nachricht auf das Unternehmen und ihr Angebot aufmerksam machen. Mit dem Potenzial der 600 Millionen *Twitter*-Mitgliedern stellt *Pay with a Tweet* ein sehr effizientes System zur Umsetzung des BARTER-Konzepts und der Vermarktung von Produkten im Internet dar.

6 Cash Machine

6 Cash Machine
Liquidität durch negatives
Umlaufvermögen

Das Muster

Mit dem Muster CASH MACHINE ist das
Erreichen eines negativen Geldumschlags
gemeint. Wie aus der nachstehenden For-
mel hervorgeht, handelt es sich beim Geldumschlag (engl. Cash Conversion Cycle)
um eine zeitbezogene Größe, welche sich
aus der durchschnittlichen Lagerdauer der
angebotenen Ware, inklusive Rohstoffe,
halbfertige Fabrikate, Endprodukte, dem
Zahlungsziel des Kunden sowie dem Zahlungsziel der Lieferanten zusammensetzt:

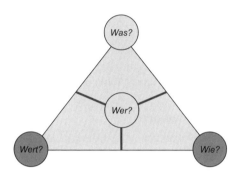

Geldumschlag = durchschnittliche Lagerdauer
+ Zahlungsziel des Kunden
− Zahlungsziel der Lieferanten

Ein negativer Geldumschlag bedeutet, dass ein Unternehmen schneller Einnahmen
generiert, als es die hierfür notwendigen Ausgaben tätigen muss. Dieses Muster ist für
den Kunden zumeist kaum ersichtlich, hat für das Unternehmen jedoch weitreichende
Implikationen. So kommt es im Rahmen seiner Anwendung zur Freisetzung zusätzlicher Liquidität, welche für anderweitige Zwecke, wie zum Beispiel zur Schuldentil-
gung oder Investitionen, aufgewendet werden kann *(Wert?)*. Das Unternehmen spart
hierdurch Kapitalkosten und kann sein Wachstum beschleunigen *(Wert?)*. Effektive
Stellhebel, um einen negativen Geldumschlag zu erreichen, sind das Erreichen von
langfristigen Zahlungsvereinbarungen mit den Lieferanten sowie das Durchsetzen
kurzfristiger Zahlungsziele bei den Kunden *(Wie?)*. Darüber hinaus kann ein negativer
Geldumschlag auch durch eine Built-to-Order-Strategie (Fertigung nach Auftragsein-
gang) oder einen hohen Warenumschlag erreicht werden, da hierdurch die Lagerdauer
der Erzeugnisse reduziert wird *(Wie?)*.

Der Ursprung

Historisch betrachtet existiert das CASH-MACHINE-Muster schon lange. Im Bereich des
Bankenwesens findet dieses beispielsweise seit eh und je in Form des Wechselgeschäfts
Anwendung. Bei einem Wechsel handelt es sich um ein Wertpapier, welches einer darauf ausgewiesenen Person das Recht an einer Barauszahlung verspricht. Typischerweise fungiert dabei eine Bank als Schnittstelle zwischen dem Aussteller (Emittenten)
und dem Begünstigen (Remittent) des Wechsels, indem sie das Geld vom Aussteller
kassiert und beim Einlösen des Wechsels an den Begünstigten ausbezahlt. Aus Sicht der

Bank ist mit dem Wechselgeschäft ein negativer Geldumschlag verbunden, da diese noch vor der Tätigung von Ausgaben Einnahmen generieren kann. Seine zunehmende Verbreitung erfuhr das Wechselgeschäft zu Beginn des 14. Jahrhunderts in Europa, als Händler im Zug des wirtschaftlichen Aufschwungs zunehmend nach bargeldlosen Zahlungsmöglichkeiten nachfragten.

Ein Beispiel für eine hierauf basierende Geschäftsmodellinnovation stellt die Erfindung des Travellerschecks durch das US-amerikanische Unternehmen *American Express* im Jahr 1891 dar. Die Idee zu den Reiseschecks entstand in Folge einer Auslandsreise eines Angestellten des Unternehmens, bei welcher dieser große Mühe mit der Beschaffung von Bargeld hatte. Der erste Reisescheck wurde noch im selben Jahr nach dessen Einführung am 5. August 1891 in Leipzig durch William C. Fargo, den Neffen des *American-Express*-Mitinhabers William G. Fargo, eingelöst.

Die Innovatoren

In der Vergangenheit wurde das CASH-MACHINE-Muster auch außerhalb der Finanzbranche verwendet. Ein Beispiel in diesem Zusammenhang ist der PC-Hersteller *Dell*. *Dell* führte in den 1980er Jahren als erstes Unternehmen seiner Branche eine Built-to-Order-Strategie ein, wodurch es einen stark negativen Geldumschlag generieren konnte. Gerade in den Anfangsjahren diente dieses Muster dem Unternehmen als eine wichtige Finanzquelle für das anfängliche Wachstum des Unternehmens. So verfügte Michael Dell bei dessen Gründung im Jahr 1984 gerade mal über ein Startkapital in Höhe von 1000 US-Dollar, wodurch größere Vorabinvestitionen oder kapitalzehrende Lagerbestände den Konkurs des Unternehmens bedeutet hätten.

Ein weiterer Innovator, welcher das Geschäftsmodellmuster CASH MACHINE geschickt für die eigenen Zwecke nutzt, ist das Online-Versandhaus *Amazon*. Der negative Geldumschlag beträgt hier im Schnitt zwischen 60 und 70 Tagen und wird primär auf Basis eines hohen Warenumschlags erreicht. Darüber hinaus verfügt *Amazon* über eine große Handlungsmacht gegenüber seinen Lieferanten, wodurch es hohe Zahlungsziele mit diesen aushandeln kann. In Kombination führt dies dazu, dass *Amazon* seine Lieferantenrechnungen erst dann begleichen muss, wenn die Ware schon längst an den Kunden verkauft und von diesem bezahlt wurde.

Ein weiteres Beispiel ist *MyFab*. Das Unternehmen agiert als eine Art CROWDSOURCING-Plattform für Designer-Möbel, auf der die Kunden über die zukünftige Kollektion per Voting abstimmen können. Dabei werden nur jene Möbelstücke hergestellt, welche die meisten Stimmen erhalten. Indem sich die Kunden bei der Abstimmung zum Kauf und auch zur Vorabbezahlung des Möbelstücks verpflichten, generiert *MyFab* einen negativen Geldumschlag, welcher zur Vorfinanzierung der Herstell- und Versandkosten verwendet wird.

7 CROSS SELLING

7 Cross Selling
Zwei Fliegen mit einer Klappe

Das Muster

CROSS SELLING bezeichnet ein Muster, bei dem das Leistungsangebot eines Unternehmens um komplementäre Produkte und Dienstleistungen ergänzt wird. Das Ziel dieses Musters besteht darin, Zusatzverkäufe zu dem bereits bestehenden Leistungsangebot des Unternehmens zu generieren und die bestehenden Kundenbeziehungen besser zu nutzen. Aus Sicht des Unternehmens kann hierdurch der Umsatz gesteigert werden, ohne dass es

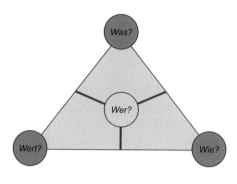

signifikant in die Akquise neuer Kunden investieren muss *(Wert?)*. Darüber hinaus können die existierenden Ressourcen und Fähigkeiten des Unternehmens, wie zum Beispiel dessen Vertriebskanäle oder Marketingkompetenz „gehebelt" werden *(Wie? Wert?)*.

Der Kundennutzen von CROSS SELLING liegt in erster Linie darin, dass eine größere Bandbreite des Bedarfs aus einer Hand abgedeckt wird. Hierdurch spart sich der Kunde Aufwand bei der Beschaffung, welche sonst zum Beispiel in Form von Suchkosten für das Auffinden eines geeigneten Zusatzprodukts entstehen würden *(Was?)*. Ein weiterer zentraler Vorteil dieses Musters ist das Gefühl von Sicherheit: So sieht der Kunde sich bei einer bereits erfolgreichen Beziehung zu einem Unternehmen weniger dem Risiko ausgesetzt, negativ überrascht zu werden, als dies beim Aufsuchen eines neuen Anbieters der Fall sein könnte *(Was?)*. Da bei Unzufriedenheit mit dem Zusatzangebot jedoch die Gefahr besteht, dass der Kunde in Zukunft auch vom ursprünglichen Produkt keinen Gebrauch mehr macht, muss die Ausweitung der Angebotspalette sorgfältig geplant und durchgeführt werden.

Der Ursprung

CROSS SELLING ist ein altes Muster, welches schon auf Basaren im alten Orient angewendet wurde. Ein Beispiel für ein Unternehmen, dem es auf Basis dieses Musters erfolgreich gelungen ist, ein innovatives Geschäftsmodell zu lancieren, ist der Ölkonzern *Shell*. *Shell* nutzt sein Netzwerk an Tankstellen, um bereichsübergreifende Produkte wie beispielsweise Ess- oder Trinkwaren sowie weitere Produkte des täglichen Gebrauchs in den Tankstellen-Shops anzubieten. Einer Anekdote zufolge entstand die Idee zu CROSS SELLING bei *Shell* durch einen cleveren Franchise-Nehmer der Restaurantkette *Kentucky Fried Chicken*, welcher eine Filiale in einer *Shell*-Tankstelle eröffnete. Die Kunden von *Shell* nahmen das Doppelangebot aus Tanken und Verpflegung mit großer Begeisterung an, so dass *Shell* das Konzept des CROSS SELLING schon bald großflächig ausbaute.

Die Innovatoren

Ein weiteres Beispiel für eine CROSS-SELLING-basierte Geschäftsmodellinnovation ist das deutsche Handelsunternehmen *Tchibo*, welches im Jahr 1949 von den Hamburger Kaufleuten Max Herz und Carl Tchilling-Hiryan als eine Art Kaffeeversand gegründet wurde. Das Angebot wurde nach der Gründung sukzessive um Nicht-Kaffee-Produkte ausgeweitet, wodurch im Jahr 1973 eine eigene Non-Food-Sparte des Unternehmens entstand. Unter dem Slogan „Jede Woche eine neue Welt" bietet *Tchibo* heute ein zeitlich begrenztes und günstiges Angebot an Non-Food-Produkten an, welches sich von Kochbüchern, Haushaltsartikeln, Kleidung über Schmuck und Versicherungen erstreckt. Die erweiterte Produktpalette macht heute schätzungsweise über 50 Prozent des Umsatzes und über 80 Prozent des Gewinns des Unternehmens aus. Darüber hinaus hat das CROSS-SELLING-Konzept auch stark dazu beigetragen, dass *Tchibo* heute in Deutschland einen Bekanntheitsgrad von 99 Prozent aufweisen kann. Auch der Lebensmittel-Discounter *Aldi* bietet erfolgreich zeitlich begrenzte Aktionsware wie beispielsweise Laptops, Kleidung, Sport- oder Gartengeräte und sogar Reisen an. Für viele Kunden ist *Aldi* hierdurch nicht mehr nur der Ort, an dem man günstige Lebensmittel erwerben kann, sondern eine zentrale Anlaufstelle für viele Bedürfnisse des täglichen Lebens – von der neuen Yoga-Matte über Schreibwaren bis hin zu Elektronikgeräten und Dekoartikeln.

Ein weiteres Beispiel für eine erfolgreiche Anwendung von CROSS SELLING bietet *SANIFAIR*. Als deutsche Tochtergesellschaft der *Autobahn Tank & Rast GmbH*, die Autobahnrestaurants und Tankstellen betreibt, hat sich *SANIFAIR* darauf spezialisiert, die Toiletten der Autobahnrestaurants und Tankstellen zu unterhalten. Darüber hinaus bietet *SANIFAIR* den Service auch anderen Restaurants- und Fast-Food-Ketten wie beispielsweise *McDonald's* an. Das Prinzip: Gegen eine Bezahlung für die Toilettenbenutzung erhält der Käufer einen Werte-Bon, der ihm einen Rabatt auf jegliche Produkte in Partner-Shops gewährt.

8 CROWDFUNDING

8 Crowdfunding Schwarmfinanzierung

Das Muster

Bei CROWDFUNDING handelt es sich um einen Neologismus, welcher sich aus den Wörtern „Crowd" (zu dt. Menschenmenge) und „Funding" (zu dt. Finanzierung) zusammensetzt. Im Sinn eines Musters ist damit die Auslagerung der Finanzierung eines Projekts an die breite Masse gemeint. Als Grundlage dient eine Ausschreibung, mittels derer das Projekt potenziellen Geldgebern vorgestellt wird *(Wie?)*. Die Geldgeber, auch Crowdfunder genannt, sind in

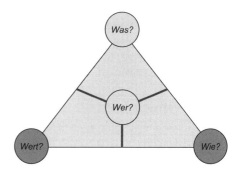

der Regel Privatpersonen oder private Gemeinschaften, welche frei darüber entscheiden, welchen Betrag sie in das Projekt einbringen möchten. Für den eingebrachten Geldbetrag wird mit dem Projektinitiator eine Gegenleistung in Form einer projektspezifischen Prämie ausgehandelt, welche zum Beispiel im Erhalt des Produkts selbst, welches im Rahmen des Projekts entwickelt werden soll (z. B. Musik-CD), oder in darüber hinausgehenden Leistungen (z. B. Bonusmaterial) bestehen kann *(Wie?)*. Die Durchführung des Projekts kommt dabei nur dann zustande, wenn der ausgeschriebene Mindestbetrag akquiriert wurde, wodurch vermieden werden soll, dass die Durchführung eines Projekts aufgrund mangelnder Liquidität später eingestellt werden müsste.

Anders als klassische Finanzinvestoren oder Banken sind Crowdfunder häufig nicht an einer Renditemaximierung, sondern an der Durchführung eines Projekts selbst interessiert. Um diesen speziellen Charakter zu gewährleisten, wird im Rahmen von Projektausschreibungen oftmals der maximal investierbare Geldbetrag auf eine bestimmte Obergrenze begrenzt. Dadurch soll der Einflussbereich professioneller Investoren möglichst gering gehalten werden *(Wie?)*. Für den Projektinitiator bietet CROWDFUNDING insofern einen Nutzen, als dieser seinen Kapitalgeberkreis ausweiten kann. Hierdurch erhöht sich für ihn die Chance, sein Projekt zu vorteilhaften Konditionen finanzieren zu können *(Wert?)*. Zudem kann er die Ausschreibung im Vorfeld als kostenlose Werbung für sein Projekt nutzen, was sich förderlich auf dessen späteren Erfolg auswirken kann *(Wert?)*.

Der Ursprung

Bei CROWDFUNDING handelt es sich um ein sehr altes Muster. So wurden beispielsweise bereits in Zeiten vor Christi Tempel oder andere Bauten durch das öffentliche Sammeln von Geldern finanziert. Mit dem Aufkommen des Internets sowie der Entstehung erster CROWDFUNDING-Plattformen wurde das Muster auch zunehmend für Unternehmen und Privatleute attraktiv. Die britische Rockband *Marillion* gilt als ein Beispiel für eine frühe Anwendung von CROWDFUNDING in der Musikbranche. *Marillion* konnte 1997 durch eine Internetkampagne seine Konzerttour durch die Vereinigten Staaten finanzieren und setzt seither CROWDFUNDING auch für die Finanzierung der Produktion und Vermarktung ihrer Musikalben erfolgreich ein.

Die Innovatoren

Ein weiteres Beispiel für einen erfolgreichen CROWDFUNDING-Innovator ist das Startup *Pebble Technology*. Im Jahr 2009 schrieb das Unternehmen auf der CROWDFUNDING-Plattform Kickstarter ein Projekt in Höhe von 100 000 US-Dollar aus, um die Produktion seiner gleichnamigen Uhr *Pebble* finanzieren zu können. Es handelt sich hierbei um eine Digitaluhr, welche via Bluetooth mit Smartphones kommunizieren kann und so das Entgegennehmen von Anrufen oder das Lesen von SMS oder Mails auf der Uhrendisplay ermöglicht. Die Ausschreibung war so erfolgreich, dass in lediglich zwei Stunden zehn Millionen US-Dollar akquiriert werden konnten. Ein prominentes Beispiel für CROWD-FUNDING ist des Weiteren das Non-Profit-Unternehmen *Diaspora*. Mit dem Anbieten eines dezentral organisierten sozialen Netzwerks, hat es sich *Diaspora* zum Ziel gesetzt den Benutzern, im Gegensatz zu *Facebook*, die Kontrolle über die mit dem Netzwerk geteilten Informationen zu geben. Für den zur Entwicklung benötigten Programmierungscode wurde 2010 von *Diaspora* auf Kickstarter ein Finanzierungsprojekt lanciert, bei dem mehr als das 20-Fache des minimal benötigten Betrags erzielt wurde.

Ein Beispiel für ein erfolgreich finanziertes Projekt, welches hingegen gänzlich ohne CROWDFUNDING-Plattform auskam, stellt die deutsche Produktionsfirma *Brainpool* mit ihrem Kinofilm „Stromberg – Der Film" dar. Das Ziel, eine Million Euro zur Finanzierung des Filmprojekts aufzubringen, ist bereits in einer Woche erreicht worden. *Brainpool* wollte durch die Vorstellung des Filmprojekts auf der eigenen Homepage lediglich das allgemeine Interesse hierfür testen. Durch die Vorstellung des Filmprojekts wurden innerhalb kürzester Zeit über 3000 Stromberg-Fans mobilisiert, welche die benötigte Finanzierung zusammentrugen.

CROWDSOURCING

9 Crowdsourcing Schwarmauslagerung

Das Muster

Bei CROWDSOURCING handelt sich analog zu CROWDFUNDING um einen Neologismus, welcher sich in diesem Fall aus den Wörtern „Crowd" (zu dt. Menschenmenge) und „Outsourcing" (zu dt. Auslagern) zusammensetzt. In Form eines Musters ist mit CROWDSOURCING das Auslagern bestimmter Aufgaben an externe Akteure gemeint. Diese erfahren von der Aufgabe typischerweise in Form einer Ausschreibung *(Wie?)*. Mit CROWDSOURCING wird das Ziel verfolgt,

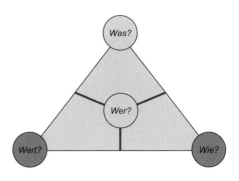

den eigenen Innovations- und Wissenshorizont zu erweitern und hierdurch das Entwickeln einer kostengünstigeren und effektiveren Problemlösung zu ermöglichen *(Wert?)*. Gegenstand von CROWDSOURCING können dabei eine Reihe von unterschiedlichen Aufgabenstellungen, wie zum Beispiel das Generieren von innovativen Ideen oder das Lösen einer bestimmten Problemstellung, sein.

Des Weiteren ist CROWDSOURCING dazu geeignet, mehr über die Wünsche der Kunden zu erfahren sowie deren Präferenzen für zukünftige Produkte besser abschätzen zu können *(Wert?)*. Die Motive der „Crowd", sich an einer CROWDSOURCING-Ausschreibung zu beteiligen, können dabei sowohl extrinsischer als auch intrinsischer Natur sein. Während einige Unternehmen der Crowd für ihre Unterstützung eine monetäre Entlohnung anbieten, setzen andere vor allem auf ihre Loyalität zum Unternehmen oder ihr persönliches Interesse am Gegenstand der Ausschreibung als solches.

Der Ursprung

Auch wenn der Begriff CROWDSOURCING erst im Jahr 2006 durch Jeff Howe vom *Wired Magazine* geprägt wurde, reicht das Muster in der Geschichte um einiges weiter zurück. Ein historisches Anwendungsbeispiel ist der sogenannte „gordische Knoten". Hierbei handelt es sich um eine geschichtlich überlieferte Prophezeiung aus der Antike, nach der nur demjenigen die Herrschaft über Persien gelingen würde, der es schaffen würde, den Knoten am Streitwagen des Königs Gordius zu lösen. Nachdem sich etliche an dieser Aufgabe versucht hatten, gelang es – so lautet zumindest die Überlieferung – Alexander dem Großen diese Aufgabe zu lösen, indem er den Knoten im Vorbeigehen zerschlug. Ein weiteres historisches Beispiel für CROWDSOURCING stellt der „Longitudinal Act" aus dem Jahr 1714 dar. Es handelt sich hierbei um eine öffentliche Ausschreibung der britischen Regierung in Höhe von 20000 Pfund, welche der Erfindung einer praktikablen Methode für die Bestimmung des Längengrads gewidmet war. Hintergrund für die Ausschreibung bildete die Problematik, dass seinerzeit mit einem Kompass zwar der Breiten-, nicht jedoch der Längengrad bestimmt werden konnte. Hierdurch gerieten viele Seefahrer in Seenot oder mussten unnötige Umwege auf sich nehmen. Als Sieger dieser Ausschreibung ging 1773 der Brite John Harrison hervor, welcher die Präzisionsuhr erfand und somit zur Lösung dieses jahrzehntealten Problems beitragen konnte.

Auch wenn das CROWDSOURCING-Muster somit nicht neu ist, besteht zwischen dem CROWDSOURCING von früher und dem CROWDSOURCING von heute ein signifikanter Unterschied. So wurde eine Aufgabe früher primär mündlich mitgeteilt oder in Zeitungen ausgeschrieben, wodurch sie nur einem begrenzten Publikum zugänglich gemacht werden konnte. Heute erfolgt die Ausschreibung in aller Regel webbasiert, wodurch sie eine enorme Reichweite erzielen kann.

Die Innovatoren

In den vergangenen Jahren erfuhr CROWDSOURCING, insbesondere durch das Aufkommen des Internets und der damit exponentiell gestiegenen Möglichkeit zur Vernetzung von Akteuren, neuen Auftrieb. Ein Beispiel für das webbasierte CROWDSOURCING ist das im Jahr 2000 gegründete Chicagoer Unternehmen *Threadless*. *Threadless* lässt auf seiner Plattform Kunden über T-Shirt-Designs abstimmen, welche von Designern aus der ganzen Welt eingereicht werden. Das T-Shirt, welches die meisten Votings erhält, wird im Anschluss von *Threadless* produziert und verkauft. Auf diese Weise bringt *Threadless* jede Woche drei bis vier neue T-Shirts heraus, welche sich in der Regel sehr gut verkaufen.

Das US-Unternehmen *Cisco* wuchs in den vergangenen 25 Jahren vor allem über Akquisitionen und holte sich damit auch Innovationen ins Unternehmen. Damit überholte *Cisco* bezüglich Innovationsleistung sogar die Bell-Labs, das damals größte Forschungslabor der Welt. *Cisco* setzt im Rahmen seiner Open-Innovation-Strategie regelmäßig CROWDSOURCING als zentrales Element ein, um neue Ideen zu akquirieren. CROWDSOURCING-Wettbewerbe finden dort seit 2007 statt und zielen auf junge Innovatoren ab. 2010 wurden an einem solchen Wettbewerb 2500 Ideen aus 104 Ländern auf den Ideen-Blog gestellt. 450 der Innovatoren wurden eingeladen, eine Kurzvorstellung von wenigen Minuten mittels der Webinarplattform *Webex* durchzuführen. Davon wurden zwölf Teilnehmer zu einer Telepräsentation vor dem oberen Management von *Cisco* eingeladen. Die finale Gewinnerin Anna Gossen – eine Informatikstudentin der TU Karlsruhe – erhielt ein Preisgeld von 250 000 US-Dollar. *Cisco* investierte zehn Millionen US-Dollar in die Gewinneridee, woraus eine neue Business-Unit zur Energieeffizienz entstand.

Ein weiteres Beispiel für einen erfolgreichen CROWDSOURCING-Innovator stellt der Konsumgüterhersteller *Procter & Gamble* dar. Das Unternehmen befand sich zu Beginn des 21. Jahrhunderts in einer ernsthaften Krise, da es einerseits mit stagnierenden Umsatzzahlen und andererseits mit steigenden F&E-Kosten zu kämpfen hatte. Um sich aus dieser misslichen Lage zu befreien, wurde die CROWDSOURCING-Initiative „Connect + Develop" ins Leben gerufen. Im Rahmen dieser Initiative wurde die Vorgabe für den Anteil an externen Ideen von 15 auf 50 Prozent angehoben. Um diese Vorgabe erreichen zu können, wurde ein umfassendes Netzwerk an externen Partnerschaften geschaffen, welches *Procters* 9000 Forscher mit über 1,5 Millionen Wissenschaftlern aus aller Welt vernetzt. Durch die Connect+Develop-Initiative gelang es *Procter & Gamble*, die Produktivität seiner Entwicklungsabteilung innerhalb von nur fünf Jahren um über 60 Prozent zu steigern.

Ein Unternehmen, welches sich ganz auf das Vermitteln von Unternehmen und Crowd spezialisiert hat, ist die CROWDSOURCING-Plattform *InnoCentive*. Das Geschäftsmodell von *InnoCentive* besteht darin, eher technisch-naturwissenschaftliche Probleme von Unternehmen und Organisationen zu lösen, indem es diese mit einer entsprechenden problemlösenden Crowd zusammenbringt. Die Crowd besteht überwiegend aus hochkarätigen Fachkräften und Experten, welche mit einem Preisgeld in Höhe von typischerweise mehreren Hunderttausend US-Dollar zum Mitmachen animiert werden sollen. Um die Firmengeheimnisse des ausschreibenden Unternehmens nicht zu gefährden, erfolgt die Ausschreibung in der Regel auf anonymisierter Basis. Mit dieser Art Konzept gilt *InnoCentive* nicht nur als Pionier im Bereich der Intermediär-Plattformen, sondern auch als eines der erfolgreichsten CROWDSOURCING-Unternehmen. So können auf *InnoCentive* häufig Probleme gelöst werden, an denen die Unternehmen zuvor gescheitert waren.

10 CUSTOMER LOYALTY

10 Customer Loyalty
Anreize für lange Treue

Das Muster

Ziel dieses Musters ist, wie der Name bereits impliziert, die Kundentreue. Als Basis hierzu dient heutzutage meistens ein kartengestütztes Bonusprogramm, welches die vom Kunden getätigten Einkäufe erfasst und in eine entsprechende Prämienleistung umrechnet. Dabei kann es sich entweder um eine Sachleistung oder eine Gutschrift handeln, die der Kunde im Rahmen seines nächsten Einkaufs einlösen kann. Durch die Rückvergütung soll dieser dazu verleitet werden, möglichst viele seiner Einkäufe bei dem Anbieter des Bonusprogramms zu tätigen *(Was?)*. Diesbezüglich werden neben dem rationalen Kalkül des Kunden vor allem auch psychologische Effekte ausgenutzt. So tritt bei den Bonusprogrammnutzern nicht selten ein „Schnäppchenjäger"-Effekt ein, welcher den mit dem Bonusprogramm verbundenen finanziellen Nutzen oft weit übersteigt. Dies kann im Endergebnis dazu führen, dass ein Kunde seine Kaufentscheidungen selbst bei minimalen Rückvergütungsbeträgen – im Durchschnitt handelt es sich dabei um circa ein Prozent des Kaufbetrags – übermäßig stark nach dem Bonusprogramm ausrichtet. Das Unternehmen, welches das Bonusprogramm anbietet, profitiert hierdurch von Mehreinnahmen, die es ohne das Programm nicht hätte erzielen können *(Wert?)*. Des Weiteren kann es die Prämienleistungen ebenfalls als Quelle weiterer Einnahmen nutzen, da diese zumeist nur beim Unternehmen selbst oder einigen wenigen Kooperationspartnern eingelöst werden können. Auch diese Prämien provozieren teilweise noch zusätzliche Ausgaben der Kunden, wenn sie einer weiteren Teilzahlung bedürfen und somit die Prämie im Endeffekt nur eine Preisreduktion darstellt *(Wert?)*.

Ein weiterer, nicht zu verachtender Aspekt dieses Musters ist die Möglichkeit des Sammelns von Kundendaten. Das Einkaufsverhalten eines individuellen Kunden kann dadurch, je nach System, nahezu lückenlos dokumentiert werden, wodurch sich weitere Analysepotenziale bieten, die zur weiteren Optimierung von Angeboten genutzt werden können *(Wert?)*. So lässt sich u. a. auch eine höhere Effektivität der durchgeführten Werbemaßnahmen erreichen, wodurch sich für das Unternehmen ebenfalls die Möglichkeit zu Mehreinnahmen ergibt (siehe auch LEVERAGE CUSTOMER DATA). Seit dem Siegeszug des Internets gibt es gerade im Zusammenhang mit Online-Angeboten die Möglichkeit, die Rabatte direkt auf einem dafür benötigten Kundenkonto zu führen. Bei späteren Transaktionen können diese verrechnet werden. Durch die inhärente digitale Abwicklung beim Online-Geschäft rückt hier der Loyalitätsaspekt wieder in den Vordergrund, denn es bietet keine zusätzlichen Analysepotenziale zum üblichen E-COMMERCE. Als verwandte Alternative zu den herkömmlichen Bonus-Rabatt-Systemen gilt auch das

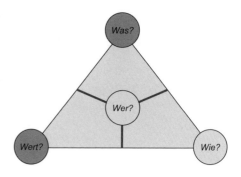

sogenannte Cashback-System, welches sich dadurch differenziert, dass Loyalitätsprämien nicht in Form von Rabatten, sondern in Form echten Geldes an die Kunden zurückgezahlt werden.

Der Ursprung

Das Muster CUSTOMER LOYALTY reicht über zwei Jahrhunderte in die Geschichte zurück. Ende des 18. Jahrhunderts gaben amerikanische Händler sogenannte Token an ihre Kunden, welche diese sammeln und gegen weitere Produkte eintauschen konnten. Im 19. Jahrhundert begannen Einzelhändler damit, Marken oder Stempel an ihre Käufer zu verteilen, welche diese sammelten und beim nächsten Einkauf in Form eines Gutscheins einlösen konnten. Als einer der ersten Drittanbieter von Marken gilt *Sperry & Hutchinson*, welcher diese an Händler und Läden in der Umgebung verkauften, damit diese so ein CUSTOMER-LOYALTY-System aufbauen konnten. Eingelöst wurden diese dann in eigens dafür etablierten Geschäften von *Sperry & Hutchinson*. Diese Systeme entwickelten sich zu einem festen Bestandteil des Handels und schlugen sich auch Jahrzehnte später in immer neuen Unternehmungen nieder, wie z. B. eines der heute ältesten bundesweiten Bonussysteme Deutschlands, dem in 1960 gegründeten *BSW BonusClub*.

Ein weiteres Bonussystem ist das Sammeln von Flugmeilen. Diese Idee, die heute aus dem kommerziellen Luftverkehr nicht mehr wegzudenken ist, geht auf die Fluglinie *Texas International Airlines* zurück, die ein derartiges Konzept 1979 als erste Fluglinie anbot.

Im Zuge des technischen Fortschritts wurde es Anfang der 1980er Jahre schließlich möglich, computer- und später auch kartengestützte Bonusprogramme anzubieten, welche das Sammeln von Kundendaten in wesentlich größerem Umfang als im Vergleich zu Marken oder Stempeln erlaubten und hierdurch eine Zäsur in der Entwicklung dieses Musters markierten.

Die Innovatoren

Im Bereich der Fluggesellschaften gilt das Vielfliegerprogramm *AAdvantage* von *American Airlines* als eines der bisher erfolgreichsten. Mit der entsprechenden Infrastruktur und dem etablierten Reservierungssystem *Sabre* war es möglich, dieses Programm automatisiert zu unterstützen. Der Erfolg war auch daraus ersichtlich, dass daraufhin alle großen Flugunternehmungen ein ähnliches Konzept erarbeiteten, bis es schließlich in der Gegenwart selbst bei Discount-Fluggesellschaften als Standard angesehen wird. Erst mit der vorangetriebenen Digitalisierung in den 1990er Jahren begannen z. B. Kreditkartenfirmen Bonusprogramme und Cashback-Systeme anzubieten, und konnten aufgrund der großen Produktvielfalt und der starken Verbreitung neben der Produktdifferenzierung auch Analysen mit einbeziehen.

Beispiele für ein Geschäftsmodell, welche gänzlich auf diesem Muster basieren, bilden der *BSW Bonusclub*, der bereits 1960 entstand, und das relativ junge *Payback*. Unabhängig von der Bezahlart wird dem Kunden ein System angeboten, in dem er Bonuspunkte sammeln kann. Initial war der *BSW Bonusclub* als Verein gedacht, welcher nur Beamten und öffentlich Angestellten ein vorteilhaftes Einkaufen zu ermöglichen versuchte. Später wurde das Kundenfeld fortschreitend um weitere Berufsgruppen erweitert. Ein ähnliches System wurde im Jahr 2000 mit *Payback* ins Leben gerufen. Beim Einkauf sammelt der Kunde sogenannte Payback-Punkte abhängig vom entsprechenden Einkaufswert, welche einem Gegenwert von einem Cent entsprechen. Diese können entweder direkt ausbezahlt, gegen Prämien eingetauscht, konvertiert oder gar für bestimmte Zwecke gespendet werden. Mit Hilfe dieser *Payback*-Karten lässt sich das Einkaufsverhalten bei den Partnerunternehmen lückenlos verfolgen. Die Mehrzahl der Kunden scheint diesen Aspekt nicht negativ zu sehen, denn 80 Prozent der über 26 Millionen Besitzer einer *Payback*-Karte geben ihre Einwilligung zum Speichern ihrer Daten. Durch Analysemethoden wie Data-Mining können die Partner höhere Rücklaufquoten von bis zu 50 Prozent erzielen. Zusätzlich kann gezieltere Werbung Marketingkosten senken, da unwirksame Werbung, wie z. B. Anzeigen für Luxusgüter in ärmeren Gegenden, vermieden werden kann.

DIGITALIZATION

11 Digitalization
Digitalisierung physischer Produkte

Das Muster

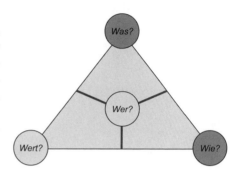

Das Muster DIGITALIZATION markiert wohl die Gesamtheit der bedeutendsten Entwicklungen der letzten Jahrzehnte auf technischer, sozialer und wirtschaftlicher Ebene. Vorangetrieben durch die inhärenten Eigenschaften virtueller Bereitstellung wie wachsende Verfügbarkeit, hohe Zuverlässigkeit, hohe Flexibilität und steigende Effizienz durch Automatisierung, hat das Internet auch neue Geschäftsmodelle geprägt und begünstigt. Diese Eigenschaften lassen sich dabei teilweise oder gar komplett auf die betrieblichen Geschäftsprozesse und speziell auf Produkte und Dienstleistungen übertragen, wenn diese entsprechend abgebildet und integriert werden. Die zunehmende Digitalisierung ermöglicht nicht nur die Abbildung bestehender Unternehmungen und somit die Verlagerung bestimmter Geschäftsprozesse und -funktionen ins Internet *(Wie?)*, sondern auch die Entstehung neuer differenzierter Angebote. Inhalte, deren Bereitstellung vor dem Internetzeitalter in dieser Form unmöglich war, können nun mit überschaubarem Aufwand angeboten werden *(Was?)*.

Traditionell physisch verteilte Güter werden zunehmend durch rein immaterielle Repräsentationen ergänzt oder gar ersetzt, die vorteilhafte Eigenschaften aufweisen. So kann Musik heutzutage problemlos zu jeder Zeit an fast jedem Ort durch das Internet verfügbar gemacht werden. Dies wäre mit vorangegangenen Produkten wie CDs oder Kassetten nicht in diesem Umfang möglich gewesen. Jedoch ist diese Entwicklung nicht nur mit positiven Aspekten gesegnet, wie Diskussionen zum Urheberrecht, Kopierschutzmaßnahmen sowie Klagen im Zusammenhang mit sogenannten „Raubkopien" zeigen. Erhebliche Investitionen flossen und fließen daher in den Schutz von Urheberrechten.

Auch andere bereits elektronisch vorhandene Inhalte können Erweiterungen erfahren. So erlaubt der entstandene Rückkanal das Einbeziehen der Konsumenten von Unterhaltungselektronik, angefangen bei zeitlich unabhängigem Fernsehen, genannt Video-on-Demand, bis hin zu Angeboten interaktiven Fernsehens, z. B. in Form von Votings oder Zuschauerkommentaren.

Das DIGITALIZATION-Muster weist direkte Beziehungen zu anderen Mustern auf. So scheinen das Potenzial des World Wide Web und die Digitalisierung bestimmter Angebote gewisse Geschäftsmodelle, wie CROWDFUNDING oder LEVERAGE CUSTOMER DATA, überhaupt erst wirtschaftlich realisierbar gemacht zu haben.

Der Ursprung

Der Ursprung des Musters DIGITALIZATION ist auf das Vorantreiben der Realisierung betrieblicher Informationssysteme durch Automatisierung standardisierter und sich wiederholender Unternehmensaktivitäten zurückzuführen, indem die erzielten innerbetrieblichen Vorteile auch auf die Kundenbedürfnisse angewendet wurden. Aufgrund der Abhängigkeit dieses Musters von modernen Computer- und Kommunikationstechnologien handelt es sich hierbei um ein junges Muster.

In den Anfängen standen digitale Produkte und Dienstleistungen im Mittelpunkt, die direkt durch Zahlen und logische Verknüpfungen darstellbar waren und von elektronischen Netzwerken stark profitieren konnten. Also ist es nicht verwunderlich, dass bereits Anfang der 1980er Jahre erste elektronische Bankdienstleistungen entstanden. Diese basierten zunächst auf Terminal-Oberflächen und dem Transfer von Daten über Telefonleitungen. Erst mit größeren Internetbandbreiten in den 1990er-Jahren konnte eine beschleunigte und breite Digitalisierung auch eine vermehrte Ausrichtung auf Privatkunden erfahren. So kamen speziell mit der Entwicklung von grafischen Oberflächen, Web-Browsern und Verschlüsslungskonzepten – Letztere erlaubten überhaupt erst das sichere Bezahlen im Internet – eine Vielzahl neuer Webdienste zum Vorschein.

Eine erste digitale Tonaufnahme wurde bereits 1971 kommerziell vertrieben, doch erst 20 Jahre später wurde Musik erstmals in der heute bekannten Form digital über das nun verfügbare Internet angeboten.

Die Innovatoren

Seit den 1990er Jahren haben viele Unternehmen damit begonnen, ihre Produkte und Dienstleistungen parallel zu herkömmlichen Vertriebswegen auch im Internet anzubieten. Mit *Spiegel Online* erblickte 1994 die erste Internetzeitung, als Ableger des Nachrichtenmagazins *Der Spiegel*, das Licht der Welt. Das Internet war schlicht prädestiniert dafür, derartige Informationen schnell und einfach bereitzustellen. Es ermöglichte eine höhere Aktualität und einen bis dahin unerreichten Verbreitungsgrad zu niedrigeren Kosten, denn es ist weder eine physische Produktion noch der Verkauf der Zeitungsausgaben im Internet notwendig. Später wurden auch kostenpflichtige Pendants kompletter elektronischer Zeitungen in das Angebot aufgenommen. Heute werden diese Dienste in erweiterter Form angeboten, indem Nutzer direkt Artikel kommentieren können, was für den Kunden einen völlig neuen Nutzen darstellen kann.

Da die Vorteile des Internets speziell in der Aufbereitung und Darstellung von Informationen liegen, verwundert es nicht, dass man dieses Konzept unter anderem auch auf Online-Bibliotheken und Online-Universitäten übertrug. Obwohl Fernuniversitäten zur Zeit der Entwicklung des Internets zum universitären Alltag gehörten, konnten erst mit der breiten Verfügbarkeit des Internets Mitte der 1990er Jahre die ersten ausschließlich virtuellen Universitäten etabliert werden. Dies erschloss einem wesentlich breiteren Kundensegment eine akademische Ausbildung, die sowohl zeit- als auch ortsunabhängig bereitgestellt werden konnte.

In der Bankenbranche kam es ebenso nicht nur zu parallel angebotenen Online-Diensten, sondern auch zu neuen Mitstreitern, die sich ganz gezielt auf das Online-Banking konzentrierten und somit, wie für Direktbanken typisch, überhaupt keine physischen Bankfilialen und -schalter mehr betreiben. Beispiele in Deutschland sind *1822direkt*, *DKB, comdirect.de*, in Österreich die *bankdirekt.at*, in der Schweiz die *Swissquote.ch*, in Großbritannien *First Direct* oder in Russland die *VTB Direktbank*. Dabei fokussieren diese oft auf bestimmte Finanzprodukte, wie Wertpapierhandel oder spezielle Geldanlagen, und teilen ihre Kosteneinsparungen mit den Kunden z. B. durch höhere Zinsen.

Auch *Facebook* ist nur eine digitale Wiedergeburt eines früher physisch existierenden, alltäglichen Gegenstands. Verstand man früher Jahrbücher, Studentenverzeichnisse oder gar Poesiealben unter dem Begriff „Face Book", so verbindet man heute damit das größte soziale Netzwerk mit über einer Milliarde Benutzern. Als eigenständiges Geschäftsmodell führt dieses Unternehmen diese alten Konzepte ins digitale Extrem. Trotz der unglaublichen Benutzerzahlen ist das Unternehmen jedoch immer noch auf der Suche nach Konzepten, um dieses Potenzial ertragsmäßig greifbar machen zu können. Eine Gefahr der digitalen ubiquitären Verfügbarkeit besteht im Verlieren jeglicher Bindungen. Die Internet-Vorreiternation Schweden, welche auch in *Facebook* an Europas Spitze lag, verzeichnet in 2013 erstmals einen Rückgang in den Mitgliederzahlen. Die Digitalisierung bleibt, aber es werden kleinere, halböffentliche Plattformen gesucht.

DIRECT SELLING

12 Direct Selling
Auslassen von Zwischenhändlern

Das Muster

Beim Muster des DIRECT SELLING handelt es sich um einen Absatzweg, welcher durch den direkten Kontakt zwischen dem Anbieter und den Kunden gekennzeichnet ist *(Wie?)*. Durch die Umgehung von Zwischenhändlern und damit der Einsparung von Händlermargen, können Unternehmen Einsparungen im Bereich der Vertriebskosten realisieren *(Wert?)*. Darüber hinaus kommen Unternehmen im Rahmen dieses Musters direkt mit dem Kunden und seinen Bedürfnissen in Kontakt, wodurch sich neue Impulse für die Verbesserung der angebotenen Produkte und Dienstleistungen ergeben *(Was?)*.

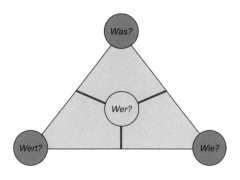

Ein weiterer Vorteil des DIRECT SELLING ist, dass die Verkaufsinformationen direkt vom Unternehmen gesteuert werden können und dabei nicht über Zwischenstufen verwässert werden. In Folge dessen kann ein einheitliches und in sich konsistentes Vertriebskonzept gewährleistet werden *(Wie? Wert?)*. Für den Kunden besteht der Vorteil des DIRECT SELLING in den verbesserten Beratungsleistungen. Diese machen sich insbesondere dann bezahlt, wenn es sich um erklärungsbedürftige Produkte handelt *(Was?)*.

Der Ursprung

Der Direktvertrieb ist eine der ältesten Vertriebsformen überhaupt. Im Mittelalter nutzten beispielsweise Handwerker und Bauern nahezu ausschließlich dieses Muster, um ihre Erzeugnisse an Markt- und Wegständen an die Bevölkerung zu verkaufen. Manchen Unternehmen ist es in der Vergangenheit gelungen, das Muster DIRECT SELLING auf innovative Art und Weise anzuwenden und hierdurch eine Geschäftsmodellinnovation zu lancieren. Ein Beispiel hierfür stellt das Unternehmen *Vorwerk* dar, welches den Direktvertrieb in den 1930er Jahren für den Verkauf des elektrischen Hausstaubsaugers *Kobold „Modell 30"* für sich entdeckte. Hierzu wurde ein Netzwerk von Verkaufsberatern geschaffen, welche die Staubsauger während Besuchen bei der Kundschaft zu Hause verkauften und damit das sogenannte „Haustürgeschäft" begründeten. Die Absatzzahlen entwickelten sich so gigantisch – sieben Jahre nach Markteinführung waren bereits über eine halbe Million Exemplare verkauft –, dass das Unternehmen den Direktvertrieb bis heute beibehalten hat. Derzeit umfasst *Vorwerk* in etwa über eine halbe Million an Kundenberatern, welche die Produkte des Unternehmens weltweit vertreiben.

Die Innovatoren

Ein weiteres Unternehmen, dem in der Vergangenheit eine innovative Anwendung des DIRECT-SELLING-Musters gelang, ist *Tupperware*. Das Unternehmen gilt als Urheber der sogenannten „Verkaufsparty", bei der die Produkte im privaten Haushalt von Freunden oder Bekannten vorgeführt und verkauft werden. Die Verkaufsveranstaltung wird dabei, wie der Name bereits impliziert, als eine Art Party konzipiert, wodurch die Produktvorführung einen unterhaltsamen Charakter erhält. Als Erfinderin dieses Konzepts gilt Brownie Wise, welche Ende der 1940er Jahre damit begonnen hatte, *Tupperware*-Produkte mit großem Erfolg auf Partys bei Freunden und Bekannten zu verkaufen. Earl Tupper, der Gründer von *Tupperware*, berief Brownie Wise daraufhin zur Verkaufsdirektorin des Unternehmens, die dieses Konzept unter dem Begriff der Tupperparty® USA weit bekannt machte und es damit als erste Frau auf das Cover der Business Week schaffte.

Im B2B-Markt für Befestigungstechnik ist das liechtensteinische Unternehmen *Hilti* einer der erfolgreichsten Direktvertriebe in der Baubranche. Von den 22 000 Mitarbeitern sind drei Viertel im Vertrieb tätig, mit täglichen Kundenkontakten. Durch diese starke Präsenz auf dem Bau hat sich *Hilti* einen enormen Wettbewerbsvorsprung aufgebaut, der von seinen Wettbewerbern kaum eingeholt werden kann. Neben den *Hilti*-Centern und der Homepage ist *Hilti* vor allem für seine Fachberater im Vertrieb bekannt.

Ein weiteres Unternehmen, dessen Erfolg auf dem Muster DIRECT SELLING basiert, ist der PC-Hersteller *Dell*. Seit Geschäftsgründung im Jahr 1984 hat sich *Dell* ausschließlich auf den Direktvertrieb fokussiert, indem das Unternehmen Aufträge für neue PCs per Telefon entgegennahm. Indem *Dell* jede Anzeige zielgruppenspezifisch mit einer anderen Telefonnummer schaltet, kann der Vertriebsmitarbeiter sofort erkennen, auf welche Anzeige der Kunde reagiert hat, und dann spezifischer auf seine Wünsche eingehen. Hierdurch konnte *Dell* sich von anderen Anbietern abheben, welche die Computer überwiegend in Einzelhandelsgeschäften anboten.

13 E-Commerce

13 E-Commerce
Transparenz und Kostenreduktion durch Online-Handel

Das Muster

Ein relativ junges Muster stellt das Konzept des E-COMMERCE dar, welches sich auf den ausschließlich elektronisch abgewickelten Vertrieb bzw. Handel bezieht *(Wie?)*. Aufgrund des sich ständig weiterentwickelnden Gebiets der Betriebswirtschaft sowie insbesondere der Informationstechnologie existiert keine einheitliche Definition des E-COMMERCE-Konzepts. Laut dem Chefredakteur des International Journal of Electronic Commerce, Vladimir

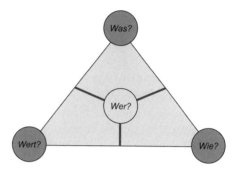

Zwass, handelt es sich dabei um den „Austausch geschäftlicher Informationen, die Pflege von Geschäftsbeziehungen und die Durchführung geschäftlicher Transaktionen mittels Telekommunikationsnetzen". Dazu zählen neben dem eigentlichen Kauf und Verkauf von Gütern und Dienstleistungen auch der damit einhergehende Service und eventuell nötiger Support *(Was? Wie?)*.

Ein Nachteil virtueller gegenüber herkömmlichen Vertriebswegen ist darin zu sehen, dass der Kunde physische Güter vor dem Kauf nicht selbst testen und bewerten kann. Dies gilt es durch ausreichende Vorteile zu kompensieren: Zu diesen gehören unter anderem eine hohe Verfügbarkeit unabhängig von zeitlichen oder lokalen Restriktionen, der bequeme Zugriff, höhere Markttransparenz und die Bewertung anderer Kunden, die zur Kaufentscheidung herangezogen werden können. Des Weiteren kann aufgrund der Möglichkeit der Suche, Filterung und schnellen Navigation ein breiteres Spektrum an Produkten übersichtlich angeboten werden *(Was?)*.

Im Unternehmen kann dieses Muster alle Bereiche und Ebenen berühren. Es bieten sich beim Online-Verkauf weitreichende Möglichkeiten, durch Datamining und ähnliche Analysen Verkaufsdaten direkt und automatisiert zur Optimierung von Verkaufsstrategien zu nutzen. Neben personalisierter Werbung ist es dem Unternehmen möglich, eine größere Zahl potenzieller Kunden – das Internet erreicht Menschen weltweit – fast ohne Mehrkosten zu erreichen *(Wert?)*.

Speziell bietet das E-COMMERCE-Muster aber auch einen komplementären Vertriebsweg, der es zulässt, inhärente Vorteile der durch die Digitalisierung neu geschaffenen Produkte auszuschöpfen *(Wie?)*. So bietet es z. B. beim direkten Herunterladen von digitaler Musik, Filmen oder Software einen integrierten Verkaufsprozess, der eine zeitnahe und dennoch komplette Abwicklung der Transaktion ohne längere Wartezeiten erlaubt.

Der Ursprung

Das Muster E-COMMERCE gibt es seit über 60 Jahren, speziell seit der elektronischen Übermittlung von Nachrichten während der Berliner Luftbrücke 1948. Später erfolgte die Entwicklung des elektronischen Datenaustausches (EDI), ein Vorfahre des heute bekannten E-COMMERCE. In den 1960er Jahren entstand in ersten Versuchen ein gemeinsames elektronisches Datenformat aus einer Kooperation zwischen verschiedenen Industriegruppen. Dieses Datenformat war jedoch nur für den Einkauf, Transport und Finanzdaten gedacht und wurde vor allem in intraindustriellen Transaktionen verwendet. Die ersten Branchen, die EDI benutzt und entwickelt haben, waren der Einzelhandel, die Automobilbranche, Verteidigungseinrichtungen und die Schwerindustrie. Erst in den 1970er Jahren begann die Arbeit an einem landesweiten elektronischen Datenaustauschstandard, welche bis in die frühen 1990er Jahre reichte.

Vor der weiten Verbreitung und Nutzung des Internets waren EDI-Systeme teuer und wurden deshalb hauptsächlich von geschäftlichen Parteien genutzt. Mit der Dynamik des Internets hat sich E-COMMERCE stark verändert und neu definiert, so dass der traditionelle E-COMMERCE sich jetzt zunehmend hin zum Internet orientierte und damit auch für Privatanwender tauglich wurde.

Die Innovatoren

Das im Jahr 2002 gegründete Unternehmen *Flyeralarm* wendete das E-COMMERCE-Muster erfolgreich an und entwickelte sich zu einer der größten Online-Druckereien in Europa. Der Kunde bestellt bei *Flyeralarm* über eine Online-Plattform und wählt dabei präzise aus, was er in welcher Größe und auf welchem Papier gedruckt haben möchte. Durch die fast komplette Automatisierung der Betriebsprozesse kann *Flyeralarm* schnelle und kostengünstige Abwicklungen von Plakat- und Flyer-Druckaufträgen garantieren. Ein weiteres Beispiel stellt das 1994 von Jeff Bezos gegründete Unternehmen *Amazon* dar. 1995 gingen Webseite sowie E-COMMERCE-Plattform online und das Unternehmen – damals noch als reiner Buchhandel geführt – verkaufte sein erstes Buch. Aufgrund der wegfallenden logistischen Restriktionen im Angebot, war es möglich, ein vielfach größeres Angebot an Büchern zu offerieren, im Vergleich zum physischen Ladengeschäft. Dabei lagen die tatsächlichen Produkte noch bei Produzenten oder Zulieferern. Angetrieben durch starkes Wachstum und eine schnelle Verbreitung, auch auf globaler Ebene, wurde das Angebot mit der Zeit um viele Produktgruppen erweitert. Mit Hilfe von E-COMMERCE war es *Amazon* möglich, einen integrierten Bestell- und Versandapparat aufzubauen und dieses Konzept auch anderen Händlern in Form einer Plattform bereitzustellen.

Im Einkauf gibt es zahlreiche B2B-Plattformen, welche damit eine hohe Transparenz erreichen und die Transaktionskosten minimieren können. Auch bietet die Öffnung von Unternehmen nach außen viel größere E-COMMERCE-Möglichkeiten: So löst inzwischen die Schraubenbox eines *Würth-* oder *SFS-Kunden* selbst den Bestellvorgang aus, sobald die Füllmenge einen gewissen Stand erreicht. Dagegen wird der intelligente Kühlschrank von *Elektrolux* nicht realisiert werden, da dieser laut Marktforschungen auf wenig Kundeninteresse stößt. Im professionellen Bereich hilft eine Automatisierung, insbesondere wenn die Produkte intelligenter werden und zu kommunizieren lernen.

Jede Schraubenbox von *Würth* hat eine eigene Internetadresse, ebenso wie Operier-besteck von Chirurgen oder Autoreifen von Continental. Alle diese Dinge melden sich, kommunizieren ihren Status und ermöglichen somit automatische Bestellvorgänge, Sicherheitschecks oder intelligente Frühwartung. Dort liegt heute der enorme Mehrwert des Internets. Die Granularität der Planung und die Steuerung der realen Vorgänge im Internet werden damit erhöht, mit anderen Worten: E-COMMERCE wird faktenbasierter professionalisiert.

14 EXPERIENCE SELLING

14 Experience Selling
Emotionalisierung von Produkten

Das Muster

Bei diesem Geschäftsmodell handelt es sich um ein Muster, welches eng mit Marketing und Produkt- bzw. Serviceinnovation verknüpft ist. Dabei stehen neben der Bereitstellung von Produkten oder Dienstleistungen auch immer die damit verbundenen Eindrücke und Erlebnisse des Kunden im Mittelpunkt. EXPERIENCE SELLING zielt darauf ab, abseits des Angebots von undifferenzierten Produkten und Dienstleistungen in saturierten Märkten, dem

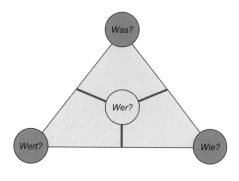

Kunden neben der reinen Produktfunktionalität eine umfassende Erfahrung zu vermitteln *(Was?)*. In diesem Konzept wird die wahrnehmbare Umwelt des Kunden aktiv beeinflusst und durch emotionale Eindrücke eine Differenzierung zu Wettbewerbsprodukten erreicht. Die zu erzielenden Vorteile für das Unternehmen sind vor allem eine höhere Kundenbindung und höhere Umsätze, da die Kunden typischerweise bereit sind, einen höheren Preis für die gebotene Leistung und das damit verbundene Erlebnis zu bezahlen *(Wert?)*. Die Grundvoraussetzungen für eine erfolgreiche Umsetzung von EXPERIENCE SELLING ist das Zusammenspiel aller Aktivitäten, die das kundenseitige „Erleben" beeinflussen, zum Beispiel Promotion, Ladeneinrichtung, Verkaufspersonal, Produktfunktionalität, Verfügbarkeit und Verpackung *(Wie?)*. Ebenfalls ist darauf zu achten, dass der Kunde über verschiedene Filialen des Unternehmens hinweg das Produkt oder den Service konsistent erlebt *(Wie?)*.

Der Ursprung

Das Geschäftsmodellmuster EXPERIENCE SELLING ist umfassend im 1998 erschienen Buch „The Experience Economy" von Pine und Gilmore beschrieben worden. Die beiden Autoren beziehen sich wiederum auf Toffler und Shock, die bereits 1971 in Zeiten des Kalten Krieges davon gesprochen haben, dass die zukünftigen Konsumenten der „experiential industry" immer mehr von ihrem Vermögen in das Erleben von außergewöhnlichen und positiven Erfahrungen stecken würden. Weitere Meilensteine in der Theorie gelangen dem deutschen Soziologen Gerhard Schulze, der 1992 den Begriff der „Erlebnisgesellschaft" geprägt hat, und Rolf Jensen, der wenig später den Begriff der „Dream Society" ins Leben gerufen hat. Ein prominentes Beispiel für die Idee des EXPERIENCE SELLING ist das 1903 gegründete amerikanische Motorradunternehmen *Harley Davidson*. Insbesondere durch den Film *Easy Rider* (1969) ist es dem Unternehmen gelungen, den Kunden über die reine Produktfunktionalität der Motorräder die Erfahrung der grenzenlosen Freiheit zu vermitteln. Ein ähnliches Gefühl grenzenloser Freiheit und des Abenteuers versucht auch die Zigarettenmarke Marlboro vom Unternehmen *Philip*

Morris ihren Kunden mit der Promotion des rauchenden Cowboys, dem „Marlboro Man", zu verkaufen.

Einer der Pioniere, die das Geschäftsmodellmuster EXPERIENCE SELLING konsequent angewendet haben, war das 1980 gegründete Möbel- und Haushaltsartikelunternehmen *Restoration Hardware*. Durch viele außergewöhnliche, antik aussehende Möbel und Haushaltsartikel bietet ein Ladenbesuch dem Kunden ein Gefühl von Komfort und Ruhe und das Erleben einer nostalgischen Welt, die beim Kunden den Wunsch nach einem einfacheren Lebensstil in einer komplexer gewordenen Welt evoziert.

Die Innovatoren

Das 1971 gegründete amerikanische Kaffeeunternehmen *Starbucks*, das unter anderem durch FRANCHISING mehr als 20 000 Kaffeehäuser in über 60 Ländern betreibt, bietet den Kunden eine überall fast identische „*Starbucks*-Erfahrung" an, von der Einrichtung, über den Kaffee, bis zu den Esswaren. Diese *Starbucks*-Erfahrung lädt den Kunden dazu ein, gemütlich Zeit zu verbringen, und steigert dadurch die Kundenloyalität. Indem *Starbucks* seinen Kunden nicht nur Kaffee oder Esswaren verkauft, sondern die gesamte *Starbucks*-Erfahrung, hat das Unternehmen es geschafft, die Popularität und die Umsätze enorm zu steigern.

Ein weiteres erfolgreiches Unternehmen, welches das Geschäftsmodellmuster EXPERIENCE SELLING anwendet, ist *IKEA*. Dem schwedischen Möbelunternehmen, das 1943 von Ingvar Kamprad gegründet worden ist, ist es gelungen, den von Michael Norton geprägten Begriff „*IKEA*-Effekt" beim Kunden zu kreieren. Die Verhaltensökonomik bezeichnet damit die Tatsache, dass eigenhändig zusammengebauten Gegenständen eine höhere Wertschätzung entgegengebracht wird als bereits fertiggestellten Massenprodukten. Die vielen zusätzlichen Produkte und Dienstleistungen, die *IKEA* neben den Möbeln anbietet, wie beispielsweise das schwedische Essen im Restaurant, vermitteln dem Kunden die Erfahrung des schwedischen Lebensstils. EXPERIENCE SELLING ermöglicht es *IKEA* zudem, CROSS SELLING zu betreiben, indem über die Möbel hinaus beim Kunden weitere Kaufbedürfnisse geweckt und befriedigt werden, wie beispielsweise das große Angebot an Blumen oder Bildern.

Barnes & Noble, größtes amerikanisches Buchhandelsunternehmen, wendet das Geschäftsmodellmuster des EXPERIENCE SELLING erfolgreich an, indem es dem Kunden neben Büchern eine breite Palette an zusätzlichen Leistungen anbietet, wie beispielsweise ein Kaffeehaus in den Büchergeschäften oder Literaturanlässe mit Lesungen von Autoren. Dadurch wird eine einzigartige „*Barnes & Noble*-Erfahrung" generiert, welche die Kundenloyalität erhöht.

Das amerikanische Einzelhandelsunternehmen *Trader Joe's*, gegründet 1958, ist ein weiteres Beispiel für die Umsetzung des Musters EXPERIENCE SELLING. Durch die in Hawaii-Hemden gekleideten Mitarbeiter, das begrenzte Produktangebot mit oftmals spezieller Bezeichnung der geografischen Herkunft, beispielsweise „Trader Jacque's" für französische Produkte, und der Mischung aus exotischen, ökologischen Gourmet- und Discount-Artikeln, gelingt es *Trader Joe's*, dem Kunden eine einzigartige Einkaufserfahrung zu vermitteln.

Ein weiteres Beispielunternehmen, welches das Muster des Experience Selling erfolgreich anwendet, ist das bereits mehrmals erwähnte schweizer Unternehmen *Nestlé* mit der Marke *Nespresso*. Durch die exklusive Distributionspolitik in den *Nestlé-Nespresso*-Boutiquen und die Werbekampagne mit Hollywoodstar George Clooney gelingt es *Nespresso*, dem Kunden „mehr" zu verkaufen als bloßen Kaffee. Durch diese Kundenerfahrung des gefühlten Luxus kann *Nespresso* Kaffeekapseln im Premiumsegment verkaufen. So gelingt es *Nespresso*, ein Kilo Kaffee für über 80 Euro zu verkaufen. Experience Selling dient *Nespresso* also dazu, höhere Margen abzuschöpfen als die Konkurrenz.

FLATRATE

15 Flatrate
Unlimitierter Konsum zum Festpreis

Das Muster

Bei diesem Muster zahlt der Kunde einen Pauschalpreis für eine Leistung und kann diese hierfür in unbegrenzten Mengen nutzen. Hierdurch ergibt sich für den Kunden der Vorteil, dass er sich nicht in seinem Konsum einschränken muss und dabei die volle Kostenkontrolle behält *(Was?)*. Da viele Kunden diese Vorteile schätzen, lassen sich im Rahmen des FLATRATE-Musters oftmals hohe Absatzzahlen erreichen. Aus Sicht des Unternehmens ist die Anwendung dieses Musters so lange rentabel, solange sich jene Nutzer, welche das Gut im Übermaß konsumieren, mit jenen Nutzern, die das Gut in nur geringem Umfang nutzen, gegenseitig die Waage halten *(Wert?)*. Um sich vor übermäßigen Kosten zu schützen, hat es sich in manchen Fällen bewährt, eine Obergrenze für den maximalen Konsum festzulegen. Hierdurch wird die Idee des unlimitierten Konsums zwar verwässert, das stellt in manchen Fällen jedoch die einzige Möglichkeit dar, um die Kosten in einem kontrollierbaren Rahmen zu halten.

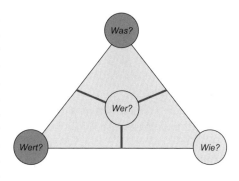

Der Ursprung

Auch wenn über die Entstehung des FLATRATE-Musters nur wenig bekannt ist, kann mit Bestimmtheit gesagt werden, dass dieses bereits lange existiert. So führte im Jahr 1898 beispielsweise die Schweizer Eisenbahngesellschaft *SBB* mit dem Generalabonnement ein bis heute existierendes FLATRATE-Angebot für das Zugfahren in der Schweiz ein. Der Bahnkunde zahlt hier einen einmaligen jährlichen Betrag und kann hierfür das gesamte Schweizer Schienennetz sowie die Nahverkehrsmittel so oft und so viel nutzen, wie er möchte.

Ein weiteres Beispiel für ein FLATRATE-basiertes Geschäftsmodell stellt das Konzept des „All-you-can-eat"-Restaurants dar. Das erste All-you-can-eat-Restaurant hieß *Buckaroo Buffet* und wurde 1946 von Herb MacDonald, einem Hotelbesitzer aus Las Vegas, eröffnet. Um den Absatz seines Restaurants anzukurbeln, kam er auf die Idee, ein Buffet zum Pauschalpreis anzubieten. In den 1980er Jahren wurde das FLATRATE-Muster schließlich auch von der Tourismusbranche übernommen.

Unter der Bezeichnung „All-inclusive" steht es dort für eine Verpflegungsart, bei der alle Mahlzeiten und Getränke während eines Reiseaufenthalts im Preis mit eingeschlossen sind. Als Urvater dieses Konzepts gilt Gordon Steward, welcher auf Jamaika im Jahr 1981 mit *Sandals Resorts* das erste All-inclusive-Hotel eröffnete. Er versuchte, hierdurch das Tourismusgeschäft anzukurbeln, welches in Folge von Unruhen auf der Insel ins

Stocken geraten war. Heute zählt Gordon Stewart mit seiner Hotelgruppe *Sandals Resorts* zu den einflussreichsten Hotelunternehmern in der Karibik.

Die Innovatoren

Neben den genannten Beispielen hat das FLATRATE-Muster auch in anderen Bereichen zu innovativen Geschäftsmodellen geführt. Im Mobilfunkmarkt entstanden in den 1990er Jahren beispielsweise sogenannte Handy-Flatrates, bei denen der Kunde zu einem monatlichen Fixbetrag unbegrenzt Anrufe innerhalb eines zuvor festgelegten Netzwerks tätigen kann. Heute ist dies eine Selbstverständlichkeit, was in den 1990er Jahre ein mächtiger Differenzierungsfaktor im sich deregulierenden Telekommunikationsmarkt war.

Eine weitere FLATRATE-basierte Geschäftsmodellinnovation stellt der 1999 gegründete Online-Streaming-Dienst *Netflix* dar. Der Kunde erhält hier zu einem monatlichen Pauschalbetrag ab bereits 7,99 US-Dollar unbeschränkten Zugang zu über 100 000 Filmen, TV-Shows und Serien. Das Geschäftsmodell von *Netflix* gilt als äußerst erfolgreich und zählt heute weltweit bereits über 26 Millionen Nutzer. Ein zu *Netflix* ähnliches Geschäftsmodell wird derzeit im Zeitschriftenbereich von dem Unternehmen *Next Issue Media* lanciert. Der Kunde erhält hier über eine Software Zugang zu über 40 Zeitschriften wie zum Beispiel der *Sports Illustrated*, der *Time* oder dem *Wired Magazine*. Anstatt wie sonst üblich für jede Zeitschrift einzeln zu bezahlen, verlangt *Next Issue Media* einen Betrag in Höhe von 14,99 US-Dollar monatlich.

FRACTIONALIZED OWNERSHIP

16 Fractionalized Ownership
Effizienter Nutzen durch Teileigentum

Das Muster

Mit dem Muster FRACTIONALIZED OWNER-
SHIP – zu dt. „Teileigentum" – ist gemeint,
dass der Kunde das Kaufobjekt nicht als
Ganzes, sondern nur einen Teil davon
erwirbt. Da er infolgedessen nur für einen
Teil des vollen Kaufpreises aufkommen
muss, kann der Kunde sich auf diese
Weise Objekte leisten, für welche ihm
sonst unter Umständen die notwendige
Kaufkraft fehlen würde *(Was?)*. Als Basis
zur Umsetzung dient typischerweise eine

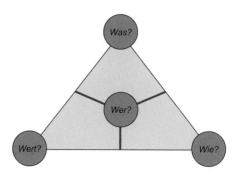

Käufergemeinschaft, in welcher jeder Käufer ein eigentumsanteiliges Nutzungsrecht an
dem Kaufobjekt erhält. Das Unternehmen, welches das Teileigentum seiner Leistungen
anbietet, ist dabei in der Regel für die Verwaltung des Kaufobjekts bzw. der Käufergemeinschaft zuständig *(Wie?)*. Es profitiert von diesem Muster insofern, als dass es
durch die Stückelung des Kaufbetrags einen erweiterten Kreis an potenziellen Käufern
erreichen kann *(Wer? Wert?)*. Dies stellt insbesondere bei kapitalintensiven Gütern, für
die oftmals nur ein kleiner Interessentenkreis existiert, einen erheblichen Nutzenvorteil
dar. Ein weiterer, allgemeiner Vorteil des FRACTIONALIZED-OWNERSHIP-Musters ist, dass
ein Kaufobjekt ökonomischer genutzt werden kann, als dies im Fall eines Einzelerwerbs
möglich ist *(Was?)*.

Der Ursprung

Der Ursprung dieses Musters geht auf kommunistisches Gedankengut zurück, welches
sich gegen Anfang des 20. Jahrhunderts insbesondere in Russland in Form von Kolcho-
sen manifestierte. Zu den Pionieren, welche das FRACTIONALIZED-OWNERSHIP-Muster
erfolgreich in der Privatwirtschaft anwendeten, zählt das Unternehmen *NetJets*, das in
den 1960er Jahren das Konzept des sogenannten Flugzeug-Teileigentums lancierte. Im
Rahmen dieses Geschäftsmodells können die Kunden Anteile in unterschiedlicher Höhe
an einem Flugzeugträger erwerben, welche sie zu einem bestimmten Kontingent an
Flugstunden berechtigen. Das Flugzeugstundenkontingent ist dabei nicht auf ein einziges Flugzeug beschränkt, sondern bezieht sich auf eine Flotte aus weltweit über
800 Flugzeugen. Hierdurch wird gewährleistet, dass dem Kunden ähnlich wie bei dem
alleinigen Eigentum in weniger als 24 Stunden ein abgefertigtes Flugzeug zur Verfügung steht. Mit dieser Art Geschäftsmodell ist es *NetJets* gelungen, ein gänzlich neues
Marktsegment im Bereich des privaten Flugverkehrs zu begründen.

Die Innovatoren

Im weiteren Verlauf wurde das Muster der Fractionalized Ownership auch in anderen Industrien genutzt. In der Tourismusbranche hat das Muster beispielsweise zur Herausbildung von sogenannten Timesharing-Konzepten geführt. Unter Timesharing ist ein periodisch wiederkehrendes Nutzungsrecht an einer Ferienimmobilie zu verstehen, welches der Kunde durch den Kauf eines entsprechenden Eigentumsanteils erwirbt. Ein Pionier auf diesem Gebiet ist das 1963 gegründete schweizer Unternehmen *Hapimag*, welches zu einem der weltweit führenden Timesharing-Anbieter zählt. Der Kunde erwirbt hier mit einer *Hapimag*-Aktie das Recht zur Nutzung von derzeit über 56 Ferienressorts, welche sich auf insgesamt 16 Länder verteilen. *Hapimag* selbst ist dabei für das Unterhalten der Ferienressorts sowie das Abwickeln der Reservierung zuständig, wofür ein jährlicher Mitgliedsbeitrag anfällt. Durch die Einführung des Timesharing-Konzepts wurde die Grundlage für ein gänzlich neues Tourismussegment geschaffen, welches heute zu den am schnellsten wachsenden in seiner Branche zählt.

Ein Beispiel für eine andere Anwendung von Fractionalized Ownership bieten Car-Sharing-Konzepte. Beim Car Sharing teilen sich – wie der Name des Konzepts bereits impliziert – mehrere Besitzer ein Auto, wodurch dieses ökonomisch sinnvoller genutzt werden kann. Die Wurzeln des Car Sharing gehen auf die *SEFAGE* (Schweizer Selbstfahrergenossenschaft) zurück, welche im Jahr 1948 von einigen Privatpersonen in Zürich gegründet wurde. Die erste kommerzielle Nutzung des Car-Sharing-Konzepts wird dabei allgemein dem Schweizer Genossenschaftsunternehmen *Mobility Carsharing* zugeschrieben, welches im Jahr 1997 aus der Fusion der Unternehmen *AutoTeilet-Genossenschaft (ATG)* und *ShareCom* hervorging. Das Unternehmen gehört heute mit über 100 000 Kunden zu den derzeit erfolgreichsten Car-Sharing-Anbietern. Ein weiteres Beispiel für das Fractionalized-Ownership-Muster stellt das 2005 gegründete Unternehmen *écurie25* dar, welches sich auf das Teileigentum von Luxuskarosserien spezialisiert hat. Das Geschäftsmodell von *écurie25* ist dem von *NetJets* sehr ähnlich, so können die Kunden hier Anteile an einem Auto erwerben, welche sie zu einer entsprechenden wochenweisen Nutzung berechtigen.

17 Franchising

17 Franchising
Einer für alle, alle für einen

Das Muster

FRANCHISING bezeichnet eine Kooperation, bei der ein sogenannter Franchise-Geber einem Franchise-Nehmer die kommerzielle Nutzung seines Geschäftskonzepts für ein Entgelt überlässt. Das Ziel dieses Musters aus Sicht des Franchise-Gebers besteht darin, eine rasche geografische Expansion seines Geschäftskonzepts voranzutreiben, ohne selber hierfür die notwendigen Ressourcen aufbringen bzw. das volle wirtschaftliche Risiko tragen zu müssen *(Wie?*

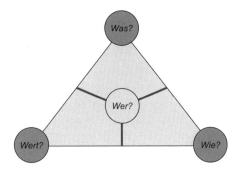

Wert?). Beides entfällt auf den Franchise-Nehmer, welcher im Rahmen des FRANCHISING als selbstständiger Unternehmer agiert und hierdurch einen Großteil aller Transaktionen auf eigene Rechnung übernimmt. Die Vorteile für den Franchise-Nehmer bestehen darin, dass er ein wirtschaftlich erprobtes Format mit all seinen Leistungs- und Differenzierungsmerkmalen (z.B. Produkte, Markenrechte, Ausstattung, Arbeitsabläufe) nutzen kann *(Was?).*

Im Vergleich zu der Situation, wo er selbst ein gänzlich neues Geschäftskonzept entwickeln müsste, kann er so sein unternehmerisches Risiko reduzieren *(Was?).* Des Weiteren profitiert er auch von der Zusammenarbeit mit dem Franchise-Geber, welcher das Geschäftskonzept nach außen vermarktet und seine Expertise an seine Franchise-Nehmer weitergibt (z.B. in Form von Weiterbildungsmaßnahmen, Prozesserfahrung, Marken-Spill-over) *(Was? Wie?).* Im Idealfall führt FRANCHISING zu einem beiderseitigen Erfolg, bei dem der Franchise-Geber von einer schnellen Marktexpansion seines Konzepts profitiert und der Franchise-Nehmer an seinem wirtschaftlichen Erfolg partizipiert.

Der Ursprung

FRANCHISING wurde ursprünglich im mittelalterlichen Frankreich entwickelt. Dort wurde dieses Muster in erster Linie von Königen genutzt, um Dritten Privilegien für die Herstellung bestimmter staatlicher Produkte zu verschaffen. Mit dem Aufkommen der Industrialisierung wurde FRANCHISING dann zunehmend auch in der Privatwirtschaft populär. Im Jahr 1860 gestattete es beispielsweise der Nähmaschinenhersteller *Singer Sewing Machines* fahrenden Händlern, seine Nähmaschinen auf eigene Rechnung zu vertreiben. Im weiteren Verlauf wurde FRANCHISING schließlich auf ganze Geschäftskonzepte ausgeweitet.

Ein Pionier in diesem Zusammenhang ist die Fast-Food-Restaurantkette *McDonald's*, deren Selbstbedienungsrestaurantkonzept durch FRANCHISING weltweite Berühmtheit erlangte. Eine Schlüsselrolle bei dieser Erfolgsgeschichte hatte der Handelsvertreter Ray Kroc, welcher Mitte der 1950er-Jahre den *McDonald's*-Brüdern, Richard und Maurice McDonald, eine USA-weite Expansion ihres Restaurants vorschlug. Die Brüder waren einverstanden, woraufhin Ray Kroc in den Folgejahren eine Reihe von Franchise-Nehmern rekrutierte. Das Geschäft lief so gut, dass Kroc den *McDonald's*-Brüdern im Jahr 1961 schließlich die Rechte an der Marke *McDonald's* für 2,7 Millionen US-Dollar abkaufte. Kroc gelang es, *McDonald's* zur weltweit größten Restaurantkette auszubauen und hierdurch zu einem der reichsten Männer der USA aufzusteigen.

Die Innovatoren

FRANCHISING ist in der Gastronomiebranche mittlerweile weit verbreitet und wird von einer Reihe bekannter Restaurantketten wie *Subway, Pizza Hut* oder *Kentucky Fried Chicken* genutzt. Darüber hinaus findet FRANCHISING zwischenzeitlich auch in anderen Bereichen seine Verbreitung. Eines der ersten Unternehmen, welches FRANCHISING auf die Hotelbranche übertrug, ist die 1993 gegründete US-amerikanische Hotelkette *Marriott International*. Durch das FRANCHISING-Konzept gelang es *Marriott International*, sich in über 69 Ländern erfolgreich zu etablieren und zu einer der größten Hotelketten der Welt aufzusteigen. Die Kunden von *Marriott* profitieren von dem FRANCHISING-Konzept insofern, als dass sie weltweit in den Hotels von *Marriott* nahezu identischen Standards begegnen und sich damit die Hotelübernachtung für sie als eine sichere Wahl erweist.

Ein weiteres erfolgreiches Beispiel für FRANCHISING ist die amerikanische Kaffeehauskette *Starbucks*. Das Unternehmen verfügt über mehr als 20 000 Kaffeehäuser in über 60 Ländern. Durch FRANCHISING ist es *Starbucks* gelungen, das Erfolgskonzept der Kaffeehauskette weltweit zu multiplizieren. Dabei werden die Franchise-Nehmer intensiv geschult, damit sie die global geltenden Standards im lokalen Geschäft implementieren können. Darüber hinaus versorgt *Starbucks* seine Franchise-Nehmer mit den dafür notwendigen Ressourcen wie zum Beispiel dem passenden Interieur sowie passenden Speisen und Getränken.

Im Tierbedarfshandel hat sich das 1990 gegründete deutsche Unternehmen *Fressnapf* mit dem FRANCHISING-Konzept erfolgreich etablieren können. *Fressnapf* ist es durch das FRANCHISING und starke Corporate Identity gelungen, zum größten Tierbedarfshändler in Europa aufzusteigen. Ein weiteres FRANCHISING-basiertes Geschäftsmodell stellt das international tätige Einzelhandelsunternehmen *7-Eleven* dar. Das Unternehmen ist durch Franchise-Nehmer in über 16 Ländern vertreten. Mit über 36 000 Filialen in Asien sowie 9000 Filialen in Nordamerika prägen die *7-Eleven*-Läden heute das Stadtbild der weltweit größten Metropolen.

18 FREEMIUM

18 Freemium
Freie Basis- und kostenpflichtige Premiumversion

Das Muster

Bei FREEMIUM handelt es sich um ein Kunstwort, welches sich aus den Begriffen „Free" und „Premium" zusammensetzt. Mit diesem Muster ist das Bereitstellen einer Basisversion eines Produkts oder Dienstleistung gemeint, wohingegen für die Premiumversion ein entsprechender Aufpreis verlangt wird *(Was?)*. Mit der kostenlosen Bereitstellung der Basisversion soll eine möglichst große Nutzergruppe gewonnen werden, in der sich – so die Hoffnung – genügend Nutzer finden lassen, welche bereit sind, für die Premiumversion zu bezahlen *(Wert?)*.

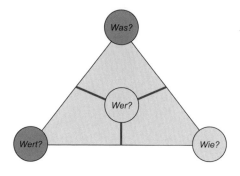

Eine zentrale Kennziffer stellt die sogenannte Konversionsrate dar, welche den Anteil an zahlenden zu nichtzahlenden Kunden misst. Diese kann je nach Geschäftsmodell variieren, liegt im Schnitt jedoch typischerweise im einstelligen Prozentbereich. Da somit ein Großteil aller Nutzer die kostenlose Basisversion nutzt und durch die Einnahmen der Premiumnutzer quersubventioniert werden muss, ist es entscheidend, dass die Kosten für die Basisversion möglichst gering und im Idealfall bei null liegen. Häufig kann nur so der mit FREEMIUM verbundene Nutzen der „Gratisnutzung" in ein profitables Geschäftsmodell für das Unternehmen überführt werden *(Wert?)*.

Der Ursprung

FREEMIUM wurde erstmals im Jahr 2006 durch den Risikokapitalgeber Fred Wilson beschrieben. Dieser fasste das Muster wie folgt zusammen: *„Biete deinen Dienst gratis an, möglicherweise mit Werbeeinblendungen oder vielleicht auch nicht, gewinne viele Kunden auf effiziente Weise durch Mundpropaganda, Werbepartner, Platzierung in Suchmaschinen und biete dann deinem Kundenstamm zu einem Aufpreis Zusatzleistungen oder eine erweiterte Version deines Dienstes an."* Der Begriff FREEMIUM selbst geht dabei auf eine öffentliche Ausschreibung zurück, die Wilson auf seinem Blog nutzte, um einen adäquaten Namen für das Muster zu finden. FREEMIUM wurde dabei als zutreffendste Bezeichnung gewählt und hat sich seither als fest stehender Ausdruck etabliert.

Zu den Treibern, welche für die Entstehung dieses Musters verantwortlich sind, zählen insbesondere das Internet sowie die Digitalisierung von Services. Beide münden in eine sogenannte „Ökonomie der Bits", in der viele digitale Produkte nahezu kostenlos reproduziert sowie zu geringen Kosten vertrieben werden können. Zu den ersten FREEMIUMbasierten Geschäftsmodellen zählen die in den 1990er Jahren aufgekommenen Web-mail-Programme wie zum Beispiel *Hotmail* von *Windows*, welche Nutzern einen kostenlosen Basis-Account anbieten, für zusätzliche Features wie zum Beispiel unbegrenztes Speichervolumen jedoch einen Aufpreis verlangen.

Die Innovatoren

Im Zuge der zunehmenden Verbreitung des Internets wurde das FREEMIUM-Muster großflächig adaptiert. Ein Beispiel für ein Unternehmen, welches dieses Muster erfolgreich für die Lancierung einer Geschäftsmodellinnovation nutzen konnte, ist das im Jahr 2003 gegründete Telekommunikationsunternehmen *Skype*. Das Unternehmen bietet seinen Nutzern ein Voice-over-IP-(VoIP-)Programm an, welches das weltweite kostenlose Telefonieren über das Internet ermöglicht. Darüber hinaus existiert bei *Skype* die kostenpflichtige Option, durch den Erwerb von *Skype*-Guthaben Anrufe ins Fest- oder Mobilfunknetz tätigen zu können. Das zwischenzeitlich von *Microsoft* aufgekaufte Unternehmen zählt heute über eine halbe Milliarde Nutzer und hat die Telekommunikationsbranche nachhaltig verändert. So hat die Möglichkeit des kostenlosen Kommunizierens bei vielen traditionellen Telekommunikationsunternehmen einen drastischen Umsatzrückgang im Bereich der Festnetz- und Mobiltelefonie bewirkt.

Ein weiteres Beispiel für ein FREEMIUM-basiertes Geschäftsmodell stellt der Musik-Streaming-Dienst *Spotify* dar. Damit die Streaming-Dienste kostenlos genutzt werden können, muss sich der Nutzer regelmäßig Werbeinblendungen ansehen. Bei der kostenpflichtigen Premiumversion kann der Streaming-Dienst werbefrei und damit schneller genutzt werden. Das *Spotify*-Programm wurde erstmalig in Schweden im Oktober 2008 angeboten und hatte bereits ein halbes Jahr später eine Mitgliederzahl von über einer Million Nutzern. *Spotify* hat in der Zwischenzeit das FREEMIUM-Geschäftsmodell dahingehend angepasst, dass die Nutzer der kostenlosen Version nur noch eine begrenzte Anzahl Stunden im Monat den Musik-Streaming-Dienst nutzen können. Dadurch sollen mehr Nutzer dazu motiviert werden, die kostenpflichtige Premiumversion in Anspruch zu nehmen.

Weitere Beispiele für FREEMIUM sind *Dropbox* und *LinkedIn*. Bei *Dropbox* erhalten die Nutzer einen kostenlosen Speicherplatz von zwei Gigabyte, welchen sie gegen ein monatliches Entgelt beliebig aufstocken können. Der Zugang zur Premiumversion des Business-Netzwerks *LinkedIn*, welches in der Basisversion kostenlos ist, kann durch den Erwerb eines „Premium-Badges" erworben werden, welcher es ermöglicht, sich in den Personensuchergebnissen hervorzuheben oder andere Profile unentdeckt nachzuverfolgen.

19

FROM PUSH-TO-PULL

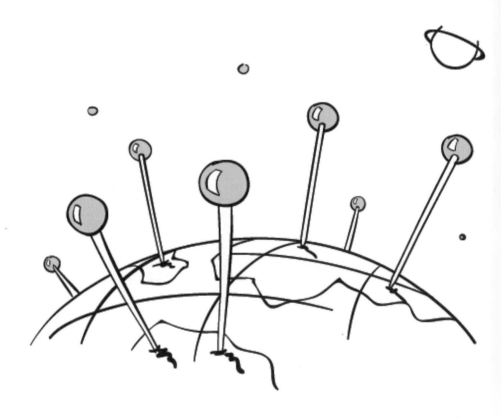

19 From Push-to-Pull Kundensog als Zentrum der Wertschöpfungsgestaltung

Das Muster

Das Wissen über den Wechsel von Verkäufer- zu Käufermärkten oder der notwendige Perspektivenwechsel von einer Produkt- hin zu einer Kundensicht ist meistens vorhanden. Die Herausforderung besteht jedoch in der Umsetzung dieser Erkenntnisse ins eigene Geschäftsmodell. Das FROM PUSH-TO-PULL-Muster stellt den Gedanken „Der Kunde ist König" ins Zentrum aller unternehmerischen Überlegungen – sei es bei Forschungs- und Innovationstätigkeiten, neuen Produktentwicklungen, in der Produktion oder im Vertrieb *(Was? Wie?)*.

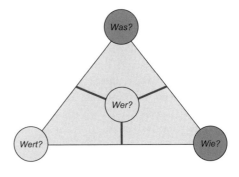

Versinnbildlicht zieht der Kunde am Ende an einer virtuellen Leine, treibt so Prozesse des Unternehmens und definiert somit das Nutzenversprechen. Dies steht im Gegensatz zum Push-Prinzip, welches die „Make-to-stock"-Produktion ins Zentrum stellt. Um den „Push" und somit das Oktroyieren eines Nutzenversprechens auf den Kunden zu umgehen und das Prinzip „Pull" anzuwenden, erfordert es flexible und reaktive Wertschöpfungsketten im Unternehmen *(Wie?)*. Während des Produktionsprozesses hängt beispielsweise vieles davon ab, an welchem Punkt der Wertschöpfungskette ein Hersteller entscheidet, den Kundenentkopplungspunkt anzusetzen. Die Frage, ab wann nachfrageabhängig produziert wird und somit die kundenzentrierte Variantenbildung beginnt – kurz gesprochen nach dem Pull-Prinzip gewirtschaftet wird –, muss adressiert werden. Das FROM PUSH-TO-PULL-Muster bewirkt in der Produktion einen Perspektivenwechsel hin zu einer Denkweise des „Gefertigt wird nur, was die Kunden auch wollen und das so effizient wie möglich".

Das Pull-Prinzip kann über den Produktionsprozess hinaus auf alle weiteren Geschäftsprozesse wie etwa den Produktentstehungsprozess übertragen werden *(Wie?)*. Über Open Innovation oder Engineer-to-order-Projekte wird der Kunde bereits zu Beginn des Entwicklungsprozesses direkt einbezogen, ohne jegliche Intermediäre und Drittparteien einzubeziehen.

Weiterhin kann von einem Pull-Prinzip gesprochen werden, wenn es dem Unternehmen gelingt, dass das Produkt aktiv nachgefragt wird. Durch spezifisches Marketing oder ähnliche Maßnahmen wird versucht, Interesse zu wecken und Kunden zur aktiven Nachfrage eines Gutes zu verleiten. Dies findet oftmals bei Konsumgüterherstellern Verwendung, die ihre Produkte bei Endkonsumenten vermarkten und somit eine erhöhte

Nachfrage im Handel erzeugen, was sich wiederum förderlich auf die Regalflächen auswirkt, die Händler den Konsumgüterherstellern zur Verfügung stellen. Damit ist die
gesamte Wertschöpfungskette beim FROM PUSH-TO-PULL-Muster durchzudeklinieren,
um Punkte und Schnittstellen der optimalen Kundenintegration sowie der bestmögli-
chen Kundenattraktion zu identifizieren.

Der Ursprung

Im industriellen Umfeld gehen die Begriffe Push und Pull auf die Bereiche der Logistik
und des Supply Chain Managements zurück. Der Name *Toyota* ist Synonym für den
Einsatz des Pull-Konzepts in der Produktion und Logistik. In der Zeit nach dem zweiten
Weltkrieg entwickelte das Unternehmen ein Produktionssystem, welches noch heute
„State of the Art" ist und Schlüssel für den rapiden Aufstieg *Toyotas* zum größten Automobilhersteller der Welt war. Schwache Binnenmarktnachfrage und immense Ressour-
cenengpässe prägten damals die japanische Wirtschaft und führten zur zentralen Ziel-
setzung einer Herstellung von Gütern mit geringstem Aufwand sowie der Vermeidung
jeglicher Verschwendung. Das Supermarktprinzip diente im *Toyota Production System*
als Lösungsansatz, um die Produktion nachfrageorientierter zu gestalten. Als Vorbild
dienten Supermärkte, welche in der Regel nur jene Waren auffüllen, die der Kunde tatsächlich nachfragt und erwirbt. In der Folge wurden bei *Toyota* lediglich nachgefragte
Mengen und Produkte produziert. Interne Bestände wurden auf ein möglichst geringes
Maß zurückgeschraubt.

Mit dem *Toyota Production System* stellte das Unternehmen seine gesamte Wertschöpfungskette so um, dass Verschwendungen und Kosten reduziert wurden, gleichzeitig
jedoch ein starker Kundenfokus verfolgt werden konnte. Merkmale wie eine Just-In-
Time-(JIT-)Produktion, Minimierung der Taktzeiten, Reduktion der Bestände im Lager
oder Total Quality Management (TQM) rückten in den Mittelpunkt um kundenorientiert
produzieren zu können. *Toyota* ist es so insbesondere möglich, schnell auf sich verän-
dernde Kundenanforderungen und Märkte zu reagieren. Da nur produziert wird, was
der Kunde auch bestellt, zieht ein Fertigungsschritt den nächsten durch den gesamten
Herstellungsprozess, initiiert durch die Kundenbestellung. Neben der Reduktion von
Lagerungskosten werden speziell Überkapazitäten unterbunden, um ungenutztes Kapi-
tal verfügbar zu halten.

In der Folgezeit schlossen sich viele Instrumente und Methoden zu einem Geschäfts-
modell zusammen, welches noch heute Vorbild für viele ist. Nachgeahmt wurde das
Geschäftsmodellmuster in zahlreichen Industrieunternehmen, wie unter anderem
Bosch, wo das Modell unter ähnlichem Namen – *BPS (Bosch Production System)* – firmiert.

Die Innovatoren

Geberit, ein im Sanitärbereich tätiges Unternehmen, 1874 in der Schweiz gegründet,
war in der Vergangenheit allein an die Nachfrage und Schnittstelle zu Großhändlern
und Baumärkten gekoppelt. In den späten 1990ern sah sich das Unternehmen in seinem Geschäftsfeld nun vor mehrere Herausforderungen gestellt: Eine große Anzahl an
„Commodities" mit wenig Innovations- und Differenzierungspotenzial und ein hoher
Preisdruck bei stagnierender Nachfrage erschwerten das Geschäft zunehmend. Im Jahr

2000 konnte die dominante Branchenlogik, stark geprägt durch Intermediäre wie Baumärkte, durch ein neues Geschäftsmodell durchbrochen werden. Nach dem Prinzip der Disintermediation sollte der direkte Kontakt zum Kunden hergestellt werden und hierfür ein geeignetes FROM PUSH-TO-PULL-Geschäftsmodell entworfen werden. Im Fall von *Geberit* waren keine Baumärkte, Großhändler oder Benutzer der Sanitäranlagen die zu umwerbenden Kunden, sondern die eigentlichen Entscheidungsträger im Bau – Architekten, Gebäudeplaner oder Klempner. Ausgehend von dieser Erkenntnis wurden Intermediäre in der Distribution nun weitestgehend umgangen. Weiterhin wurden eine Anzahl an Instrumenten, die ein Höchstmaß an Kundenfeedback und Integration in neue Produktentwicklungen ermöglichen, geschaffen. Dies reichte von kostenlosem Training, ganzheitlichem Supportmanagement für Kunden, geeigneter Software-Unterstützung und verstärkter Präsenz bei Montagebetrieben. *Geberit* realisierte über ein FROM PUSH-TO-PULL-Geschäftsmodell, in dessen Zentrum die Disintermediation steht, somit einen Perspektivenwechsel vom Push der Produkte in die Regale der Baumärkte, hin zum Pull von Produkten, beginnend bei einer Zielgruppe, die für *Geberit* das beste Feedback zum Produkt gibt und die eigentliche Nachfrage bestimmt.

Innerhalb der Modebranche hat sich das FROM PUSH-TO-PULL-Modell speziell im Unternehmen *Zara* etabliert. Dieses bietet in zahlreichen Ladengeschäften und in Onlineshops preiswerte Kleidungsartikel zum Verkauf. Eine Besonderheit des Modespezialisten ist der Fokus, schnell Kollektionen anzubieten, die auf aktuelle Modetrends eingehen. Hierfür beschäftigt *Zara* über 200 Modedesigner und eine Schar weltweit agierender Modebeobachter, die Trends und Änderungen zeitig zu erkennen versuchen. Schnell werden so neue Kollektionen erarbeitet und in den unternehmenseigenen Produktionsstätten hergestellt, damit diese dann auch rasch Einzug in den Onlineshop und die Bekleidungsgeschäfte halten können. Letztere sind meist speziell an ausgewählten Orten in Innenstädten gelegen, um viel Laufkundschaft ansprechen zu können. *Zara* kann so auf große und vor allem kostspielige Werbeaktionen verzichten und nutzt hierfür hauptsächlich die eigenen Schaufenster. Mit diesem flexiblen und kundenorientierten Geschäftsmodell gelang es *Zara* 2006 die konkurrierende Bekleidungsfirma *Hennes & Mauritz* (*H&M*) als umsatzstärkstes Unternehmen dieser Branche hinter sich zu lassen.

20 Guaranteed Availability
Gewährleistete Verfügbarkeit der Produkte

Das Muster

Bei diesem Muster zahlt der Kunde nicht für das Eigentum an einem Produkt, sondern stattdessen für dessen Verfügbarkeit *(Was?)*. Das zentrale Ziel dieses Musters besteht in der Reduktion der Kosten, welche insbesondere durch den Ausfall von technischen Produkten wie zum Beispiel Maschinen oder Geräten entstehen können. Indem eine Verfügbarkeitsgarantie auf das Produkt gegeben wird, wird im Rahmen dieses Musters versucht, dieser

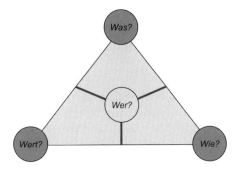

Problematik entgegenzuwirken *(Was?)*. Die Umsetzung erfolgt dabei typischerweise in Form eines Rahmenvertrags, bei dem der Kunde einen pauschalen Betrag an das Unternehmen bezahlt und hierfür alle Leistungen erhält, welche es zur Aufrechterhaltung einer dauerhaften Produktverfügbarkeit benötigt. Neben der Bereitstellung von Ersatzgeräten und -maschinen gehören hierzu typischerweise Reparatur- sowie Wartungsleistungen *(Wie?)*. Da Kunden den Vorteil der dauerhaften Verfügbarkeit schätzen, können Unternehmen durch die Anwendung dieses Musters häufig eine langfristige und intensive Beziehung zu ihren Kunden aufbauen *(Wert?)*.

Der Ursprung

Auch wenn über die historischen Wurzeln des GUARANTEED-AVAILABILITY-Musters nur wenig gesichertes Wissen existiert, kann gesagt werden, dass dieses tendenziell schon lange existiert. So wurden beispielsweise schon im alten China die Ärzte nicht für das Heilen von Patienten, sondern für das Erhalten ihrer Gesundheit bezahlt. Die Qualität eines Arztes wurde dabei nach Anzahl der gesunden Patienten gemessen. Hierzu heißt es in einem chinesischen Sprichwort: *„Der geschickte Arzt behandelt die Gesunden, der schlechte dagegen die Kranken."* In der Privatwirtschaft wurde das Verfügbarkeitsmuster durch das Aufkommen sogenannter Flottenmanagementkonzepte bekannt. Der Begriff Flottenmanagement beschreibt das Planen, Verwalten und Steuern von Flotten an Fahrzeugen wie zum Beispiel Lkw, Pkw, Schiff oder Bahn. Zu einem der ersten Anbieter des Flottenmanagements zählt das Unternehmen *PHH Corporation*, welches Anfang der 1990er Jahre das Management der Fahrzeugflotte von *Kodak* übernahm. Heute gehört das Konzept des Flottenmanagements zum Standardrepertoire von Speditions- und Logistikfirmen.

Die Innovatoren

In der Vergangenheit adaptierten eine Reihe von weiteren Unternehmen das Muster GUARANTEED AVAILABILITY. Ein prominentes Beispiel hierfür ist der liechtensteinische Befestigungsspezialist *Hilti*, welcher für seine Bohrhämmer vor über zehn Jahren das sogenannte *Hilti Fleet Management* lancierte. Analog zum Flottenmanagement von Fahrzeugen übernimmt *Hilti* im Rahmen dieses Konzepts das Management der Geräteflotten für seine Kunden. Dies bedeutet, dass *Hilti* für die gesamte Instandhaltung und Wartung der Geräte verantwortlich ist. Zudem kümmert sich *Hilti* in einem Schadensfall darum, dass das Gerät umgehend repariert oder ersetzt wird. Der Kunde profitiert von diesem Angebot insofern, als dass er jederzeit auf funktions- und leistungsfähige Geräte zurückgreifen kann. Hierdurch lassen sich seine Ausfallkosten, welche insbesondere auf Baustellen hoch sein können, zu großen Teilen minimieren.

Ein zu *Hilti* sehr ähnliches Konzept wurde im Jahr 2000 durch das US-amerikanische Unternehmen *MachineryLink* lanciert, welches auf Erntemaschinen (z. B. Mähdrescher) spezialisiert ist. Die Kunden von *MachineryLink* schließen einen Vertrag über mindestens drei Jahre ab und können in diesem Zeitraum auf eine Flotte von über 300 Geräten zurückgreifen. Hierdurch lässt sich sicherstellen, dass der Kunde jederzeit über eine funktionstüchtige Erntemaschine verfügen kann und es zu keinen gerätebedingten Ernteverlusten kommt. Durch das Verfügbarkeitskonzept hat es *MachineryLink* in den letzten Jahren geschafft, zum führenden Anbieter für Erntemaschinen in den USA aufzusteigen.

Ein weiteres Beispiel für eine erfolgreiche Anwendung des GUARANTEED-AVAILABILITY-Musters ist das Unternehmen *IBM*, welches dieses in den 1990er Jahren für eine grundlegende Umstrukturierung des Konzerns nutze. In dieser Zeit steckte das Unternehmen aufgrund des Preisverfalls für Großrechner in einer ernsthaften Krise, welche mit einem historischen Verlust von fünf Milliarden US-Dollar im Jahr 1992 ihren Höhepunkt erreichte. Um das Überleben des Unternehmens zu sichern, verwandelte der damalige *IBM*-Chef Lou Gerstner das Unternehmen von einem reinen Produktanbieter in ein lösungsorientiertes Dienstleistungsunternehmen. Im Bereich der PC-Sparte führte dies zu einer Aufgabe des Hardware-Geschäfts zu Gunsten sogenannter Verfügbarkeitslösungen, bei denen *IBM* für das Instandhalten der Rechnerinfrastrukturen von Banken, Unternehmen und anderen Großorganisationen verantwortlich ist. Dank dieses Richtungswechsels ist das Unternehmen *IBM*, welches heute nur noch 20 Prozent seiner Umsätze mit dem Verkauf von Hardware generiert, wieder hochprofitabel.

Auch im Maschinenbau sind GUARANTEED-AVAILABILITY-Konzepte immer verbreiteter: Bei Aufzugsfirmen wie *Otis*, *Schindler* oder *Thyssen* gibt es verschiedene Level an Serviceverträgen: von einfachen Oil-and-Grease-Verträgen, bei denen nur die Basiswartung beinhaltet ist, bis zu GUARANTEED-AVAILABILITY-Verträgen, bei denen dem Kunden die Verfügbarkeit der Aufzüge für die Passagiere zu einem hohen, genau festgelegten Prozentsatz garantiert ist. Wird die Verfügbarkeit nicht eingehalten, drohen den Unternehmen festgelegte Konventionalstrafen.

Hidden Revenue

21 Hidden Revenue
Trennung von Einkünften und Kunde

Das Muster

Bei HIDDEN REVENUE generiert ein Unternehmen seinen Hauptumsatz nicht durch das Verkaufen eines Produkts oder einer Dienstleistung, sondern durch das Kommerzialisieren einer Werbefläche, welche daran geknüpft ist *(Wie? Wert?)*. Hierdurch bedient das Unternehmen zum einen die klassischen Kunden, an welche die Produkte und Dienstleistungen verkauft werden, und zum anderen die Werbekunden, an welche die Werbefläche verkauft oder

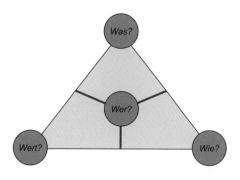

vermietet wird *(Wer?)*. Der Umsatz, der mit den Werbekunden generiert wird, dient dabei häufig dazu, den Preis des Angebots quer zu subventionieren, so dass dieses vergünstigt oder sogar kostenlos angeboten werden kann *(Was?)*.

Hierdurch ergibt sich die Konstellation, dass das Unternehmen seine Einnahmen nicht durch die klassischen Kunden als solches, sondern durch die Werbekunden generiert, wodurch es zu einer „Trennung von Einkommen und Kunde" kommt. Aus Sicht des Unternehmens besteht der zentrale Vorteil der Werbefinanzierung in der Erschließung einer alternativen Einnahmequelle, welche den Umsatz mit den klassischen Kunden ergänzen oder sogar gänzlich substituieren kann *(Wert?)*. Darüber hinaus wirkt sich die Werbefinanzierung in manchen Fällen auch positiv auf das Nutzenversprechen aus. So sind viele Kunden in der Regel bereit, Werbung „über sich ergehen zu lassen", wenn sie das Angebot im Gegenzug günstiger erhalten können *(Was?)*.

Der Ursprung

Obschon es Werbung nachweislich bereits im alten Ägypten gab, hat sich das Muster der Werbefinanzierung erst um einiges später entwickelt. Als eine der ersten Formen der Werbefinanzierung gelten die sogenannten Intelligenzblätter, welche zu Beginn des 17. Jahrhunderts im Zuge der Verbreitung des Buchdrucks aufkamen. Unter einem Intelligenzblatt ist der Vorläufer des heutigen Anzeigenblatts zu verstehen. In diesen wurden typischerweise öffentliche Bekanntmachungen, Gerichtstermine, Familienanzeigen sowie private und geschäftliche Kleinanzeigen gegen Bezahlung veröffentlicht. Das Geschäft mit den Anzeigen war dabei so lukrativ, dass sich viele Intelligenzblätter nahezu vollständig hierüber refinanzieren konnten. Dies blieb auch von den Regierungen nicht unentdeckt. In Preußen beispielsweise wurde unter Kaiser Friedrich-Wilhelm I. 1727 der sogenannte Insertionszwang eingeführt, welcher dem Staat ein Monopol auf das Anzeigengeschäft verschaffte.

Die Innovatoren

Im Laufe der Zeit sind basierend auf der Werbefinanzierung viele weitere innovative Geschäftsmodelle entstanden. Ein Beispiel ist das 1964 gegründete Unternehmen *JCDecaux.* Das auf Außenwerbung spezialisierte Unternehmen hat ein Geschäftsmodell geschaffen, bei dem Städten und Gemeinden sogenannte „Stadtmöbel" wie Bushaltestellen, Stadtplantafeln oder öffentliche Fahrräder kostenlos zur Verfügung gestellt und die hierauf vorhandene Werbefläche vermietet wird. Mit dieser Art Geschäftsmodell generiert *JCDecaux* einen jährlichen Umsatz in Höhe von zwei Milliarden Euro und stellt im Bereich der Außenwerbung heute den weltweiten Marktführer.

Weitere Innovationen, die auf HIDDEN REVENUE zurückgeführt werden können, sind Gratiszeitungen. Da Gratiszeitungen sich ausschließlich über das Anzeigengeschäft finanzieren, sind sie für den Leser kostenlos. Hierdurch erreichen sie häufig eine höhere Auflage als ihr kostenpflichtiges Äquivalent, was sich positiv auf ihren Anzeigenpreis auswirkt. Als Pionierunternehmen gilt die Verlagsgruppe *Metro Newspaper*, deren gleichnamige Gratiszeitung zu den weltweit am häufigsten gelesenen Zeitungen gehört. Die erste Ausgabe der *Metro Newspaper* wurde im Jahr 1995 in der Stockholmer U-Bahn verteilt. Mittlerweile erscheinen die *Metro-Newspaper*-Gratiszeitungen in über 20 Ländern, wobei wöchentlich ungefähr 35 Millionen Leser erreicht werden.

Andere Beispiele für HIDDEN REVENUE finden sich im Bereich des Fernsehens in Form von Privatfernsehsendern. Im Gegensatz zu öffentlich-rechtlichen Sendern beziehen Privatfernsehsender keine Einnahmen aus den Rundfunkgebühren, wodurch sie auf eine alternative Einnahmequelle angewiesen sind. Die Werbefinanzierung bietet sich in diesem Zusammenhang als ideale Alternative an, da das Fernsehen aufgrund seines hohen Verbreitungsgrads ein äußerst effektives Werbemedium darstellt und die Werbeeinblendungen entsprechend teuer verkauft werden können. Zu den ersten Privatfernsehsendern im deutschsprachigen Raum zählt *Sat.1*, der 1984 erstmalig auf Sendung ging und heute zur *ProSiebenSat.1 Media AG* gehört. Mit *Zattoo* fand die Werbefinanzierung schließlich auch im Bereich des Internetfernsehens ihre Verbreitung. Das Unternehmen bietet eine Software für die internetbasierte Übertragung von Fernseh- und Radiokanälen an, die analog zu den Privatsendern durch Werbeeinschaltungen finanziert wird.

Eine spezielle Ausprägung des HIDDEN REVENUE ist durch „Targeted Advertising" entstanden. Die Werbebotschaften werden hier spezifisch an die jeweilige Zielgruppe angepasst. Hierdurch lassen sich Streuverluste minimieren und die Werbebotschaft auf effizientere Art und Weise vermitteln. Einer der Innovatoren, welcher sich HIDDEN REVENUE in Form von Targeted Advertising erfolgreich zu Nutze machen konnte, ist *Google*. Mit seinem Konzept *AdSense* verfügt *Google* über das größte Netzwerk an Werbeflächen im Netz, welche es zielgruppenspezifisch an die entsprechenden Werbekunden vertreibt. Durch dieses Geschäftsmodell generiert *Google* jährliche Umsätze in Milliardenhöhe und hält im Bereich der Internetwerbung einen Marktanteil von über 60 Prozent.

22 INGREDIENT BRANDING

22 Ingredient Branding Marke in der Marke

Das Muster

INGREDIENT BRANDING bezeichnet die Bildung einer Marke („Branding") für ein Produkt, welches nicht einzeln, sondern nur als Bestandteil („Ingredient") eines Endprodukts erworben wird. Das Produkt wird dabei gezielt als ein eigenständiges Merkmal des Endprodukts beworben, wodurch es zu der Herausbildung einer „Marke in der Marke" des Endprodukts kommt *(Wie?)*. Das Ziel dieses Vorgehens aus Sicht des Zulieferunternehmens besteht darin,

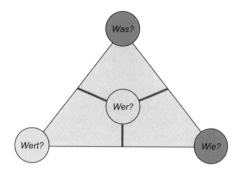

die Bekanntheit seiner Produkte zu steigern und hierdurch eine Präferenz beim Endkunden aufzubauen. Diese kann dazu genutzt werden, um der Substituierbarkeit der eigenen Produkte vorzubeugen und sich strategisch günstig gegenüber dem Hersteller des Endprodukts zu positionieren *(Wie?)*.

Im Idealfall führt INGREDIENT BRANDING zu einer Win-Win-Situation, bei der die positiven Attribute des Zulieferprodukts auf das Endprodukt übertragen werden und somit die Attraktivität des Endprodukts steigt *(Was?)*. Zu den zentralen Voraussetzungen für INGREDIENT BRANDING gehört, dass das Zulieferprodukt eine wesentliche Funktion für das Endprodukt übernimmt. Darüber hinaus sollte es sich in puncto Qualität signifikant von Konkurrenzprodukten unterscheiden. Nur so kann dem Käufer glaubhaft vermittelt werden, dass das Endprodukt eine bedeutende Wertsteigerung durch die Verwendung des Zulieferprodukts erfährt.

Der Ursprung

In der Unternehmenspraxis wird INGREDIENT BRANDING seit Mitte des 20. Jahrhunderts verwendet. In dieser Zeit begannen insbesondere Chemieunternehmen das Muster anzuwenden, um ihre Farb- und Kunststoffe bei den Endkunden bekannter zu machen. Als prominentes Beispiel hierfür gilt das Unternehmen *DuPont*, welches das INGREDIENT-BRANDING-Muster seit 1964 für die weltweite Vermarktung des Beschichtungsmaterials PTFE, besser bekannt unter dem Namen *Teflon*, verwendet. Indem *Teflon* mittlerweile auf fast allen Pfannen und Töpfen gekennzeichnet ist, weist es eine Markenerkennung von über 98 Prozent auf.

Einen weiteren Pionier im Bereich des INGREDIENT BRANDING stellt der US-amerikanische Mikroprozessorhersteller *Intel* dar. Mit der Lancierung seiner weltweiten „*intel inside*"-Kampagne in den 1990er Jahren versuchte das Unternehmen, den Bekanntheitsgrad seiner Prozessoren zu steigern. Die PC-Hersteller verpflichteten sich dabei auf Basis eines ausgeklügelten Werbekostenzuschusssystems, die *Intel*-Prozessoren auf ihren PCs zu bewerben. Gleichzeitig führte *Intel* selbst zahlreiche Werbemaßnahmen durch, um den Kunden die Bedeutung eines Mikroprozessors zu verdeutlichen. Unter Anwendung dieses Musters konnte sich *Intel* als weltweite Marke Nummer eins für Mikroprozessoren etablieren und so die Nachfrage unter Endverbrauchern enorm steigern. Knapp 20 Jahre nach Lancierung der Kampagne wird *Intel* von Interbrand zu den zehn wertvollsten Marken der Welt gezählt.

Die Innovatoren

In den vergangenen Jahren haben zahlreiche Zulieferer versucht, das Geschäftsmodellmuster des INGREDIENT BRANDING zu nutzen, um eine Markenpräferenz für die eigenen Produkte zu entwickeln. Ein Beispiel hierfür ist das 1958 in den USA gegründete Unternehmen *W. L. Gore & Associates (Gore)*, welches INGREDIENT BRANDING für die Vermarktung der *Gore-Tex*-Membran verwendet. Es handelt sich hierbei um eine sowohl atmungsaktive als auch wasser- und winddichte Membran, welche 1976 in den Markt eingeführt wurde. Obwohl die Membran als innovativ galt, konnten ihre Vorteile den Kunden zu Beginn nur unzureichend vermittelt werden. Mit Hilfe von INGREDIENT BRANDING gelang es dem Unternehmen, die Membran nach und nach bekannter zu machen und sie damit in einen kommerziellen Erfolg zu überführen. Heute unterhält *Gore* über 85 Partnerschaften mit namhaften Textilunternehmen wie *Adidas* oder *Nike*, welche die *Gore-Tex*-Membran in ihren Textilien verarbeiten und mit ihr werben.

Ein weiteres Erfolgsbeispiel des INGREDIENT BRANDING ist das japanische Unternehmen *Shimano*, welches sich auf Fahrradgangschaltungen und Bremssysteme spezialisiert hat und in einzelnen Bereichen des Fahrradmarkts einen Marktanteil von 80 Prozent besitzt. Mehrgangfahrräder galten lange Zeit als teure und komplizierte Geräte und im Bereich der Gangschaltungen konnte sich keine Unternehmung eine deutliche Leader-Position erarbeiten. *Shimano* hat es verstanden, das Geschäftsmodellmuster des INGREDIENT BRANDING erfolgreich im Fahrradkomponentenmarkt anzuwenden und hat dadurch eine starke Marke aufbauen können.

Einen Innovator des INGREDIENT-BRANDING-Konzepts im Automobilbereich stellt das deutsche Unternehmen *Bosch* dar. *Bosch* hat durch INGREDIENT BRANDING und Innovationen wie das „Elektronische Stabilitätsprogramm ESP" oder im Bereich der Dieseltechnik eine starke Marke als Autokomponentenlieferant aufbauen können. Dadurch werden Autos mit *Bosch*-Komponenten mit einer hohen Produktqualität assoziiert, was sich wiederum verkaufsfördernd auswirkt.

INTEGRATOR

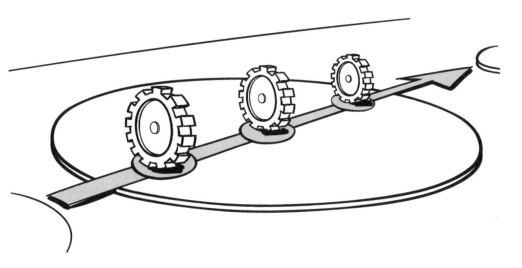

23 Integrator
Mehrwert durch Integration

Das Muster

Das Geschäftsmodellmuster INTEGRATOR zeichnet sich dadurch aus, dass ein Unternehmen den Großteil seiner Wertschöpfungsaktivitäten in Eigenregie durchführt. Hierdurch weist dieses einen vergleichsweise niedrigen Fremdbezugsanteil auf *(Wie?)*. Aus Sicht des Unternehmens bietet dieses Muster den Vorteil, dass es die Kontrolle über all seine Schlüsselressourcen und -aktivitäten behalten und sich hierdurch vor einer strategischen Abhängig-

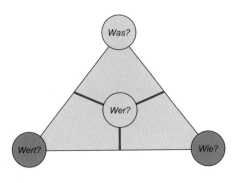

keit von Lieferanten und anderen Kooperationspartnern schützen kann *(Wie?)*. Des Weiteren kann das Unternehmen typischerweise seine Transaktionskosten reduzieren, indem es die Wertschöpfungskette optimal an den eigenen Branchenbedürfnissen und Arbeitsabläufen ausrichten kann *(Wert?)*. Das Unternehmen profitiert hierdurch nicht nur von einer erhöhten Effizienz seiner Wertschöpfung (z. B. geringere Transportzeiten, bessere Abstimmung von Zwischenprodukten), sondern kann so auch schneller auf Veränderungen in seinem Marktumfeld reagieren *(Wie? Wert?)*. Nachteilig ist hingegen, dass es nicht von Spezialisierungsvorteilen Gebrauch machen kann, welche mit dem Auslagern von Aufgaben an spezialisierte Dienstleister verbunden sind *(Wie?)*.

Der Ursprung

Das INTEGRATOR-Muster hat seinen Ursprung im 19. Jahrhundert, als im Zuge der Industrialisierung die ersten großen internationalen Unternehmen entstanden. Im Rahmen des INTEGRATOR-Musters wurden der Ausbau der Marktmacht sowie die Sicherung des Zugangs zu wichtigen Ressourcen und Absatzwegen angestrebt. Einer der Pioniere in diesem Zusammenhang war das US-amerikanische Stahlunternehmen *Carnegie Steel*, welches 1870 von Andrew Carnegie gegründet wurde. *Carnegie Steel* gelang es, zum weltweit größten Stahlunternehmen aufzusteigen, indem es sich nicht nur Zugang zu den strategisch wichtigen Eisenminen, sondern zur kompletten Wertschöpfungskette der Stahlindustrie verschaffte: Neben dem Erwerb von Kohleminen und -brennöfen, welche für die Verarbeitung des Stahls benötigt wurden, gehörte hierzu unter anderem der Aufbau eines eigenen Schienentransportnetzes. *Carnegie Steel* wurde im Jahr 1901 für 400 Millionen US-Dollar an die U. S. Steel Corporation verkauft, wodurch diese – wiederum mit einer vertikal stark integrierten Wertschöpfungskette – die Position der Marktführerschaft im globalen Stahlmarkt übernahm.

Die Innovatoren

Im weiteren Verlauf fand das INTEGRATOR-Muster auch in anderen Branchen seine Verbreitung. Ein Beispiel hierfür stellt die Ölindustrie dar, in der die meisten Ölkonzerne nicht nur eigene Ölfelder und Bohrinseln, sondern auch eigene Raffinerien und Tankstellen besitzen. Ein prominentes Beispiel hierfür ist das Mineralölunternehmen *Exxon Mobil*, das 1999 aus der *Standard Oil Company* hervorging. Das Unternehmen verfügt über eine stark vertikal integrierte Wertschöpfungskette, welche sowohl die Ölförderung, Ölverarbeitung als auch die Ölveredelung übernimmt.

In der Automobilindustrie, heute durch eine geringe Wertschöpfungstiefe gekennzeichnet, wurde die Rolle des INTEGRATOR mit dem Automobilhersteller *Ford* bekannt. Gegen Anfang des 20. Jahrhunderts begann das Unternehmen, die meisten seiner ehemals fremdbezogenen Fahrzeugkomponenten in Eigenregie zu bauen, um die Massenproduktion im eigenen Betrieb noch besser umsetzen zu können. Des Weiteren wurde durch den Ankauf des Stahlproduzenten *Mills* die Stahlproduktion in das Unternehmen integriert.

Ein weiteres Beispiel für einen erfolgreichen INTEGRATOR stellt das spanische Modeunternehmen *Zara* dar. Im Gegensatz zu den meisten Unternehmen seiner Branche hat *Zara* seine Produktion nicht im großen Stil an Bekleidungszulieferer in Asien und anderen Schwellenländern ausgelagert, sondern lässt den Großteil seiner Ware in unternehmenseigenen Fabriken in Spanien und Europa designen und herstellen. Hierdurch kann das Unternehmen in rasanter Geschwindigkeit auf neue Modetrends sowie veränderte Nachfragebedingungen reagieren. So dauert es bei *Zara* gerade mal zwei bis drei Wochen, dass eine neue Kollektion vom ersten Designentwurf bis in die Schaufester gelangt. Die Wettbewerber, welche ihre Textilien fast alle in China produzieren, sind zwar kostengünstiger, aber deutlich langsamer; schon der Transport der produzierten Waren über den Schiffsweg dauert bei der Konkurrenz mehrere Wochen. Sollte eine Kollektion einmal nicht den Geschmack des Kunden treffen, kann *Zara* zudem binnen kürzester Zeit Änderungen an dieser vornehmen oder deren Produktion gänzlich einstellen. *Zara* gilt mit diesem Geschäftsmodell als eines der innovativsten und erfolgreichsten Unternehmen in der Bekleidungsbranche.

24 LAYER PLAYER

24 Layer Player
Der Schichtenspezialist

Das Muster

Beim Muster des LAYER PLAYER fokussiert
sich ein Unternehmen auf eine oder einige
wenige Aktivitäten einer Wertschöpfungskette *(Wie?)*. Die Leistungen, die es in diesem Zusammenhang erbringt, beschränken sich dabei in der Regel nicht auf eine
einzelne Industrie, sondern sie werden
quer verteilt über diverse Marktsegmente
angeboten *(Was?)*. Hierdurch agiert das
Unternehmen für diesen Bereich der
Wertschöpfungskette als eine Art Schich-

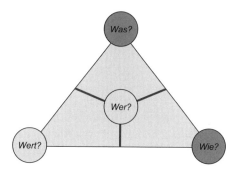

tenspezialist *(Was?)*. Seine Kunden kommen überwiegend aus dem Bereich der ORCHEST-
RATOREN, welche weite Teile ihrer Wertschöpfung an spezialisierte Dienstleister ausgelagert haben. Durch seinen hohen Spezialisierungsgrad profitiert der LAYER PLAYER
neben effizienzbedingten Spezialisierungsvorteilen insbesondere von einer Multiplika-
tion seines Know-how und seiner Eigentumsrechte. Des Weiteren gelingt es ihm häufig,
auch Standards in seinem bedienten Spezialbereich zu seinen Gunsten zu beeinflussen
und weiterzuentwickeln *(Wie?)*.

Der Ursprung

Mit der zunehmenden Relevanz von Effizienz- und Kostenvorteilen setzte in den 1970er
Jahren in vielen Industrien der Trend zur Verschlankung von Wertschöpfungsketten ein
(siehe auch unter ORCHESTRATOR). Hierdurch entstanden neue Formen der Arbeitstei-
lung, welche das Aufkommen von spezialisierten LAYER PLAYER begünstigten. Ein
Beispiel hierfür stellt die Entstehung spezialisierter IT-Dienstleister aus Indien wie
beispielsweise *Wipro Technologies* dar, welche sich auf IT-Outsourcing und damit zusam-
menhängende Beratungsleistungen spezialisiert haben und heute das IT-Management
für viele globale Unternehmen übernehmen.

Die Innovatoren

In der Vergangenheit haben sich auch in anderen Bereichen erfolgreiche LAYER PLAYER
etabliert. Das US-amerikanische Unternehmen *TRUSTe* hat sich beispielsweise auf
Dienstleistungen im Bereich des Datenschutzmanagements spezialisiert. *TRUSTe* bietet
seinen Kunden einen Zertifizierungsservice für deren Webseiten an, welcher es diesen
erlaubt, das Datenschutzgütesiegel von *TRUSTe* zu verwenden und damit die Glaubwür-
digkeit der eigenen Webseiten zu erhöhen. Nebst der Zertifizierungsdienstleistung bietet
TRUSTe seinen Kunden auch angelagerte Services, wie beispielsweise Reputationsma-
nagement, Lieferantenbewertungen oder Verhandlungsservices im Datenschutzkonflikt-

fall, an. Das Unternehmen zählt heute zu den führenden Spezialisten rund um das Thema Datenschutz im Internet. Seine Dienste werden beispielsweise von erfolgreichen Unternehmen wie *Facebook, Microsoft, Apple, IBM* oder *eBay* genutzt.

Ein weiteres Beispiel für ein Geschäftsmodell, das auf dem LAYER-PLAYER-Muster basiert, ist das luxemburgische Unternehmen *Dennemeyer.* Es hat sich als LAYER PLAYER auf das Patent- und Markenmanagement konzentriert, indem es seinen Kunden ein umfassendes Spektrum an IP-Dienstleistungen, also Dienstleistungen im Bereich des „Geistigen Eigentums" anbietet. Mit diesen Services betreut das Unternehmen weltweit Tausende von Kunden, welche aus den unterschiedlichsten Industrien stammen. Mit *PayPal* ist schließlich ein überaus erfolgreicher LAYER PLAYER für das Bezahlen im Internet entstanden. Als Tochtergesellschaft von *eBay* betreibt *PayPal* ein Online-Bezahlsystem und fokussiert sich damit auf Dienstleistungen rund um bargeldlose Zahlungstransaktionen im Netz. Die Dienstleistungen von *PayPal* finden bei vielen E-COMMERCE-Anwendungen Verwendung und werden von Unternehmen in diversen Branchen genutzt. Heute wird schätzungsweise die Hälfte des Umsatzes von *eBay* durch *PayPal* generiert.

25 LEVERAGE CUSTOMER DATA

25 Leverage Customer Data
Mehrseitige Nutzung der Kundendaten

Das Muster

Mit dem voranschreitenden technischen Fortschritt und den einhergehenden Möglichkeiten, speziell im Bereich der Datenerfassung und Datenverarbeitung, bot sich ein stark wachsendes Potenzial zum Aufbau neuer bzw. zur Erweiterung bestehender Geschäftsmodelle. Eine Fülle an bereits existierenden Unternehmen, deren Geschäftstätigkeiten sich stark auf das Akquirieren und die Auswertung von Daten fokussieren *(Wie?)*, zeigt den enormen

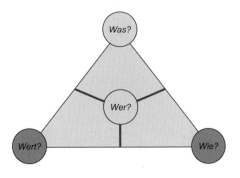

Bedarf in diesem Geschäftsfeld. Dies spiegelt sich auch in immer häufiger auftauchenden Aussagen wie „data is the new oil" wider, welche die finanziellen Anreize und das Marktpotenzial von Daten in direkten Vergleich mit der Ölindustrie zu stellen versucht.

Doch nicht nur in Bezug auf Möglichkeiten scheint diese Gegenüberstellung bezeichnend. Auch in Anbetracht der Wertschöpfungskette lassen sich Parallelen erkennen. Bereits 2006 erläuterte der Blogger Michael Palmer, dass Datenmengen, ähnlich wie Öl, ohne Aufbereitung nur einen geringen Nutzen aufweisen. So müssen gesammelte Daten genauso aufbereitet werden wie Rohöl, um überhaupt für profitorientierte Geschäfte in Frage zu kommen. Dieser wertschaffende Prozess ist der Grundgedanke des LEVERAGE-CUSTOMER-DATA-Musters und konzentriert sich, wie der Name bereits vorwegnimmt, auf Kundendaten als lukrative Ressource, die es mit geeigneten Mitteln zu erschließen gilt *(Wie? Wert?)*.

Die Sammlung an Daten eines Kunden wird in Anlehnung an das Charakterbild eines Menschen in der Psychologie auch als Profil bezeichnet. Es werden mittlerweile bis zu 1000 Merkmale für derartige individuelle Profile ermittelt und gespeichert *(Wie?)*. Zusammen mit dem stark wachsenden Trend der Zahl verfügbarer Datenmengen – aktuelle Berechnungen deuten auf eine Verzehnfachung alle fünf Jahre – ist es nicht verwunderlich, dass bestimmte große Datensammlungen allgemein auch eine eigene Bezeichnung tragen. Unter „Big Data" versteht man derartig riesige Datenbestände, die mit herkömmlichen Datenbanken und Managementsystemen nur unzureichend ausgewertet werden können. Viele Methoden im Bereich der technisch-unterstützten Datenanalyse werden heutzutage unter dem Begriff Data-Mining zusammengefasst. Nicht zuletzt durch die immensen Zuwächse an Rechenleistung ist es heute einfacher denn je, Datenanalyse in diesen Dimensionen zu betreiben.

Dabei scheint die Anwendbarkeit grundsätzlich unabhängig von der Branche zu sein, in der die Unternehmung agiert. Sowohl im produzierenden Gewerbe als auch im Energiesektor, bei Finanzdienstleistern oder im Gesundheitswesen können „Big Data"-Anwendungen anzutreffen sein. Dieses Muster befähigt Unternehmen in erster Linie dazu, durch Datenanalyse Wettbewerbsvorteile zu erlangen. So können unter anderem Einsparungspotenziale identifiziert, zeitnahe Marktanalysen durchgeführt, effektivere Werbung generiert und Abhängigkeiten erkundet werden. Kurz gesagt, wird dem Unternehmen eine bessere Entscheidungsgrundlage geliefert *(Wie? Wert?)*.

Der Ursprung

Bereits seit den 1980er Jahren wird innerhalb von Unternehmen in Form von Informationsmanagement verstärkt der Wert von Daten, respektive Informationen, und deren Bereitstellung gewürdigt. Informationen über Kunden jedoch konnten im Hinblick auf personalisierte Werbung einen wahren Goldrausch auslösen. In dieser Zeit gab es auch erste Anstrengungen, meist Großkunden in Customer Service Groups direkt anzusprechen und individuelle Beziehungen zu pflegen, um auf Kundenbedürfnisse eingehen zu können. In den 1990er Jahren wurde dies auch technologisch in Datenbanken umgesetzt, wodurch auch kleinere Kundenkreise mit einbezogen werden konnten. Damit waren die Vorreiter der heutigen elektronischen Customer Relationship Management (CRM)-Systeme geboren. Parallel konnten diese Systeme einen zusätzlichen Schub erfahren, da z. B. durch die aufkommenden CUSTOMER-LOYALTY-Programme, insbesondere für Kreditkarten, ein direkt anzuzapfender Datenstrom an Nutzungsinformationen geschaffen wurde.

Auch durch die zunehmende Verbreitung des Internets, speziell für den Handel, hinterließen Kunden mehr und mehr Spuren, die Unternehmen leicht aufsammeln und nutzen konnten, um teils detaillierte individuelle Kundenprofile zu erstellen. Mit dem Auftreten vieler neuer Datenverwerter, oder insbesondere wegen dieser, wuchsen in den vergangenen zehn Jahren allerdings auch die öffentliche Kritik und die Anforderungen an den Datenschutz.

Die Innovatoren

Kaum ein anderes Handelsunternehmen sollte in diesem Zusammenhang so relevant erscheinen wie *Amazon*. Der Anreiz für *Amazon*, exzessiv die Kundenbeziehungen zu analysieren und zu pflegen, ist klar ersichtlich. Die Kosten, die entstehen, um einen neuen Kunden zu gewinnen, betragen das Fünffache der Investitionen, die aufzubringen sind, um einen zufriedenen Kunden zu erhalten. Um dies ausnutzen zu können, werden bei *Amazon* alle Produkte in Beziehungen gesetzt und aus bestehenden Verkaufsdaten ermittelt, welcher Produkterwerb einen anderen Kauf nach sich zieht. So genügen nach Angaben des Unternehmens bereits wenige Informationen, um hochwahrscheinliche Prognosen über zukünftiges Kundenverhalten zu erstellen. Auf dieser Basis können individuelle Kaufempfehlungen oder gänzlich angepasste Verkaufsseiten generiert werden, die speziell zu Impulskäufen verleiten sollen, welche zu einem wesentlichen Teil zum Erfolg des „*Amazon*-Systems" beitragen.

Google dagegen verdient im Gegensatz zu *Amazon* sogar noch direkter an personalisierter Werbung, in dem es diese in Form eines Dienstes verkauft. So konnte bereits zwei Jahre nach Bereitstellung der Suchmaschine ein auf Werbeanzeigen basiertes Finanzierungsmodell in Form von *AdWords* erarbeitet werden, welches Textwerbung unaufdringlich in Suchergebnisse einbettete. Dieser Dienst wurde 2004 durch die Werbeplattform

AdSense erweitert, ein Werbedienst, welcher direkt auf Kundenseiten integriert werden konnte. Im folgenden Jahr akquirierte das Unternehmen einen Analysedienst, *Urchin Software Corporation*, um das LEVERAGE CUSTOMER DATA-Muster noch stärker implementieren zu können. So wurde dieser Dienst fortan unter der Bezeichnung *Google Analytics* kostenlos für Webseitenbetreiber bereitgestellt, welche somit ein starkes Analysewerkzeug für ihre Webseiten erhielten. Heute generiert *Google* über 90 Prozent seines Umsatzes mit Werbung, während aus unzähligen meist kostenlose Diensten, wie u. a. Suchmaschinen, persönliche Kalender- und E-Mail-Dienste, Kartenapplikationen und Bewertungssystemen, auf vielfältige Art Daten gewonnen werden können.

Des Weiteren haben einige große amerikanische Mobilfunkanbieter wie *Verizon Communications*, *AT&T* oder *Sprint* auch den Eigenwert aufbereiteter Kundendaten erkannt und verkaufen diese aggregiert und anonymisiert an interessierte Drittfirmen weiter. So haben diese z. B. die Möglichkeit, eine optimale Lokation für einen neu zu errichtenden Laden aus Nutzungsstatistiken zu ermitteln.

Ähnlich gehen soziale Netzwerke wie *Facebook* und *Twitter* vor. Deren Geschäftsmodelle basieren vollends auf der Auswertung von Nutzerdaten, die genutzt werden, um Werbung von Drittunternehmen personalisiert und somit möglichst effizient zu gestalten und auf ihren Seiten zu schalten. Da beide Dienste bisher kostenlos für die Nutzer angeboten werden könnte man die Eingabe an Daten, die ein Mitglied tätigt, als eine Art Bezahlung ansehen.

Während *Facebook* jedoch noch immer versucht, dieses Geschäftsmodell weiter auszubauen, schlägt *Twitter* einen etwas anderen Weg ein. Einerseits können Unternehmen, die selbst als Nutzer tätig sind, über bestimmte Premiumangebote ihre Tweets als eine Art Werbung priorisiert anzeigen lassen. Zum zweiten ist der Microblogging-Dienst mehrere Partnerschaften mit dritten Datenauswerterunternehmen eingegangen, denen der direkte und unbeschränkte Zugang zur Datenbank von *Twitter* gewährt wird, die mittlerweile als schier unerschöpfliche Informationsressource für Marktforschung, Werbung und Entwicklung gilt.

26 License Kommerzialisierung von geistigem Eigentum

Das Muster

Das Geschäftsmodellmuster LICENSE konzentriert sich auf die Schöpfung von geistigem Eigentum, das in Form einer Lizenz an Dritte verkauft wird. Im Fokus steht für die Unternehmen also nicht die eigene Umsetzung und Verwertung des geistigen Eigentums, sondern vielmehr die Kommerzialisierung dessen Nutzungsrechte *(Wie?)*. Zwar sind die Lizenzgebühren häufig relativ niedrig im Vergleich mit einem Direktverkaufspreis, dafür ist die Diffusion der Produkte und Dienstleistungen in der Regel um einiges schneller und dadurch wird die abgesetzte Menge in die Höhe gedrückt *(Wert?)*. Ein zentraler Vorteil des LICENSE ist, dass Lizenzrechte grundsätzlich mehr als nur einen Abnehmer finden können. Das geistige Eigentum ist aus Sicht des Schöpfers somit nicht direkt an den kommerziellen Erfolg von spezifischen Produkten gebunden. In diesem Sinne werden die Umsätze und das Risiko diversifiziert *(Wert?)*. Durch die schnellere und häufig höhere Diffusionsrate der Produkte oder Dienstleistungen wird zudem ein starker Markenaufbau vorangetrieben, der die Kundenloyalität erhöhen kann *(Wert?)*.

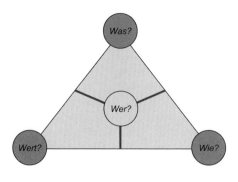

Ein weiterer großer Vorteil ist, dass sich das Unternehmen komplett auf die Forschung und Entwicklung fokussieren kann und keine zusätzlichen Kompetenzen für die Produktion oder Vermarktung der konkreten Anwendungen benötigt *(Wie? Wert?)*. Darauf spezialisieren sich vielmehr die Käufer der Nutzungsrechte. Sie profitieren von diesem Geschäftsmodellmuster, indem sie auf die teilweise kostenintensiven, langwierigen und unsicheren Forschungs- und Entwicklungsprozesse verzichten können *(Was?)*. Durch den Erwerb der entsprechenden Nutzungsrechte erhalten sie die Möglichkeit, marktreife Systeme auf direktem Wege zu gewinnen.

Der Ursprung

Die Ursprünge der Lizenzierungsidee gehen aufs Mittelalter zurück, als der römisch-katholische Papst lokalen Steuereintreibern Lizenzen vergab, damit diese das Recht erhielten, in Verbindung zur Kirche zu stehen. Diese Praxis der Gewährung von Rechten für die Zahlung von Lizenzgebühren hat sich dann im 18. Jahrhundert fortgesetzt, als zwei englische Adelsdamen einem Hersteller von Kosmetikprodukten erlaubten, ihre Namen auf den Produkten gegen eine prozentuale Beteiligung am Gewinn zu verwenden. Als Pionier mit dem LICENSE-Geschäftsmodell gilt Adolphus Busch, der es 1870 Produzenten erlaubte, einen Korkenzieher mit dem Namen *BUSCH* herzustellen. Eines der bekanntesten License-Muster-Beispiele ist Mickey Mouse, eine von *Walt Disney* 1928 kreierte Figur. Durch die Lizenzvergabe, beispielsweise 1930 an ein Unternehmen, um Schulmappen mit der Maus zu bedrucken, und später, um Filme, Videospiele und viele Merchandise-Artikel mit Mickey Mouse herzustellen, konnte *Walt Disney* eine starke Marke aufbauen und hohe Umsätze mit der Idee selbst erzielen.

Die Innovatoren

Eines der bekanntesten Unternehmen, welches das Geschäftsmodellmuster License erfolgreich angewendet hat, ist *IBM*. Als 1911 gegründetes, amerikanisches und multinational tätiges Unternehmen hat *IBM* im Vergleich zu den Mitkonkurrenten in der Informations- und Kommunikationstechnologiebranche früh begonnen, Lizenzen für seine entwickelten Technologien zu verkaufen. Da einige Produkte aus der Forschung und Entwicklung (F&E) bei *IBM* nicht direkt in neue Produkte umgewandelt werden können, werden die Ergebnisse aus der F&E zumindest teilweise an andere Unternehmen durch Lizenzen vergeben. Heute macht *IBM* einen Umsatz in Höhe von 1,1 Milliarden US-Dollar mit Lizenzgebühren. *IBM* Research wird auch angehalten, speziell für solche Lizenzeinnahmen zu innovieren. Eine zentrale Voraussetzung hierfür ist eine starke, kompromisslose Patentierungstätigkeit. *IBM* legt großen Wert auf Patentstrategien.

ARM Limited, ein 1989 gegründetes Unternehmen, entwickelt im Bereich der Mikroprozessoren Produktarchitekturen, -designs und -spezifikationen. Dabei werden die Mikroprozessoren jedoch nicht selbst hergestellt, sondern die Chip-Designs als Lizenzvergabe an interessierte Unternehmen zur Produktion verkauft. Im Sinne des Konzepts der Kernkompetenzen, fokussiert sich *ARM* auf die Forschung und die Entwicklung der Mikroprozessoren und gliedert deren Produktion durch Lizenzvergabe aus. Dadurch generiert *ARM* Wettbewerbsvorteile in der F&E von Mikroprozessoren, wobei die späteren Lizenzvergaben dem Unternehmen hohe Umsatzströme einbringen.

Ein weiteres Beispielunternehmen, welches das Geschäftsmodellmuster License erfolgreich anwendet, ist der weltweit größte Chemiekonzern, *BASF*. Das Unternehmen bietet im Bereich ihres Forschungs- und Entwicklungsbereichs Lizenzen für Produkte an, bei denen das Potenzial, innerhalb der *BASF* Wert zu generieren, gering ist, die aber für andere Unternehmen großen Wert darstellen. Durch das License-Modell gelingt es *BASF*, die nicht intern genutzten Forschungs- und Entwicklungsergebnisse erfolgreich extern zu vermarkten.

Das italienische Marken-Lizenzierungsunternehmen *DIC 2* hat sich darauf fokussiert, Lizenzen für den Gebrauch von fiktionalen Cartoon-Charakteren und anderen Marken zu vertreiben. Durch die Repräsentierung der Lizenzrechteinhaber und deren Vertrieb in Italien generiert das Unternehmen *DIC 2* seine Umsätze von internationalen Lizenzrechteinhabern, Markenlabels oder Medienunternehmen, ohne dabei selbst kreativ tätig sein zu müssen. *DIC 2* hat erkannt, dass geistiges Eigentum und dessen Handhabung ein eigenes Geschäftsmodell darstellen kann.

27 LOCK-IN

27 Lock-in
Zwangsloyalität durch hohe Wechselkosten

Das Muster

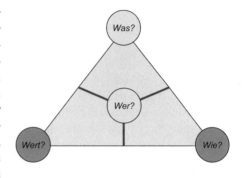

LOCK-IN bezeichnet ein Muster, in dem der Kunde aktiv durch Etablierung hoher Umstellungskosten in eine Produktumgebung „eingeschlossen" wird. Als Umstellungskosten bezeichnet man diejenigen Kosten, die durch den Wechsel von einem Unternehmen, Produkt, Format oder einer Plattform auf eine andere entstehen. Obwohl das Wort „Kosten" verwendet wird, sind Umstellungskosten nicht nur rein monetär zu betrachten, sondern können unter anderem auch den Zeit- und den Lernaufwand beinhalten, den die Nutzer für einen Wechsel eingehen müssten.

Im Speziellen wird ein Kunde durch finanzielle Investitionen in bestimmte Technologien, z. B. ein Betriebssystem, oder durch zeitliche Investitionen wie einen bestimmten Versicherungsmakler, der persönliche Situationen durch langjährige Zusammenarbeit kennt, an einen Anbieter gebunden *(Wie?)*. Das Ziel des Verkäufers ist es, somit die Interoperabilität zwischen Konkurrenz zu verhindern und damit die Kunden von einer bestimmten Firma, Marke oder Zulieferern abhängig zu machen. Damit kann das Unternehmen aktiv die Kundenbindung stärken und damit wiederholte zukünftige Einkäufe fördern *(Wert?)*.

Für den Kunden heißt dies somit, dass er sich durch eine vergangene Kaufentscheidung selbst in seinen zukünftigen Entscheidungsmöglichkeiten und seiner Flexibilität beschränkt. Umstellungskosten sind für Käufer und Verkäufer zwar allgegenwärtig, jedoch gestaltet sich die Verwaltung und Bewertung dieser Kosten speziell für den Kunden als schwierig. Um diese daher dennoch zu einem Kauf zu verleiten, können weitere Muster, wie z. B. RAZOR AND BLADE, als Ergänzung mit diesem Konzept einhergehen.

Es gibt verschiedene Arten des Musters LOCK-IN. Als eine offene und naheliegende Form kann die Vertragsbindung angesehen werden, die z. B. die Verpflichtung zu einem Lieferanten regelt *(Wie?)*. Eine weit verbreitete Form bildet der Kauf von Investitionsgütern, welche das Erwerben weiterer bestimmter Folgeprodukte bedingt *(Wie?)*. Diese Abhängigkeit wird häufig durch bestimmte technologische Restriktionen wie Kompatibilitäten oder gar Patente etabliert – Letztere können eine essenzielle Rolle im Konzept von LOCK-IN spielen *(Wie?)*. Es können allein durch den Kauf zusätzlicher Komplementärprodukte eines Herstellers schon Bindungen entstehen, da bei einem Wechsel bereits getätigte Investitionen verloren gehen können. Weiter können anbieterspezifische Trainings- bzw. Lernzeiten zu erheblichen Umstellungskosten führen *(Wie?)*.

Um erfolgreich eine LOCK-IN-Strategie durchzuführen, sollten Unternehmen bestimmte Faktoren in Betracht ziehen. Die wirtschaftliche Lebensdauer eines Produkts ist eins davon, weil die Umstellungskosten sinken, wenn diese kürzer ist. Ein weiteres Kriterium ist die Möglichkeit des Weiterverkaufs eines Produkts oder ob die Firma fähig ist, eine Menge von Ergänzungsprodukten anzubieten. Wie sinnvoll dies ist, hängt wiederum davon ab, wie viele Zulieferer vorhanden sind, die auch derartige Ergänzungsprodukte anbieten können.

Der Ursprung

Aufgrund der vielfältigen Formen von LOCK-IN ist es schwer, einen Ursprung zu identifizieren. So wurden bereits im 6. Jahrhundert im römischen Reich Verträge abgeschlossen. Verpflichtungen konnten so gesetzlich bindend ausgehandelt und festgehalten werden. Auch andere Formen wie LOCK-IN durch Lernaufwände oder technische Mechanismen existieren vermutlich schon lange, wenn auch eine aktive Nutzung und Ausrichtung nur vermutet werden kann.

Der technologische Fortschritt, die einhergehende Komplexität und die häufige Nutzung von Patenten jedoch ließen besonders im letzten Jahrhundert verstärkt LOCK-IN-Strategien aufkommen. Speziell in der Computer- bzw. Softwarebranche, scheint dieses Konzept seit den entsprechenden technischen Entwicklungen Ende des 19. Jahrhunderts beliebt geworden zu sein.

Die Innovatoren

Eine der ersten Firmen, die erfolgreich eine LOCK-IN-Strategie verfolgte, war *Gillette*. Mit dem *Gillette*-Rasierer verkaufte *Gillette* einen patentierten Klingenhalter, der ausschließlich mit wegwerfbaren Sicherheitsklingen benutzt werden konnte. Die Klingen waren billig herzustellen, konnten jedoch durch eben diesen LOCK-IN mit höherer Marge an die Besitzer des Klingenhalters verkauft werden. Die ersten Rasierer mit wegwerfbaren Rasierklingen wurden 1904 verkauft. *Gillette* konnte so aktiv auf Wiederkäufe Einfluss nehmen und gleichzeitig Mehreinnahmen durch erhöhte Margen generieren.

Die Branche der Kameras hat auch erfolgreich die LOCK-IN-Strategie anwenden können. So bilden Objektive ein notwendiges Ergänzungsprodukt zu Kameragehäusen und bieten eine gewisse Flexibilität bei der Benutzung. In den 1930er Jahren begannen Hersteller damit, die Befestigungsmechanismen der Wechselobjektive patentieren zu lassen. Dies sicherte den Herstellern eine Art Monopolstellung auf Objektive passend zu ihren Kameras. Dies stellte sicher, dass Kunden beim Kauf eines Kameragehäuses keine andere Wahl hatten, als zu diesem Hersteller zurückzukehren. Erst wenn typischerweise mehrere Hersteller eine ähnliche Strategie verfolgen, beginnt sich – auch auf Druck von Konsumentenverbänden – ein neuer Standard herauszubilden. Bei den Kameras waren dies die standardisierten Bayonettverschlüsse.

Eine ähnliche Entwicklung ist auch bei den externen Schnittstellen in Mobilfunkgeräten festzustellen. Der Kampf zwischen differenzierendem LOCK-IN-Design und Standardisierung verläuft in stetigen Wellen; häufig bedarf es großer Produktinnovationssprünge, um ein LOCK-IN-Design beim Kunden durchzusetzen.

Eine andere Firma, die erfolgreich LOCK-IN zu benutzten wusste, war *Nestlé*. In 1976, hat ein Mitarbeiter das bereits erwähnte *Nestlé-Nespresso*-System erfunden. Dieses setzte sich aus einer Kaffeemaschine und patentierten Kaffeekapseln zusammen, die separat nur von *Nestlé* zu kaufen waren. Die technische Bindung der Maschine an diese speziellen Kapseln sicherte den zukünftigen Erwerb zusätzlicher Kaffeekapseln von *Nestlé*. Ein Wechsel auf ein anderes System bedeutet somit den Verlust der Nutzbarkeit der bereits erworbenen Maschine zur Kaffeezubereitung und die Notwendigkeit des Kaufs eines neuen Automaten. Solche Geschäftsmodelle können auch mit Produktinnovationen abgesichert werden: *Nestlé* stellte fest, dass die größte Gefahr in Bezug auf die Kundenloyalität der Verschleiß des Grundgeräts, sprich der Kaffeemaschine ist. In der Vergangenheit war der Dichtungsring an der *Nespresso*-Maschine ein solcher Engpassfaktor für die Lebenszeit der Maschine. Damit die Lebensdauer erhöht wurde und damit die Kundensystementscheidung – *Nespresso* oder eine andere Kaffeemaschine – möglichst lange hinausgezögert wurde, hat *Nestlé* neu an jeder Kaffeekapsel einen Dichtungsring angebracht. Diese Lösung ist zwar um einiges teurer als die Lösung mit nur einer Dichtung an der Maschine, erhöht aber die Lebensdauer der Maschine und damit den LOCK-IN-Effekt selbst.

28 LONG TAIL

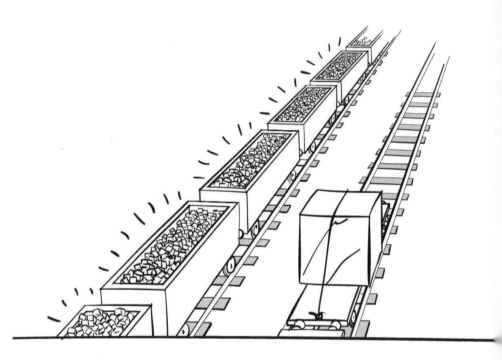

28 Long Tail
Kleinvieh macht auch Mist

Das Muster

Der Begriff LONG TAIL kommt aus dem Englischen und kann sinnbildlich mit „Rattenschwanz" übersetzt werden. In Form eines Musters ist damit das großzahlige Anbieten und Verkaufen von Nischenprodukten gemeint, welche in Summe einen ähnlich großen Umsatzstrom wie einige wenige „Blockbuster"-Produkte generieren *(Was? Wert?)*. Die Anwendung dieses Musters geht dabei mit einer Aufhebung der klassischen 80 – 20-Regel einher, wonach 80 Pro

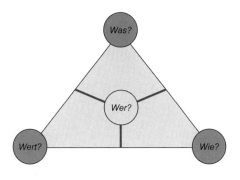

zent des Umsatzes mit 20 Prozent der Produkte erzielt werden. Stattdessen werden gleich große Umsatzanteile mit Massen- und Nischenprodukten oder in Extremfällen sogar überwiegend mit Nischenprodukten generiert *(Wert?)*. Das Unternehmen kann sich hierdurch gegenüber den Anbietern von Blockbuster-Produkten differenzieren und mit den Nischenprodukten darüber hinaus eine alternative Einnahmequelle erschließen *(Wert?)*. Für den Kunden ist mit LONG TAIL der Vorteil verbunden, dass er aus einer größeren und bunteren Angebotspalette wählen kann, wodurch er eine höhere Chance hat, ein Produkt nach seinem individuellen Gusto zu finden *(Was?)*.

Die erfolgreiche Umsetzung von LONG TAIL setzt dabei insbesondere einen kosteneffizienten Vertrieb voraus, bei dem das Verkaufen eines Nischenprodukts nur unwesentlich mehr als das Verkaufen eines Blockbuster-Produkts kostet *(Wie?)*. Des Weiteren müssen die Nischenprodukte auch zu geringen Suchkosten auffindbar sein, da sonst die Gefahr besteht, dass diese die Abnehmerseite nicht erreichen. Eine zentrale Rolle in diesem Zusammenhang nehmen computergestützte Suchfilter und Empfehlungssysteme ein, welche dem Kunden auf Grundlage seiner vergangenen Suchaktivitäten bzw. Käufe neue Produktvorschläge unterbreiten *(Wie?)*. Eine andere Möglichkeit, die Suchkostenproblematik zu umgehen, besteht darin, die Nischenprodukte direkt vom Kunden selbst anfertigen zu lassen *(Wie?)*. Dies ist zum Beispiel im Rahmen von MASS CUSTOMIZATION oder USER DESIGNED der Fall, bei dem dieser ein Produkt nach seinen individuellen Bedürfnissen anpassen bzw. gänzlich selber entwerfen kann.

Der Ursprung

Das LONG-TAIL-Muster wurde erstmalig im Jahr 2006 durch Chris Anderson, den Chefredakteur des *Wired Magazine*, beschrieben. Als ein zentraler Treiber für dessen Entstehung gilt in erster Linie das Internet. So wurden durch das Aufkommen des Internets klassische Beschränkungen des physischen Handels (z.B. Ortsgebundenheit der Nachfrage, Notwendigkeit zur physischen Ladenpräsenz) aufgehoben, wodurch sich insbe sondere für Nischenprodukte neue Absatzmöglichkeiten ergeben haben. Des Weiteren hat der Trend der Digitalisierung dazu geführt, dass viele Produkte im „digitalen Warenlager des Internets" kostenlos gespeichert werden können. Hierdurch lassen sich Produkte, und insbesondere die eher selten nachgefragten Nischenprodukte, um ein Vielfaches kosteneffizienter vertreiben, als dies beispielsweise noch vor ca. 20 Jahren der Fall war.

Zu den Pionieren von LONG TAIL zählen insbesondere das 1994 gegründete Online-Versandhaus *Amazon* sowie das ein Jahr später gegründete Online-Auktionsportal *eBay*. Schätzungen zufolge generiert *Amazon* bis zu 40 Prozent seiner Umsätze mit Büchern, welche nicht im klassischen Buchhandel zu kaufen sind. Dieser LONG TAIL an Nischenprodukten sorgt aus Sicht von *Amazon* nicht nur für einen beachtlichen Umsatzstrom, sondern auch für die Differenzierung gegenüber dem klassischen Buchhandel. Bei *eBay* wird der LONG TAIL durch das Versteigern von Gegenständen unter Privatpersonen generiert. Insgesamt kommen auf *eBay* täglich mehrere Millionen Auktionen zustande. Zu den ausgefallensten Nischenprodukten, welche in diesem Zusammenhang bis dato auf *eBay* versteigert wurden, zählen unter anderem der *VW*-Golf von Papst Benedikt IV, ein Mittagessen mit Warren Buffett oder die plagiatsbereinigte Dissertation von Karl-Theodor zu Guttenberg.

Die Innovatoren

Im Zuge der zunehmenden Verbreitung des Internets sind eine Reihe weiterer Innovatoren dem Vorbild von *Amazon* und *eBay* gefolgt. Der 1999 gegründete Online-Streaming-Dienst *Netflix* wendet das LONG-TAIL-Muster beispielsweise auf das Videothekengeschäft an. *Netflix* offeriert seinen Kunden eine Angebotspalette von über 100 000 Filmen, Serien und TV-Shows, was in etwa dem Hundertfachen des Angebotsumfangs einer klassischen Videothek entspricht. Mit diesem einzigartigen Angebot ist es *Netflix* gelungen, das klassische Videothekengeschäft weitestgehend abzulösen. Das Unternehmen zählt mit über 26 Millionen Nutzern ganz klar zum Überflieger in seiner Branche.

Ein weiteres Beispiel für die erfolgreiche Anwendung des LONG-TAIL-Musters bietet *Apple*. Mit seinem *iTunes*- bzw. *AppStore* verfügt *Apple* über das derzeit weltweit größte Online-Angebot an Musik bzw. Apps. Durch das große Angebot schafft es *Apple* gigantische Absatzzahlen zu genieren und den Kunden mit großem Erfolg an sich zu binden. Während auf *iTunes* beispielsweise bis heute über 18 Milliarden Musiktitel verkauft wurden, wurden im *AppStore* bereits schon sage und schreibe über 25 Milliarden Softwares heruntergeladen – mehr als doppelt so viel wie bei dem Konkurrenzsystem *Android*.

MAKE MORE OF IT

IDEAS ½ $

PATENTS 1$

29 Make More of it
Multiplikation von Kompetenzen außerhalb des Kerngeschäfts

Das Muster

Bei diesem Muster nutzt ein Unternehmen sein Know-how und seine Ressourcen nicht nur für die internen Prozesse, sondern stellt diese auch anderen in Form einer externen Dienstleistung zur Verfügung *(Was? Wie?)*. Mit diesem Handeln können lange aufgebautes Spezialwissen oder überschüssige Kapazitäten in einen monetären Vorteil verwandelt werden *(Wert?)*. Darüber hinaus kann dieses Muster auch für eine positive Rückkoppelung

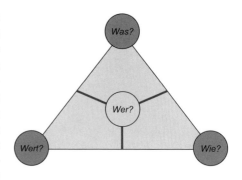

auf das Kerngeschäft des Unternehmens genutzt werden *(Wert?)*. So kann durch eine externe Vermarktung des unternehmenseigenen Know-hows sowie der dazugehörigen Ressourcen eine neue Expertise aufgebaut werden. Die kann dann zur Verbesserung der innerbetrieblichen Abläufe genutzt werden. Darüber hinaus genießen Unternehmen, die das MAKE MORE OF IT-Muster anwenden, nicht selten den Ruf eines Innovationsführers, was sich langfristig positiv auf die Absatzentwicklung auswirken kann *(Wert?)*.

Der Ursprung

Einer der Pioniere von MAKE MORE OF IT ist der Stuttgarter Automobilhersteller *Porsche*. Das Unternehmen ist dafür bekannt, nicht nur eigene Sportwagen herzustellen, sondern seine Expertise und Kompetenz auch anderen Automobilherstellern in Form von Ingenieurdienstleistungen der *Porsche Engineering* zur Verfügung zu stellen. Diese Expertise wurde aus der Not geboren, denn in den 1990er Jahren stand *Porsche* vor dem Ruin. Die eindeutig größte Schwäche lag in der Kostensituation. Die *Porsche*-Autos waren einfach zu teuer und die Käufer konnten sie sich nicht mehr leisten. So hatte *Porsche* große Probleme durch ineffizienten Einkauf und eine teure Fertigung. Die drei Grundmodelle (Vierzylinder 968, Sechszylinder 911 und Achtzylinder 929) hatten außer dem *Porsche*-Emblem wenig gemein, was einen großen Kostennachteil in der Produktion mit sich brachte. *Porsche*, als klassische deutsche Firma, war damals davon überzeugt, dass das Unternehmen mit dem besten Produkt den langfristigen Wettbewerb gewinnen wird. So konzentrierten sich die technikverliebten Produktingenieure vor allem auf technische Details und achteten weniger auf eine gesunde Relation zwischen Kosten und zusätzlichem Nutzen.

Nach dem Austausch des damaligen Vorstandsvorsitzenden Arno Bohn durch Dr. Wiedeking unternahmen die Produktionsteams von *Porsche* wiederholt Forschungsreisen nach Japan und besuchten japanische Autofirmen und renommierte Forschungsinstitute. Das dort erworbene Wissen um Lean, Kanban und Kaizen bildete die Grundlage für die Restrukturierung des Unternehmens, den kometenhaften Aufstieg und Erfolg. Auf dieser Basis entstand 1994 das heutige *Porsche Consulting*, welche aktuell vor allem externe Unternehmen berät. Die technologieorientierte *Porsche Engineering* ist entstanden durch den Druck des kleinen, subkritischen Automobilherstellers, seine sophistizierte Entwicklungsabteilung besser auszulasten. Heute bietet *Porsche Engineering* zu 70 Prozent am externen Markt außerhalb von Volkswagen an.

Ein ähnliches Modell der besseren Vermarktung von Ingenieurswissen und -fähigkeiten hat auch *Sulzer* mit seiner *Sulzer Innotec* initiiert. Spezialisiertes Know-how, wie beispielsweise im Bereich Strömungssimulation, hat *Sulzer* somit externen Kunden zur Verfügung gestellt und damit die Finanzierung von F&E verbessert. Auch die in der Turbinenentwicklung tätige *MTU* hat mit *MTU Engineering* die gleiche Strategie verfolgt. Oft sind unausgelastete F&E-Kapazitäten der Grund für die Wahl der MAKE MORE OF IT-Strategie.

Die Innovatoren

Das MAKE MORE OF IT-Muster wird von der *Festo*-Gruppe mit großem Erfolg genutzt. *Festo*, als Anbieter von Automatisierungstechnik, entwickelte bereits in den 1970er Jahren Lernsysteme und Trainingsseminare zum besseren Verständnis der Produkte und Prozesse in der Automatisierung. Dieses Angebot wurde von Kunden gut aufgenommen, so dass das Tochterunternehmen *Festo Didactic* gegründet wurde – der Ausrüster für technische Bildungseinrichtungen und Beratungs- und Bildungsdienstleister der Industrie. In den 1980er und 1990er Jahren bildete *Festo Didactic* vor allem auch in den Entwicklungsländern die zukünftigen Techniker in den Automatisierungstechnologien aus. Zum Teil wurde diese Ausbildung auch noch durch staatliche Unterstützung gefördert. In jedem Fall wurde eine ganze Generation von Ingenieuren und Technikern auf den Produkten von *Festo* geschult, so dass auch ein nachhaltiger Umsatzeffekt im Kerngeschäft erfolgt ist. Heute ist *Festo Didactic* Weltmarktführer in der industriellen Aus- und Weiterbildung. Schätzungsweise werden jährlich ca. 42 000 Fachleute von *Festo Didactic* trainiert, darüber hinaus lehren ca. 36 000 technische Schulen und Universitäten mit den von *Festo* entwickelten Produkten.

Ein weiteres Beispiel für MAKE MORE OF IT bietet *Amazon*. Im Rahmen seiner Sparte *Amazon Web Services* bietet *Amazon* allerlei Dienstleistungen im Bereich des Internetinfrastrukturmanagements, wobei es dabei direkt auf seine in den letzten 20 Jahren gesammelte Expertise als erfolgreicher Player der Internetökonomie zurückgreift. Neben Beratungsleistungen im Bereich des Daten- und Servermanagements gehört hierzu auch das Vermieten von unternehmenseigenen Server-Kapazitäten. Heute werden die Dienste von *Amazon Web Services* von mehreren Hunderttausend Unternehmen in über 190 Ländern genutzt.

Ein drittes Beispiel für das MAKE MORE OF IT-Muster stellt *BASF* dar. In seinen Verbundstandorten vernetzt *BASF* seine Produktionsanlagen derartig filigran, so dass Rohstoffe effizient genutzt und vor allem Nebenprodukte einer Produktionsstufe in andere integriert werden können. Da *BASF* teilweise ebenfalls mit Tochterunternehmen, aber vereinzelt auch mit externen Unternehmen an einem Verbundstandort produziert, werden die Nebenprodukte an eben diese weiterverkauft und somit zusätzliche Erlöse erzielt.

30 MASS CUSTOMIZATION

30 Mass Customization
Individualität von der Stange

Das Muster

Bei dem Begriff MASS CUSTOMIZATION handelt es sich um ein Oxymoron, welches sich aus den Begriffen „Mass Production" (zu dt. Massenproduktion) und „Customization" (zu dt. Kundenindividualisierung) zusammensetzt. In Form eines Musters ist damit die Anpassung eines Produkts an die individuellen Bedürfnisses des Kunden gemeint, wobei ähnliche Effizienzbedingungen wie bei der Herstellung eines Massenprodukts vorherrschen *(Was? Wert?)*.

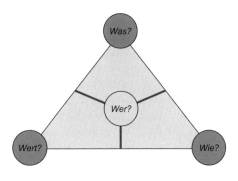

Möglich gemacht wird dies durch den Einsatz von modularisierten Produktarchitekturen *(Wie?)*. Da die einzelnen Module zu vielen unterschiedlichen Endprodukten kombiniert werden können, kann dem Kunden hoher Variantenreichtum und damit eine individuelle Variante des entsprechenden Produkts angeboten werden. Die Module selbst sind dabei standardisiert, wodurch sie zu einem Kostenniveau hergestellt werden können, welches mit dem der Massenproduktion vergleichbar ist.

Der Kunde profitiert durch dieses Muster insofern, als dass er ein auf sich zugeschnittenes Produkt erhält, ohne einen signifikanten Aufpreis zahlen zu müssen *(Was?)*. Für das Unternehmen, welches die MASS CUSTOMIZATION seiner Leistungen anbietet, ist dieses Muster dahingehend von Vorteil, als dass es sich hierdurch gegenüber den Anbietern von Massenprodukten differenzieren kann *(Wert?)*. Des Weiteren profitiert das Unternehmen typischerweise auch von einer intensivierten Beziehung zu seinen Kunden, da das Individualisieren eines Produkts beim Kunden und das hiermit verbundene Prozesserlebnis einen sogenannten „I do it myself"-Effekt auslöst. In Folge fühlt sich der Kunde emotional stärker an das Produkt und das Unternehmen gebunden *(Wert?)*.

Der Ursprung

Die MASS CUSTOMIZATION galt lange Zeit als ökonomisch nicht realisierbar, da es sich bei der Massenproduktion und Individualisierung um zwei gegensätzliche Konzepte handelt. Während bei Ersterem die Uniformität eines Produkts und das damit einhergehende Ausnutzen von Größenvorteilen im Vordergrund stehen, wird mit Letzterem die Bereitstellung von Unikaten, und damit genau das Gegenteil verfolgt. Eine Kombination beider Konzepte wurde durch das Aufkommen von computergestützten Fertigungstechnologien in den 1990er Jahren begünstigt, welche das effiziente Umsetzen modularer Produktionsstrategien ermöglichten. Darüber hinaus wurde die MASS CUSTOMIZATION auch durch die anhaltende Segmentierung der Absatzmärkte vorangetrieben. Im Rahmen dieses Trends begnügen sich die Konsumenten nicht mehr mit Massenprodukten, sondern fragen verstärkt nach individualisierten Lösungen nach.

Eines der ersten Unternehmen, welches diese Entwicklungen geschickt für die Lancierung eines innovativen Geschäftsmodells nutzen konnte, war der PC-Hersteller *Dell*. Im Gegensatz zu seinen Konkurrenten, bei denen die PCs nur vorkonfiguriert gekauft werden konnten, gab *Dell* Kunden die Möglichkeit, ihren Computer nach den eigenen Bedürfnissen zusammenzubauen. Mit dieser Art Geschäftsmodell gelang es *Dell*, sich Anfang der 1990er Jahre an der Spitze der PC-Branche zu etablieren. Auch in der Automobilbranche wird das Muster schon seit vielen Jahren intensiv genutzt. Insbesondere die sogenannten Premium-Hersteller bieten ihren Kunden schon lange die Möglichkeit viele verschiedene Optionen zu wählen: Karosserievariante (Limousine, Kombi, Cabrio etc.); Motorisierung; Automatik/Handschalter; Farbe außen, Farben innen; Felgen, und und und. Weniger teure Fahrzeuge werden dagegen oft in weniger verschiedenen Varianten angeboten. Dort wird Zusatzausstattung häufig in Paketen oder Modellinien gebündelt, was die Variantenvielfalt erheblich reduziert. Gleichzeitig wird auf Konsumentenseite die Entscheidungskomplexität verringert, was in der Automobilindustrie zu bis fünf Prozent höheren Margen geführt hat.

Die Innovatoren

Neben *Dell* und der Automobilindustrie gehen eine Reihe von weiteren erfolgreichen Innovationen auf das Konto der MASS CUSTOMIZATION zurück. In der Bekleidungsindustrie beispielsweise führte der Jeanshersteller *Levi's* dieses Muster in den 1990er Jahren durch die Lancierung seiner Initiative *Levi's Personal Pair* ein. Im Rahmen dieser Initiative wurde es den Kunden ermöglicht eine Jeans an die eigenen Wunschvorstellungen anzupassen und hierdurch die perfekte Passform zu erreichen. Hierzu wurden in den *Levi's* Stores internetbasierte Konfiguratoren aufgestellt, die dem Kunden das Konfigurieren der eigenen Jeans im Handumdrehen ermöglichten. Mit dieser Initiative versuchte *Levi's* sich von der erstarkenden Konkurrenzmarkt zu differenzieren. Rückblickend betrachtet stellt die *Personal-Pair*-Initiative ein interessantes Beispiel für eine erfolgreiche Realisierung von MASS CUSTOMIZATION dar, so führte diese in manchen Testläden zeitweise zu Umsatzsteigerungen von 300 Prozent.

Eine weitere erfolgreiche Anwendung von MASS CUSTOMIZATION verkörpert das 2007 gegründete Unternehmen *mymuesli*. Bei *mymuesli* erhält der Kunde die Möglichkeit, sein Müsli aus über 566 Billiarden potenziellen Müslivarianten zu wählen. Im Gegensatz zu einem herkömmlichen Supermarktregal wird dem Kunden so jederzeit sein individuelles Wunschmüsli geboten. Mit dieser Art Geschäftsmodell schreibt das Unternehmen seit dem ersten Tag seiner Gründung schwarze Zahlen.

Neben den genannten Beispielen wird MASS CUSTOMIZATION auch in anderen Bereichen erfolgreich verwendet. Während Kunden sich bei *allmyTea* beispielsweise die eigene Teemischung zusammenstellen können, erfolgt die Personalisierung bei *My Unique Bag* und *Miadidas* für Handtaschen und Sportschuhe. Bei *Factory121* können Kunden sich ganze Uhren nach den eigenen Wunschvorstellungen anfertigen und bei *PersonalNOVEL* sogar einen individualisierten Roman verfassen lassen.

31 No Frills

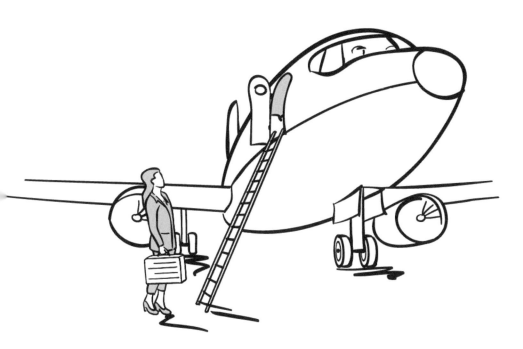

31 No Frills
Alles, außer teuer

Das Muster

Bei diesem Muster wird ein Produkt oder eine Dienstleistung nicht zu seinem sonst üblichen Leistungsumfang, sondern in einer stark abgespeckten Form angeboten *(Was?)*. Die hierdurch eingesparten Kosten werden zu großen Teilen an den Kunden weitergegeben, so dass dieser im Gegenzug von einem deutlich reduzierten Preis profitiert *(Was?)*. Ziel dieses Musters ist es, ein erweitertes Zielpublikum und im Idealfall die breite Masse zu erreichen

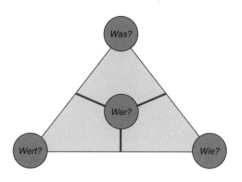

(Wer?). Diese zeichnet sich im Vergleich zu den oberen Einkommensschichten zwar durch eine erhöhte Preissensitivität aus, kann jedoch durchaus zu einem profitablen Geschäftsmodell führen, da sich die Erträge mit der Breite der Masse aufsummieren *(Wert?)*. Eine erfolgreiche Implementierung dieses Musters erfordert aus Sicht des Unternehmens eine konsequente Ausrichtung all seiner Aktivitäten an den Kosten. Nur so kann der Preis für das Angebot auf ein möglichst niedriges Niveau gesenkt und hierdurch massentauglich gemacht werden *(Wie?)*.

Einen effektiven Stellhebel stellt beispielsweise die Standardisierung des Angebots dar, welche das Ausnutzen von Skaleneffekten sowie eine verbesserte Produktionsauslastung erlaubt *(Wie?)*. Weitere effektive Maßnahmen stellen eine Optimierung des Vertriebskonzepts dar, welche zum Beispiel durch das Einführen der Selbstbedienung erfolgen kann *(Wie?)*. Idealerweise verstärken sich die Reduktion des Leistungsumfangs und die zur Kostensenkung eingeleiteten Maßnahmen gegenseitig. Dies bedeutet, dass bei der Reduktion des Leistungsumfangs am besten dort angesetzt werden sollte, wo die größten Kosteneinsparungen zu erwarten sind.

Der Ursprung

Als Pionier des No Frills-Musters gilt Henry Ford mit seinem im Jahr 1908 erschienenen *T-Modell*. Das *T-Modell* kostete bei seiner Einführung gerade mal 850 US-Dollar, was damals in etwa der Hälfte des üblichen Preises für ein Auto entsprach. Der günstige Preis kam durch das Ausnutzen der Prinzipien der Massenproduktion sowie der späteren Einführung des Montagefließbands zustande. Der Kunde konnte durch die damit einhergehende Standardisierung sein Auto zwar nicht mehr wie zu seiner Zeit üblich nach seinen individuellen Wünschen zusammenbauen lassen, kam hierdurch jedoch auch in den Genuss eines viel günstigeren Preises. Henry Ford historischer Satz hierzu lautet: *„Sie können jede Farbe haben, solange sie schwarz ist."* Ein weiterer Grund, warum das *T-Modell* so günstig angeboten werden konnte, war dessen einfache Bauweise. So war dieses mit nur 15 PS und einem einfachen Stahlgehäuse vergleichsweise simpel ausgestattet. Der Erfolg des *T-Modells* war so durchschlagend, dass das Modell bereits im Jahr 1918 jedes zweite in den USA gefahrene Auto stellte und sich bis zur Einstellung der Produktion im Jahr 1927 über 15 Millionen Mal verkaufte.

Die Innovatoren

Seit Henry Ford's *T-Modell* hat das No FRILLS-Muster auch in anderen Bereichen zu innovativen Geschäftsmodellen geführt. Ein prominentes Beispiel stellt das sogenannte Low-Cost-Carrier Modell aus der Luftfahrtbranche dar, welches Anfang der 1970er von der US-amerikanischen Fluglinie *Southwest Airlines* begründet wurde. Im Rahmen dieses Modells erwirbt der Kunde das Flugticket zu einem günstigen Preis, muss dafür aber auch auf eine Reihe von Komfortleistungen wie Bordverpflegung, Sitzplatzreservierung oder Buchungsmöglichkeiten im Reisebüro verzichten. Des Weiteren werden im Gegensatz zu herkömmlichen Airlines nicht die Großflughäfen, sondern ausschließlich günstige Flughäfen am Stadtrand bedient. Diese sind aus Sicht des Kunden zwar zumeist mit einem weiteren Anreiseweg verbunden, verlangen jedoch auch nur eine vergleichsweise geringere Nutzungsgebühr. Die Einführung des Low-Cost-Carrier Modells führte zu einem nachhaltigen Wandel der Luftfahrtbranche. In Europa wird heutzutage schätzungsweise jeder zweite Flug mit einem Billigflieger durchgeführt.

Ein weiteres Beispiel für No FRILLS stellt das Geschäftsmodell von Lebensmittel-Discountern wie zum Beispiel *Aldi* dar. Die Lebensmittel sind hier deutlich günstiger als in einem herkömmlichen Supermarkt. Die günstigen Preise basieren auf einem Verzicht auf teure Markenprodukte sowie einer drastischen Reduktion des Produktangebots. Der hieraus resultierende hohe Warenumschlag („Schnelldreher-Effekt") spart nicht nur Lagerkosten, sondern führt auch zu einer guten Verhandlungsposition gegenüber Lieferanten. Obendrein verzichtet das Unternehmen auf unnötige Ausstattung und Einrichtung ihrer Ladengeschäfte und arbeitet mit einem Minimum an Personaleinsatz.

Weitere Beispiele für No FRILLS kommen aus der Strom- sowie die Mobilfunkbranche, wo in den vergangenen Jahren mit *Yello Strom* oder *Fonic* sogenannte Strom- bzw. Mobilfunkdiscounter entstanden sind. Des Weiteren ist das No FRILLS-Muster seit einigen Jahren auch im Fitnessbereich in Gestalt des Fitness-Discounters *McFit* vorzufinden. Der Kunde bezahlt hier für die monatliche Mitgliedschaft geradeal 17 Euro, muss hierfür aber auf Sportkurse sowie einen Wellnessbereich verzichten. Mit dieser Art Geschäftsmodell gelang es *McFit* sich innerhalb kürzester Zeit zu einer der erfolgreichsten Fitnessketten in Deutschland zu etablieren. Heute zählt das Unternehmen über 90 Filialen und hat mehr als eine halbe Million Mitglieder.

Ebenfalls auf No FRILLS basiert der Erfolg der Schnellrestaurant-Kette *McDonald's*. Dessen Gründer, die Brüder Richard und Maurice McDonald, führten gegen Ende der 1940er Jahre eine umfassende Restrukturierung ihres damals in die roten Zahlen abgerutschten Drive-In Restaurants durch. Im Rahmen der Restrukturierung wurde das Leistungsangebot auf weniger als zehn Gerichte reduziert, das Porzellangeschirr durch Pappteller ersetzt sowie eine neue billigere Form der Hamburgerzubereitung eingeführt. Darüber hinaus wurden zwei Drittel der Kellner entlassen und auf Selbstbedienung umgestellt. In Folge dieser Maßnahmen konnten die Hamburger zu einem stark vergünstigten Preis von nur 15 Cent angeboten werden. Mit dieser Art Konzept, welches bis heute jedes *McDonald's*-Restaurant prägt, gelang es den Brüdern ihr Restaurant wieder auf Erfolgskurs zu bringen. Kurz nach dessen Neueröffnung bildeten sich lange Schlangen an den Verkaufstresen – der Rest davon ist Geschichte.

32

OPEN BUSINESS MODEL

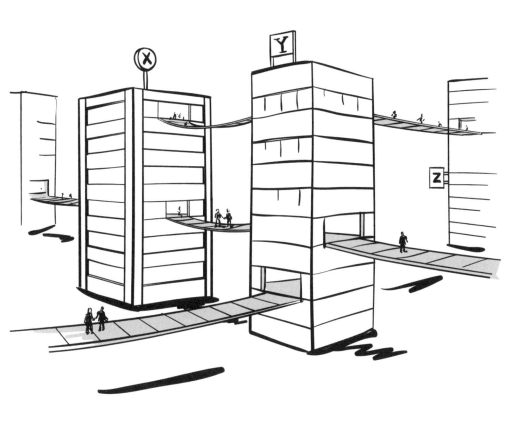

32 Open Business Model Hebeleffekte durch kollaborative Wertschöpfung

Das Muster

Ein Geschäftsmodell, das „offen" ist, markiert oftmals einen Paradigmenwechsel in der grundlegenden Geschäftslogik eines Unternehmens. Die geforderte Offenheit bezieht sich dabei auf die Einbeziehung von Akteuren außerhalb des Unternehmens in üblicherweise geschlossene Bereiche der Leistungserstellung, wie beispielsweise die Forschung und Entwicklung *(Wie?)*. Die Form der Zusammenarbeit mit Partnern ist dabei nicht genau festgelegt,

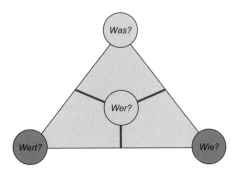

unterscheidet sich in der Regel jedoch stark von einer klassischen Kunden-Lieferanten-Beziehung und weist eine kooperative Grundeinstellung auf. Unternehmen mit offenen Geschäftsmodellen versuchen in ihrem eigenen Geschäftsmodell profitable Nischen für mögliche Partner vorzusehen, welche diesen eine unabhängige und profitable Geschäftstätigkeit ermöglichen *(Wert?)*. Nicht umsonst wird oft das Bild eines Ökosystems bemüht, in dem verschiedene Firmen mit unterschiedlichen Geschäftsmodellen nebeneinander existieren und dadurch gegenseitig zu ihrem Fortbestand beitragen. Häufig entwickeln sich diese Ökosysteme um die Produkte und Dienstleistungen eines zentralen Unternehmens – analog zur „Schlüsselart" im biologischen Ökosystem, deren Verschwinden das gesamte Ökosystem zerstören würde.

Firmen, die das Muster OPEN BUSINESS MODEL anwenden, identifizieren systematisch Bereiche ihrer Leistungserstellung, durch deren Öffnung andere Akteure ihre eigenen Ressourcen einbringen oder die Ressourcen der sich öffnenden Firma auf neue Art und Weise nutzen können. Ziel ist dabei, durch die Öffnung die eigene Effizienz zu steigern, von entstehenden neuen Märkten einen Teil zu sichern oder strategische Vorteile zu erlangen *(Wie? Wert?)*. Das Design offener Geschäftsmodelle stellt aus zwei Gründen besondere Anforderungen. Zum einen muss das eigene Geschäftsmodell, insbesondere die Wertkette, nicht nur in sich stimmig sein, sondern es muss auch auf das Geschäftsmodell der zukünftigen Partner abgestimmt werden. Zum anderen ist sicherzustellen, dass von dem durch die Öffnung geschaffenen Wert auch ein Teil für die sich öffnende Firma abgeschöpft wird. Der Zielkonflikt zwischen der eigenen Profitabilität und den Zielen der Partner muss für beide Seiten zufriedenstellend gelöst werden *(Wert?)*.

Der Ursprung

Die Idee OPEN BUSINESS MODEL als ein eigenes Muster zu begreifen und in ihrer Analyse von geschlossenen Geschäftsmodellen abzugrenzen, geht zurück auf Chesbrough

(2006). Damit ist die Entstehung des Musters eng verwoben mit dem ebenfalls von Chesbrough propagierten Konzept der Open Innovation – also die Öffnung der typischerweise geschlossenen Innovationsaktivitäten eines Unternehmens für den zielgerichteten Zu- und Abfluss von Wissen. Anstatt im stillen Kämmerlein an Innovationen zu arbeiten, sollten Firmen sich vernetzen und das Potenzial gemeinsamer Ideen nutzen. Ein Beispiel dafür ist der Konsumgüterkonzern *Procter & Gamble*, welcher im Jahr 2000 sein Programm „Connect + Develop" auflegte. Mit dem Ziel, die eigene Innovationsfähigkeit zu verbessern, sucht die Firma aktiv Produktideen und Wissen von Partnern, um diese gemeinsam zur Marktreife zu bringen. So geht der *Meister Proper* Schmutzradierer auf einen industriellen Melaminharz-Schaumstoff der *BASF* zurück, der in Japan als Allzweckschwamm verkauft wurde und dort einem „Scout" von *Procter & Gamble* ins Auge fiel – über eine Kooperation mit *BASF* kam die benötigte Technologie ins Unternehmen. Die Marke *Meister Proper* profitierte von ihrem neuen Produkt – und wurde in den USA prompt durch eine Kooperation mit dem Unternehmen *Butler Home Products* zu einer ganzen Serie von Reinigungsgeräten ausgebaut. *Butler* stellte Produktideen und Fertigungskapazitäten, *Procter & Gamble* Marke und Vertriebsstrukturen zur Verfügung. Ähnliche Beispiele von sich befruchtenden Partnerschaften gibt es zu Hauf bei *Procter & Gamble* – mehr als die Hälfte der neuen Produkte des Konzerns entstehen heute über Kooperationen und Partnerschaften. Dass hier längst nicht nur Technologien und Ideen, sondern auch Fertigungskapazitäten, Vertriebsorganisationen und Marken in Partnerschaften eingebracht werden, verdeutlicht den Wandel des Unternehmens von der Open Innovation hin zum OPEN BUSINESS MODEL.

Die Innovatoren

Auf der Suche nach effizienteren Innovationsprozessen haben eine Reihe von Unternehmen verschiedenster Industrien ein OPEN BUSINESS MODEL adaptiert. Der Pharmakonzern *Eli Lilly* beispielsweise, obwohl in einer typischerweise auf Geheimhaltung bedachten Industrie tätig, gründete 2001 die Plattform *InnoCentive*, auf der Wissenschaftler aus aller Welt aufgerufen wurden, gegen Entlohnung zur Lösung aktueller Forschungsfragen der Firma beizutragen. Seit 2005 ist *InnoCentive* selbstständig, offen für alle Unternehmen auf der Suche nach Problemlösungen, und wartet mit 270 000 registrierten „Problemlösern" auf, welche seit Bestehen mit 37 Millionen US-Dollar für ihre Vorschläge entlohnt wurden.

Doch Offenheit kann das Geschäftsmodell einer Firma noch deutlich weiter beeinflussen, als nur die Forschung zu öffnen. So hat *IBM* im Zuge seines oft zitierten Wandels von einem Produkt- zum Serviceanbieter entschieden, sich vollständig von der Entwicklung eigener Betriebssysteme zu verabschieden und stattdessen aktiv zur Entwicklung des OPEN SOURCE-Systems *Linux* beizutragen. Damit verbunden war nicht nur eine Reduktion der Entwicklungskosten um 80 Prozent im Vergleich zur Eigenentwicklung, sondern auch ein gewaltiger Schub für *IBM*s Servergeschäft, das durch seine reibungslose Kompatibilität zu dem immer populäreren freien Betriebssystem profitierte, und für *IBM*s neues Dienstleistungsgeschäft, in dem das Unternehmen mit seiner Kenntnis der *Linux*-Interna wuchern konnte. Die Öffnung von *IBM*s Geschäftsmodell Ende der 1990er Jahre hat damit viel zum erfolgreichen Turnaround des Unternehmens beigetragen.

Ganz massiv von seinem offenen Geschäftsmodell hat auch der Computerspielprodu-
zent *Valve Corporation* profitiert, und dies gleich zwei Mal. In einem ersten Schritt ent-
schied sich das Unternehmen 1998, sein Erstlingswerk, den Egoshooter Half-Life, so zu
gestalten, dass technisch versierte Spieler und andere Spieleproduzenten leicht eigene
Ableger des Spiels (sogenannte „Mods") entwickeln konnten. Aktiv unterstützt von
Valve Corporation entwickelte sich ein Ökosystem von Entwicklern, die ihre eigenen
Egoshooter auf den Markt brachten – und bei Erfolg entweder Lizenzgebühren an *Valve
Corporation* zahlten oder gleich von *Valve Corporation* aufgekauft wurden. So zum Beispiel die Entwickler des Spiels „Counter-Strike", welches als erfolgreichstes Computer-
spiel des Internetzeitalters gilt und in Asien zur Gründung äußerst populärer Profiligen
geführt hat. *Valve* wiederholte das Kunststück eines OPEN BUSINESS MODEL-Musters mit
Steam, seiner Plattform zum Vertrieb von Computerspielen über das Internet. Im Gegensatz zur Konkurrenz, die den Vertriebskanal als schützenswerte Kernkompetenz nur
ihren eigenen Produkten öffnete, erlaubt *Valve Corporation* es seit 2005 jedem Spieleent-
wickler, die Plattform zu nutzen – gegen einen Anteil von zehn bis 40 Prozent des
Umsatzes. Derzeit können bei *Steam* knapp 2000 Spiele unabhängiger Entwickler, aber
auch aller namhaften Spielestudios, bezogen werden. Mit einem geschätzten Unterneh-
menswert von über drei Milliarden US-Dollar ist das in Privatbesitz befindliche *Valve
Corporation* vor allem dank seines offenen Geschäftsmodells heute einer der großen
Hidden Champions in der Unterhaltungsindustrie.

33

OPEN SOURCE

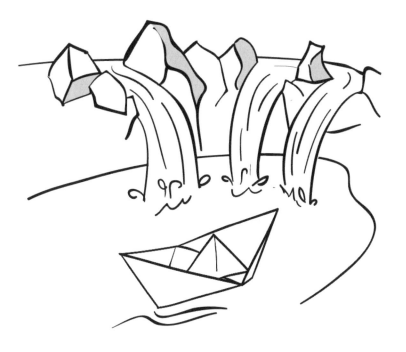

33 Open Source
Gemeinsam eine freie Lösung

Das Muster

Im Rahmen des Geschäftsmodellmusters OPEN SOURCE wird ein Produkt nicht von einem einzelnen Unternehmen, sondern von einer öffentlichen Community entwickelt *(Wie?)*. Der Quellcode ist für die Öffentlichkeit frei einsehbar, wodurch quasi jeder – vom Hobby-Tüftler bis zum Profi – der Community beitreten und seine Expertise einbringen kann. Eine aus dieser Konstellation resultierende Folge ist, dass die entwickelte Lösung

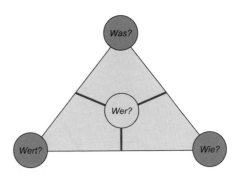

nicht einem einzelnen Unternehmen, sondern der Allgemeinheit als Ganzes gehört. Hierdurch kann für OPENSOURCE-basierte Produkte in der Regel kein Geld verlangt werden, wodurch diese zumeist kostenlos sind *(Was?)*. Um dennoch mit diesem Muster einen Ertrag erwirtschaften zu können, liegen OPENSOURCE-basierten Geschäftsmodellen häufig Erlösmodelle zugrunde, die den Umsatz nicht direkt mit der entwickelten Lösung, sondern indirekt durch hierauf aufbauende Einnahmeströme generieren *(Wert?)*.

Für Unternehmen, welche dieses Muster für sich nutzen möchten, ergibt sich hieraus der Vorteil, dass sie nicht in die Entwicklung neuer Produkte investieren müssen *(Wert?)*. So wird die Entwicklungsleistung von der Community in der Regel freiwillig und ohne Bezahlung durchgeführt. Ihre Motivation, an der Entwicklung mitzuwirken, ist häufig intrinsischer Natur, z.B. weil persönliches Interesse an der Verbesserung einer derzeitigen Lösung existiert. Die Befürworter von OPENSOURCE sind oft davon überzeugt, dass sich mit dieser Vorgehensweise überlegenere Lösungen als im Vergleich zu einem Proprietär-Modell erzielen lassen, weil die Arbeitskraft einer Gemeinschaft genutzt wird *(Was?)*. Ein weiterer, nicht zu unterschätzender Vorteil von OPEN-SOURCE ist das Umgehen von Herstellerabhängigkeiten *(Was? Wie?)*.

Der Ursprung

Seinen Ursprung hat OPEN SOURCE in der Softwarebranche, wo es erstmals in den 1950er Jahren von *IBM* angewendet wurde. Zwei Jahre nach der Einführung des ersten *IBM*-Computers ist die sogenannte *Share Usergruppe* mit dem Ziel gegründet worden, dass sich *IBM*-Nutzer über technische Informationen zur Programmierung, operative Systeme oder Datenbanken austauschen können. In den 1990er Jahren wurde OPEN SOURCE dann für die Weiterentwicklung der Browser-Software Netscape genutzt. Auslöser hierfür war die zunehmende Dominanz von *Microsoft* im Browser-Software-Bereich, wodurch sich das Entwicklerteam der Netscape Communications Corporation gezwungen sah, einen alternativen Weg der Wertschöpfung einzuschlagen. Hieraus ging das

OPENSOURCE-Projekt *Mozilla* und die im Rahmen dieses Projekts entwickelte Browser-Software *Firefox* hervor. Zwischenzeitlich hat sich OPENSOURCE-Software (OSS) zu einem integralen Bestandteil der Software-Branche entwickelt. Als das erste Unternehmen, dem es in diesem Bereich gelungen ist, ein profitables Geschäftsmodell zu entwickeln, gilt *Red Hat*. Das Software-Unternehmen generiert seinen Umsatz in erster Linie durch das Verkaufen von Serviceverträgen und komplementären Software-Anwendungen für das Betriebssystem *Linux*. Mit dieser Art Geschäftsmodell gelang es *Red Hat* als einem der ersten Unternehmen, die 1-Milliarde-US-Dollar-Umsatzmarke für OPENSOURCE-Produkte zu knacken.

Die Innovatoren

In den vergangenen Jahren wurde OPEN SOURCE auch außerhalb der Software-Branche angewendet. Ein prominentes Beispiel hierfür stellt das Online-Lexikon *Wikipedia* dar, welches 2001 an den Start ging und gegenwärtig das weltweit am häufigsten genutzte Nachschlagewerk darstellt. *Wikipedia* besteht aus Artikeln, welche von Internetnutzern aus aller Welt unentgeltlich konzipiert und in einem offenen Bearbeitungsprozess fortlaufend verbessert werden. Da die Nutzung von *Wikipedia* kostenlos ist, finanziert sich das Unternehmen größtenteils über Spenden. Seit seiner Lancierung hat *Wikipedia* viele etablierte Lexika-Herausgeber vom Markt verdrängt und sie so zur Aufgabe eines jahrhundertealten Geschäftsmodells gezwungen.

Ein anderes Beispiel für eine Geschäftsmodellinnovation, welche auf dem OPENSOURCE-Muster basiert, stellt das Schweizer Unternehmen *mondoBIOTECH* dar. Das Geschäftsmodell von *mondoBIOTECH*, welches sich selbst als das weltweit erste OPENSOURCE-Biotech Unternehmen bezeichnet, sieht vor, Wirkstoffe für seltene Erkrankungen, sogenannte „Orphan Diseases", zu finden. Die Entwicklung dieser Stoffe erfolgt dabei jedoch nicht klassisch durch die Erforschung im Labor, sondern durch das internetbasierte Screening bereits vorhandener Forschungsergebnisse und Informationen. Hierdurch kann bereits vorhandenes Wissen über Wirkungszusammenhänge auf effektive Art und Weise genutzt werden. Im Vergleich zu einer laborbasierten Entwicklung geht dies nicht nur mit enormen Kostenersparnissen, sondern auch mit einer erhöhten Effektivität einher. So umfasst die Produktpipeline von *mondoBIOTECH* bereits elf Jahre nach seiner Gründung über 300 Wirkstoffe. Sechs davon haben mittlerweile sogar den Orphan-Drug-Status erhalten. In der klassischen Pharmaforschung wird dieser Status im Vergleich nur etwa jedem zehntausendsten Wirkstoff erteilt.

Ein weiteres Erfolgsbeispiel für OPEN SOURCE kommt derzeit aus der Automobilindustrie, wo im Jahr 2008 mit *Local Motors* der erste OPEN SOURCE basierte Automobilhersteller an den Start ging. Das Geschäftsmodell von *Local Motors* basiert auf einem Open Design Network, welches es Ingenieuren aus aller Welt ermöglicht, Vorschläge für den Bau eines neuen Autos einzubringen und diese gemeinsam über eine Web-Plattform weiterzuentwickeln. Das erste Auto, welches nach diesem Prinzip entwickelt und produziert wurde, ist der „Rally Fighter". Zwar konnte sich dieser bis dato nur ca. 150 Mal verkaufen, kostete das Unternehmen mit nur 3,6 Millionen US-Dollar jedoch auch nur drei Prozent dessen, was sonst üblicherweise in der Automobilindustrie für die Entwicklung eines Autos veranschlagt wird. Hierdurch konnte das Unternehmen mit seinen

150 verkauften Stück gerade einmal zwei Jahre nach Launch einen Break-Even-Point erreichen.

Zahlreiche forschungsbasierte Initiativen wie das *Humangenom*-Projekt sind durch das OPEN SOURCE-Muster erfolgreich geworden. Die größte Herausforderung liegt nicht im „create value", sondern im „capture value". Beim Design des Geschäftsmodells ist darauf zu achten, dass ein Teil der geschaffenen Wertschöpfung auch im eigenen Unternehmen bleibt.

34 ORCHESTRATOR

34 Orchestrator
Dirigieren der Wertschöpfungskette

Das Muster

Bei dem Muster ORCHESTRATOR konzentriert sich ein Unternehmen auf seine Kernkompetenzen. Alle Aktivitäten der Wertschöpfungskette, die außerhalb dieses Bereichs liegen, lässt das Unternehmen von spezialisierten Dienstleistern übernehmen, welche die entsprechenden Fähigkeiten für eine erfolgreiche Durchführung besitzen *(Wie?)*. In diesem Sinne kommt einem ORCHESTRATOR die Rolle eines Wertschöpfungsdirigenten zu, welcher einen

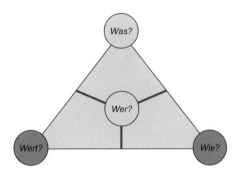

großen Teil seiner Zeit darauf verwendet, einzelne Wertschöpfungsaktivitäten auf geschickte Art und Weise zu koordinieren und miteinander zu verknüpfen. Das Unternehmen erleidet hierdurch zwar vergleichsweise hohe Transaktionskosten, kann durch das Ausnutzen von Spezialisierungsvorteilen jedoch gleichzeitig auch Kostenersparnisse realisieren *(Wert?)*. Ein weiterer Vorteil, der mit dem ORCHESTRATOR-Muster verbunden ist, ist die enge Zusammenarbeit mit externen Partnern, welche sich im Zuge der Auslagerung der Wertschöpfungsaktivitäten ergibt. Hierdurch kann das Unternehmen von deren Innovationskraft profitieren und diese für die Weiterentwicklung der eigenen Produkte nutzen *(Wie? Wert?)*.

Der Ursprung

Der Ursprung des ORCHESTRATOR-Musters kann in die 1970er Jahre verortet werden. Im Zuge des globalisierten Wettbewerbs und dem damit einhergehenden Kostendruck begannen viele Unternehmen, einige Teile ihrer Wertschöpfung in Länder mit niedrigeren Produktions- und Lohnkosten auszulagern. Diese erste Outsourcing-Welle wurde durch das Aufkommen der sogenannten Tigerstaaten im südostasiatischen Raum begünstigt, welche mit ihrer Strategie der exportorientierten Industrialisierung den idealen Nährboden für die Auslagerungsbemühungen westlicher Industrieunternehmen boten. Zu den Pionieren des ORCHESTRATOR-Musters zählt die Bekleidungsindustrie, welche früh damit begann, weite Teile der Produktion nach Asien zu verlagern.

Ein prominentes Beispiel ist der Sportartikelhersteller *Nike*. Unter der Führung des CEO Phil Knight ließ *Nike* Anfang der 1970er Jahre seine Produkte verstärkt von Auftragsherstellern in Niedriglohnländern wie Indonesien, China, Thailand und Vietnam fertigen. Der Schwerpunkt von *Nike's* Aktivitäten verlagerte sich damit auf seine Kernkompetenzen wie F&E, Produktdesign und Vermarktung. Durch das Ausnutzen auslagerungsbedingter Kostenvorteile sowie die konsequente Fokussierung auf seine Kernkompetenzen gelang es *Nike*, einen kompetitiven Vorteil zu erwirtschaften und sich an der Spitze der Sportartikelindustrie zu etablieren. Heute lässt *Nike* schätzungsweise 98 Prozent seiner Produkte in Asien herstellen, womit das ORCHESTRATOR-Muster einen integralen Bestandteil seines Geschäftsmodells darstellt.

Die Innovatoren

In der Vergangenheit haben auch andere Unternehmen das ORCHESTRATOR-Muster erfolgreich für eine Geschäftsmodellinnovation nutzen können. Ein Beispiel hierfür bietet das indische Mobilfunkunternehmen *Bharti Airtel*. Das im Jahr 1995 gegründete Unternehmen ist gegenwärtig mit über 260 Millionen Nutzern eines der größten Mobilfunkunternehmen der Welt. Aufgrund fehlender Differenzierungsmerkmale zu anderen Mobilfunkanbietern stieg *Bharti Airtel* ab 2002 sukzessive auf das ORCHESTRATOR-Muster um, indem es sich auf seine Kernkompetenzen wie Marketing, Vertrieb und Finanzierung besann und andere Teile der Wertschöpfung wie Qualitätsservices und IT sowie die gesamte Infrastruktur an Unternehmen wie *Ericsson*, *Nokia*, *Siemens* und *IBM* auslagerte. Die Partnerschaften zu diesen Unternehmen werden dabei so orchestriert, dass für *Bharti Airtel* nur variable Kosten auf Basis der Kapazitätsauslastungen anfallen. Durch diese verschlankte Wertschöpfungskette gelingt es dem Unternehmen, den Telekommunikationsservice zu einem niedrigen Preis anzubieten. Mit der Anwendung des ORCHESTRATOR-Musters konnte *Bharti Airtel* im Zeitraum von 2003 bis 2010 jährliche Umsatzsteigerungen von bis zu 120 Prozent und Nettogewinnsteigerungen von ca. 280 Prozent pro Jahr erzielen.

Ein weiteres Beispiel für einen erfolgreichen ORCHESTRATOR ist das chinesische Unternehmen *Li & Fung*. Es übernimmt Fertigungs- und Entwicklungsaufträge für prominente Kunden wie *Toys"R"Us*, *Abercrombie & Fitch* oder *Walmart*, die von Spielwaren über Modeaccessoires bis hin zur Bekleidung reichen können. Die Produktion dieser Güter wird dabei jedoch nicht von *Li & Fung* selbst übernommen, sondern auf Basis eines globalen Netzwerks von über 10 000 Zulieferfirmen gemanagt. Das Unternehmen agiert hierdurch als ein weltweit tätiger ORCHESTRATOR von Lieferketten, dessen Kernkompetenz in dem Vernetzen einzelner Wertschöpfungspartner und -prozessen besteht. Dem Unternehmen gelingt es, hierdurch jährliche Umsätze im Milliardenbereich zu erwirtschaften, ohne eine einzige Fabrik zu besitzen.

35

PAY PER USE

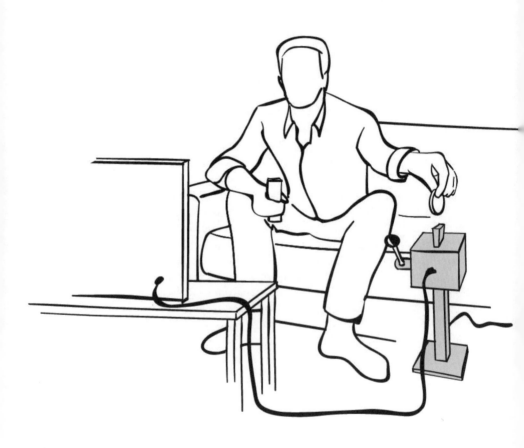

35 Pay per Use Nutzungsabhängige Vergütung

Das Muster

Bei diesem Muster wird eine Leistung nicht pauschal, sondern nach ihrer effektiven Nutzung durch den Kunden abgerechnet *(Was?)*. Die Abrechnung erfolgt je nach Beschaffenheit der Leistung in unterschiedlichen Größen, welche zum Beispiel in der Anzahl an genutzten Leistungseinheiten oder dem Nutzungszeitraum bestehen können *(Wert?)*. Ein zentraler Vorteil dieses Musters besteht für den Kunden in der hohen Transparenz der Kosten, wel-

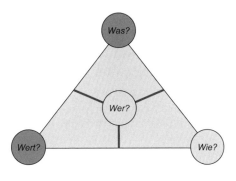

che dem Kunden durch die Nutzung der Leistung entstehen *(Was?)*. Darüber hinaus beinhaltet das Muster auch ein hohes Maß an Gerechtigkeit, da für jene Kunden, welche die Leistung nur in geringem Umfang nutzen, auch nur geringe Kosten anfallen *(Was?)*.

Da die Leistung im Rahmen dieses Musters typischerweise spontan durch den Kunden abgerufen wird, ist es hingegen für das Unternehmen schwierig, eine genaue Prognose über die Absatzmengen zu treffen. Um dennoch in den Genuss von Planungssicherheit zu kommen, koppeln viele Anbieter ihr Leistungsangebot häufig an einen Nutzungsvertrag, bei dem sich der Kunde zu einer bestimmten Mindestabnahmemenge verpflichtet. Hierdurch profitiert der Anbieter von konstanten Einnahmen, auch wenn die Produkte und Dienstleistungen als solches nutzungsabhängig verrechnet werden *(Wert?)*.

Der Ursprung

Bei PAY PER USE handelt es sich um ein altes Geschäftsmodellmuster. So werden Mietgeschäfte beispielsweise seit je her „pro rata temporis", das heißt zeitanteilig nach Nutzung des Mietobjekts, abgerechnet. Mit dem Aufkommen neuer elektronischer Abrechnungsmöglichkeiten wurde es möglich, das Muster auf verschiedene andere Bereiche zu übertragen. Ein Beispiel für eine Geschäftsmodellinnovation, welche auf dem PAY PER USE-Muster basiert, stellen sogenannte Pay-per-View-Angebote (zu dt.: „Bezahlung pro Betrachtung") dar. Der Kunde kann hierbei einen Film im Einzelabruf anschauen und bezahlen, wodurch er sich den Abschluss eines entsprechenden Fernsehsenderabonnements sparen kann. Das Aufkommen von Pay-per-View-Angeboten wurde insbesondere durch die Einführung des digitalen Fernsehens begünstigt. Im Gegensatz zum analogen Fernsehen können die Anzahl von TV-Kanälen hier dynamisch erhöht und die Bezahlangebote dem Kunden hierdurch flexibel zugänglich gemacht werden. Als einer der Innovatoren in diesem Zusammenhang gilt der Ende der 1980er Jahre gegründete Pay-TV-Sender *Hot Choice*, welcher sich auf Filme mit Erotikinhalten spezialisiert hat.

Die Innovatoren

Im weiteren Verlauf hat das PAY PER USE-Muster eine Reihe von weiteren innovativen Geschäftsmodellen hervorgebracht. Ein Beispiel hierfür stellt das „Pay-per-Click"-Modell (zu dt.: Klickvergütung) aus dem Bereich des Online-Marketings dar. Bei Pay-per-Click bezahlt der Werbetreibende nicht für das Schalten seiner Werbeeinblendung als solches, sondern für die Anzahl, wie häufig diese von den Internetnutzern angeklickt wird. Als Erfinder von Pay-per-Click gilt das Internet-Start-up *GoTo*, welches dieses Abrechnungsmodell erstmalig im Jahr 1998 verwendete. Heute stellt das Pay-per-Click-Modell eine der dominierenden Werbeformen im Internet dar. Bei dem Internetgiganten *Google* werden so beispielsweise über 90 Prozent der Werbeeinahmen generiert.

Das 2008 von *Daimler* lancierte Car-Sharing-Konzept *Car2Go* bietet ein weiteres Beispiel dafür, wie PAY PER USE in Form eines innovativen Geschäftsmodells Anwendung findet. Anders als bei herkömmlichen Car-Sharing-Diensten oder Autovermietungen, bei denen ein Fahrzeug typischerweise nur im Stundentakt oder tagesweise angemietet werden kann, wird die Fahrzeugmiete bei *Car2Go* minutengenau abgerechnet. Des Weiteren muss der Kunde sich hier nicht im Voraus auf eine bestimmte Mietdauer festlegen, sondern er kann diese jederzeit flexibel nach seinem Bedarf bestimmen. Ein weiterer Unterschied, der *Car2Go* von herkömmlichen Car-Sharing-Diensten abgrenzt, ist, dass der Kunde keine jährliche Grundgebühr bezahlen muss. Stattdessen wird von *Car2Go* lediglich eine einmalige Aufnahmegebühr in Höhe von 19 Euro bei der Anmeldung erhoben. Mit dieser Art von Abrechnungsmodell kann eine nutzungsorientierte Verrechnung der Leistung ähnlich dem Mobilfunkmarkt sichergestellt werden. Aufgrund der für den Kunden vorteilhaften Flexibilität und guten Kostenkontrolle befindet sich *Daimler* mit seinem *Car2Go*-Geschäftsmodell derzeit auf Erfolgskurs. So ist *Car2Go* nach einer anfänglichen Pilotierungsphase in Ulm und Austin/Texas mittlerweile in acht Städten Nordamerikas und in neun Städten Europas vertreten und peilt für das Jahr 2016 eine Expansion in über 50 weitere Städte an.

Eine weitere PAY PER USE-basierte Geschäftsmodellinnovation kommt aus dem Versicherungsbereich, wo sich Anbieter von KfZ-Versicherungen seit geraumer Zeit an sogenannten Pay-per-Risk-Versicherungen versuchen. Bei einer Pay-per-Risk-Versicherung berechnet sich die Versicherungsprämie nach dem tatsächlichen Risiko des Versicherungsnehmers, was neben dem Fahrstil, Risikofaktoren wie den Ort und den Zeitpunkt der Fahrzeugnutzung beinhaltet. Die hierfür erforderlichen Daten werden über ein GPS-System aufgezeichnet, welches im Pkw des Versicherungsnehmers eingebaut wird. Zu einem der Pioniere von Pay-per-Risk-Versicherungen zählt das US-amerikanische Versicherungsunternehmen *Ally Financial*, vormals *GMAC*, welches diese Art der Versicherung seit dem Jahr 2004 anbietet.

PAY WHAT YOU WANT

36 Pay What You Want
Zahle, wie viel es Dir wert ist

Das Muster

PAY WHAT YOU WANT beschreibt ein Muster, bei dem der Preis für eine Leistung
durch den Käufer festgelegt wird *(Was?)*.
Hierdurch muss dieser für die Leistung
nur so viel bezahlen, wie er tatsächlich
auch möchte *(Was?)*. Das Unternehmen
verpflichtet sich, jeden vom Kunden vor-
geschlagenen Preis zu akzeptieren, auch
wenn dieser bei null oder weit unter
dem Wert der erbrachten Leistung liegen
sollte. Anders als angenommen nutzen

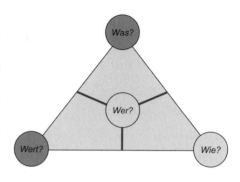

Kunde dieses Muster nur in seltenen Fällen aus. Dies geht aus Untersuchungen hervor,
welche zeigen, dass die im Rahmen von PAY WHAT YOU WANT durchschnittlich gezahl-
ten Preise signifikant von null abweichen *(Wert?)*.

Ein Grund hierfür sind soziale Normen (z. B. Fairness), welche als eine Art Kontrollme-
chanismus bei der Preisgestaltung fungieren. Des Weiteren orientieren sich die Kunden
typischerweise auch am Preis, der sonst für eine vergleichbare Leistung gezahlt werden
müsste. Die Kunden erachten diese partizipative Preisermittlung häufig als vorteilhaft,
da sie hierdurch die anfallenden Kosten kontrollieren können *(Was?)*. Selbst für den
Anbieter der PAY WHAT YOU WANT-Konditionen verspricht das Muster Vorteile. So trägt
dieses aufgrund des positiven Marketingeffekts nicht selten zu einem merklichen
Zugang von Neukunden bei *(Wert?)*.

Der Ursprung

PAY WHAT YOU WANT gibt es schon lange. So wird dieses Muster beispielsweise seit
jeher zur Entlohnung von Straßenkünstlern und -musikern oder zur Vergabe von Trinkgeld eingesetzt. Eine der ersten Anwendungen von PAY WHAT YOU WANT in einem größeren wirtschaftlichen Kontext erfolgte jedoch erst im Jahr 2003 durch die Gründung
des Restaurants *One World Everybody Eats*. Es handelt sich hierbei um ein Restaurant in
Salt Lake City, bei dem die Kunden selbst den Betrag bestimmen können, den sie für die
bestellten Speisen und Getränke bezahlen möchten. Darüber hinaus besteht für die Kunden auch die Möglichkeit die Leistung natural zu vergüten, wie beispielsweise durch
Tellerwaschen oder Mithilfe im Garten. Laut Denise Cerreta, der Gründerin des Restaurants, wird mit diesem Konzept das Ziel verfolgt, gesellschaftlich Benachteiligten den
Zugang zu gesundem und nahrhaftem Essen zu ermöglichen.

Die Innovatoren

In den vergangenen Jahren erfreute sich das PAY WHAT YOU WANT-Muster zunehmender Beliebtheit. Ein Beispiel für eine Anwendung im professionellen Musikbereich stellt die britische Rockband *Radiohead* dar, welche dieses Muster für die Vermarktung ihres 2007 erschienen Albums *In Rainbows* nutzte. Das Album wurde auf der Internetseite der Band kostenlos zum Download zur Verfügung gestellt, wobei die Fans frei darüber entscheiden konnten, ob und wie viel sie dafür bezahlen möchten. Zwar blieb der durchschnittlich gezahlte Preis unter dem üblichen Marktpreis für ein Musikalbum, es wurde jedoch öfter als alle Vorgängeralben zusammengenommen heruntergeladen. Hierdurch konnte die Band ihren Bekanntheitsgrad maßgeblich steigern.

Eine andere Anwendung von PAY WHAT YOU WANT stellt das im Jahr 2006 gegründete Online-Musikportal *Noisetrade* dar. Auf *Noisetrade* können Bands und Musiker aus aller Welt ihre Musik hochladen und so einem erweiterten Interessentenkreis zugänglich machen. Die Musik kann kostenlos heruntergeladen werden, wobei jedoch die Möglichkeit besteht, dem Musiker nach dem Download ein „Tip" (Trinkgeld) in beliebiger Höhe zukommen zu lassen.

Eine weitere Form von PAY WHAT YOU WANT stellt das 2010 gestartete Vermarktungsexperiment *Humble Bundle* dar. Bei *Humble Bundle* werden in regelmäßigen Zeitabständen ausgewählte Computerspielbündel frei zum Download angeboten. Die Spieler können dabei die Höhe des Kaufpreises selbst bestimmen. Um die Spieler zur Abgabe eines möglichst hohen Betrags zu animieren, spendet *Humble Bundle* einen Anteil der Einnahmen an eine gemeinnützige Einrichtung. Des Weiteren wird derjenige Spieler mit dem am höchsten bezahlten Betrag nach Ablauf der Aktion mit einer kostenlosen Zusatzversion belohnt. Mit dieser Art Geschäftsmodell konnte *Humble Bundle* in den letzten drei Jahren einen Umsatz in Höhe von 33 Millionen US-Dollar erzielen.

37 PEER-TO-PEER

37 Peer-to-Peer Von Mensch zu Mensch

Das Muster

Der Begriff PEER-TO-PEER stammt originär aus der Computerbranche und steht dort für das Kommunizieren zweier oder mehrerer gleichberechtigter Rechner. In Form eines Musters werden mit PEER-TO-PEER meist Transaktionen zwischen Privatleuten bezeichnet, welche beispielsweise im Verleihen persönlicher Gegenstände, dem Anbieten von bestimmten Dienstleistungen und Produkten oder dem Teilen von Informationen und Erfahrungswerten bestehen können *(Was?)*. Das Unternehmen fungiert dabei als eine Art Mittler, welcher für die sichere und effiziente Abwicklung der Transaktion verantwortlich ist *(Wie?)*. Das Ziel besteht im Wesentlichen darin, sich als eine Art Anlaufstelle für die zwischenmenschlichen Bedürfnisse einer Gemeinschaft zu etablieren. Diese Funktion wird dann im weiteren Verlauf monetär geltend gemacht, zum Beispiel indem eine Transaktionsgebühr verlangt oder auf indirekte Umsatzformen (z. B. Werbung, Spenden) zurückgegriffen wird *(Wert?)*.

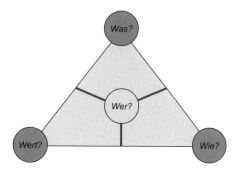

Aus Sicht der Nutzer besteht ein wesentlicher Vorteil von PEER-TO-PEER-basierten Geschäftsmodellen darin, dass Privatangebote auf ähnliche Art und Weise genutzt werden können, wie dies bei kommerziellen Anbietern der Fall ist *(Was?)*. Darüber hinaus schätzen viele auch die soziale Komponente, welche mit der Nutzung von PEER-TO-PEER-Angeboten verbunden ist *(Was?)*. Eine erfolgreiche Umsetzung dieses Musters hängt dabei zu einem großen Teil davon ab, inwieweit es dem Unternehmen gelingt, eine vertrauenswürdige Atmosphäre für das jeweilige Angebot zu schaffen *(Wie?)*. So schätzen viele Nutzer zwar die Möglichkeit, Privatangebote zu nutzen, möchten zugleich jedoch nicht auf den Komfort eines professionellen Angebots verzichten.

Der Ursprung

In Form eines Geschäftsmodellmusters hat sich PEER-TO-PEER seit etwa Anfang der 1990er Jahre entwickelt. Als ein zentraler Treiber gilt die Entstehung des Internets, welches das effiziente Zusammenführen von Menschen über den ganzen Erdball möglich gemacht hat. Darüber hinaus ist auch der Trend der sogenannten „Consumptive Collaboration" für das Entstehen von PEER-TO-PEER-Modellen verantwortlich. Im Zentrum dieses Trends steht die Wiederbelebung der Gemeinschaft und der damit einhergehenden gemeinschaftlichen Nutzung von Ressourcen. Zu den PEER-TO-PEER-Pionieren zählt das Online-Auktionsportal *eBay,* welches Menschen in über 30 Ländern erlaubt, ihre ausgedienten Privatgegenstände zu versteigern. Heute werden auf *eBay* weltweit täglich über zwölf Millionen Auktionen abgewickelt.

Die Innovatoren

Dem Erfolgsbeispiel von *eBay* sind in den vergangenen Jahren eine Reihe weiterer Unternehmen gefolgt. Ein Beispiel hierfür bietet das im Jahr 2005 gegründete Unternehmen *Zopa*. Es handelt sich um die weltweit erste sogenannte „Social-Lending-Plattform", auf der Privatpersonen sich gegenseitig untereinander Kredite verleihen können. Zu diesem Zweck geben potenzielle Kreditnehmer den benötigten Kreditbetrag sowie eine Spanne für die gewünschten Konditionen an. *Zopa* vermittelt die Kreditsuchenden daraufhin an willige Kreditgeber. Durch dieses Konzept findet die Kreditvergabe unter Ausschaltung jeglicher Form von Banken statt. Davon profitieren sowohl Kreditgeber als auch Kreditnehmer in Form von verbesserten Zinskonditionen.

Ein anderes Peer-to-Peer-Geschäftsmodell stellt das im Jahr 2010 gegründete Unternehmen *RelayRides* dar. Bei *RelayRides* handelt es sich um eine Art Car-Sharing-Konzept, bei dem private Pkw-Besitzer ihr Auto an andere Privatpersonen vermieten können. Zu diesem Zweck wird das Auto von *RelayRides* mit einem Chip- und Sicherheitssystem ausgerüstet und in ein Buchungssystem aufgenommen. Das von *General Motors* finanzierte Start-up ist in den USA sehr erfolgreich und zählt bereits zwei Jahre nach Lancierung über eine halbe Million Mitglieder. Weitere Beispiele für Peer-to-Peer haben sich im Wohnbereich etabliert. Ein Beispiel in diesem Zusammenhang ist *Airbnb*, wo Privatmenschen ihre eigenen Wohnräume an Übernachtungsgäste vermieten können. Bei dem Gastfreundschaftsnetzwerk *Couchsurfing* steht vor allem das soziale Miteinander im Vordergrund, indem es für Touristen aus der ganzen Welt kostenlose Schlafplätze auf der „Couch" von Lokalansässigen vermittelt.

38 PERFORMANCE-BASED CONTRACTING

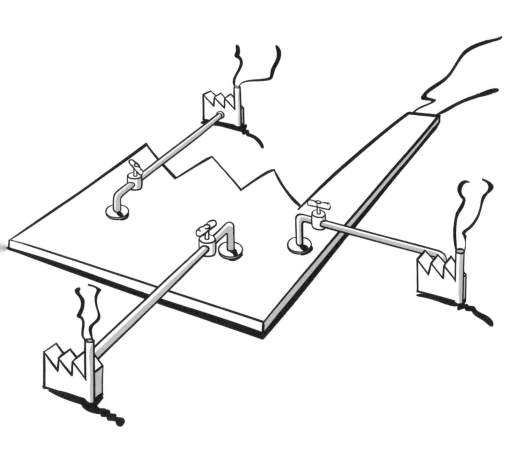

38 Performance-based Contracting
Ergebnisabhängige Vergütung

Das Muster

Bei dem Muster PERFORMANCE-BASED CON-
TRACTING errechnet sich der Preis für ein
Produkt nicht nach seinem physischen
Wert, sondern auf Basis der Leistung, welche damit erbracht wird. Die Leistung
wird dabei in einer festen Ergebnisgröße
gemessen, für die der Kunde dem Unternehmen einen festgelegten Betrag bezahlt
(Was? Wert?). In diesem Betrag sind typischerweise alle wesentlichen Kostenfakto-
ren wie Betriebs-, Wartungs- und Repara-

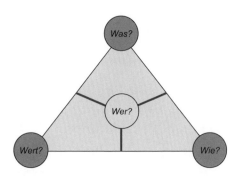

turkosten des Produkts enthalten, wodurch der Kunde vom Vorteil der Kostenkontrolle
profitiert *(Was?)*. Dabei spielt es keine Rolle, wie oft oder wie intensiv das Produkt zur
Herstellung einer Leistungseinheit genutzt werden muss, was einen wesentlichen
Unterschied zum PAY-PER-USE-Muster markiert. Der Hersteller, welcher das Produkt vertreibt, ist oftmals stark in den Leistungserstellungsprozess seines Kunden integriert
(Wie?), wodurch er seine Erfahrungen im Umgang mit dem Produkt weitergeben und
gleichzeitig neue Expertise aufbauen kann *(Wert?)*. Eine Extremvariante dieses Musters
stellen sogenannte Betreibermodelle dar, bei denen das Produkt im Besitz des Unternehmens verbleibt und von diesem betrieben wird *(Wie?)*. Das Unternehmen trägt hierdurch zwar ein vergleichsweise hohes finanzielles und operatives Risiko, profitiert
gleichzeitig jedoch auch von einer langfristigen und partnerschaftlichen Beziehung zu
seinen Kunden *(Wert?)*.

Der Ursprung

Die leistungsabhängige Vergütung hat ihren Ursprung in der Infrastrukturpolitik des
öffentlichen Sektors, wo sie seit Mitte des 20. Jahrhunderts in Form von sogenannten
Public Private Partnerships (PPP) praktiziert wird. Bei einer *PPP* handelt es sich um eine
partnerschaftliche Kooperation zwischen der öffentlichen Hand und der Privatwirtschaft. Die öffentliche Hand vergibt dabei an ein Unternehmen eine sogenannte Konzes-
sion, welche dieses rechtmäßig zur Ausführung einer öffentlichen Aufgabe ermächtigt.
Das Unternehmen wird in der Regel auf Basis der erbrachten Leistungseinheiten (z. B.
Anzahl an bereitgestellten Kindergartenplätzen) bezahlt, wodurch die Vergütung ergeb-
nisabhängig ist. Im Laufe der Zeit wurde die ergebnisabhängige Vergütung verstärkt
auch vom industriellen Sektor adaptiert.

Ein Pionier in diesem Zusammenhang ist der britische Flugzeugturbinenhersteller
Rolls-Royce, welcher dieses Musters seit Anfang der 1980er Jahre mit großem Erfolg in
Form seines sogenannten *Power-by-the-hour*-Angebots anwendet. Im Rahmen dieses

Angebots verkauft *Rolls-Royce* die Flugzeugturbine nicht mehr als solches, sondern ihre Flugleistung, welche in geflogenen Flugstunden bemessen wird. Die Turbine verbleibt dabei im Besitz des Unternehmens, welches auch für die Wartung und Instandhaltung der Turbine zuständig ist. Das *Power-by-the-hour*-Angebot erfreut sich bei den Kunden großer Beliebtheit. So werden heute über 70 Prozent der Einnahmen darüber generiert.

Die Innovatoren

Im weiteren Verlauf wurde die leistungsabhängige Vergütung auch auf weitere Bereiche übertragen. Ein Beispiel hierfür stellt die Chemiebranche dar, in der die leistungsabhängige Vergütung seit Ende der 1990er Jahre von der *BASF Coatings* mit großem Erfolg im Rahmen des sogenannten „Cost per Unit"-Modells praktiziert wird. Die Kunden, insbesondere Automobilhersteller wie *Daimler, VW* oder *BMW* bezahlen im Rahmen dieses Modells nicht mehr für das Kilo Lack, sondern für jede einwandfrei lackierte Karosserie. Die Verantwortung für den Lackierprozess wird dabei teilweise auf die *BASF* übertragen, welche vor Ort beim Kunden den Prozess betreut und somit zu dessen stetiger Effizienzverbesserung beiträgt. Der eingesparte Lackverbrauch wird dabei fair zwischen Kunden und Unternehmen geteilt, wodurch eine Win-Win-Situation entsteht.

Ein weiteres Beispiel für eine Anwendung der leistungsabhängigen Vergütung bietet *Xerox*, welches vor einigen Jahren dazu übergegangen ist, seine Leistungen nicht mehr nach verkauftem Kopiergerät, sondern nach der Anzahl der kopierten Seiten zu verrechnen. Im Rahmen dieses sogenannten „Cost-per-Page"-Modells werden die Geräte analog zu *Rolls-Royce* nicht mehr an den Kunden verkauft, sondern von *Xerox* für seine Kunden betrieben.

39
Razor and Blade

39 Razor and Blade
Haken und Köder

Das Muster

Das Basisprodukt wird günstig oder gar umsonst angeboten. Das Komplementärprodukt hingegen, das zur Nutzung des Basisprodukts benötigt wird, ist teurer und für den Hauptumsatz des Unternehmens verantwortlich *(Was? Wert?)*. Diese simple und zugleich raffinierte Geschäftslogik kennzeichnet das Geschäftsmodellmuster RAZOR AND BLADE, welches bildlich umschrieben auch als „Haken und Köder"-Muster bezeichnet wird. Die Grundidee

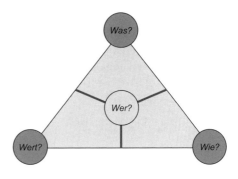

dieses Musters besteht darin, den Kunden in erster Instanz an sich zu binden, indem die Kaufbarrieren für das günstige Basisprodukt gesenkt werden *(Was?)*. Nicht selten wird hierzu das Basisprodukt zum oder gar unter dem Selbstkostenpreis angeboten. Geld wird dann erst in zweiter Instanz, nämlich durch das Verkaufen des Komplementärprodukts verdient *(Wert?)*.

Aus Sicht des Unternehmens ist mit RAZOR AND BLADE eine Quersubventionierung des Basisprodukts durch das Komplementärprodukt verbunden, was insbesondere bei häufig genutzten Komplementärprodukten wie Verbrauchsartikeln zu einem profitablen Geschäftsmodell führen kann *(Wert?)*. In anderen Worten bedeutet dies, dass mit dem Verkauf eines Basisprodukts nicht nur dieses selbst, sondern zugleich auch ein massives Umsatz- und Ertragspotenzial mit abgesetzt wird. Um hiervon als Unternehmen profitieren zu können, müssen Austrittsbarrieren existieren, die verhindern, dass die Kunden das Komplementärprodukt bei der Konkurrenz kaufen. Als effektive Stellhebel gelten beispielsweise Patentanmeldungen auf das Komplementärprodukt oder ein starker Markenaufbau *(Wie?)*.

Das RAZOR AND BLADE-Muster wird häufig auch in Kombination mit der LOCK-IN-Strategie angewendet, wie *Nespresso* zeigt.

Der Ursprung

Der historische Ursprung des RAZOR AND BLADE-Musters reicht weit in die Geschichte zurück. Als einer seiner Urväter gilt John D. Rockefeller, welcher gegen Ende des 19. Jahrhunderts damit begann, im großen Stil günstige Petroleumlampen nach China zu verkaufen. Die Einnahmen generierte er dabei durch den Verkauf des teuren Lampenöls, welches aus den Raffinerien seines eigenen Ölimperiums, der *Standard Oil Company*, stammte. Mit dieser Art Geschäftsmodell konnte Rockefeller sein Ölgeschäft sukzessive ausweiten und dadurch zum reichsten Mann der USA aufsteigen, später sogar der ganzen Welt. Seinen Namen verdankt das RAZOR AND BLADE-Muster jedoch einem anderen erfolgreichen Unternehmer, dem Rasierklingenpionier King Camp Gillette. King Camp Gillette erfand Anfang des 20. Jahrhunderts die austauschbare Rasierklinge („Blade"). Um das Geschäft mit den Rasierklingen anzukurbeln, verschenkte dieser das dazugehörige Rasiergerät („Razor") an das Militär sowie an Universitäten. Der Erfolg war so durschlagend, dass *Gillette* bereits drei Jahre nach der Ersteinführung seines Wegwerfklingen-Systems über 134 Millionen Rasierklingen verkaufen konnte. *Gillette* gilt dabei als ein Paradebeispiel dafür, wie Patente effektiv im Rahmen des RAZOR AND BLADE-Musters genutzt werden können. So stecken alleine im *Gillette-Fusion*-Modell über 70 Patente. Hierdurch ist es für Konkurrenten schwer, ins lukrative Rasierklingengeschäft einzusteigen und *Gillette* seine Haupteinnahmequelle streitig zu machen.

Die Innovatoren

In seiner fast 150-jährigen Geschichte hat das RAZOR AND BLADE-Muster zu einer Reihe von weiteren innovativen Geschäftsmodellen geführt. So wurde dieses beispielsweise in den 1980er Jahren von dem Druckerhersteller *Hewlett-Packard* übernommen, welcher die RAZOR AND BLADE-Logik erstmals für seinen 1984 herausgebrachten Tintenstrahldrucker *ThinkJet* anwendete. Es handelte sich hierbei um den weltweit ersten Tintenstrahldrucker für den Privatgebrauch, welcher bei seiner Einführung 495 US-Dollar kostete und damit im Gegensatz zu den teuren Industriedruckern auch für Otto-Normal-Verbraucher erschwinglich wurde. Der Hauptumsatz wird entsprechend mit den Druckerpatronen generiert. Die Einführung dieses Geschäftsmodells war richtungsweisend für die gesamte Druckerbranche, welche dieses bis heute in großem Stil anwendet.

Ein weiteres Beispiel für ein Unternehmen, das sein Geschäftsmodell weitgehend nach diesem Muster ausgerichtet hat, ist *Nestlé Nespresso* mit dem System günstige Kaffeemaschinen/teure Kaffeekapseln. Die Einführung des RAZOR AND BLADE-Musters vor über 20 Jahren stellte für die Kaffeebranche einen Bruch mit der damaligen Geschäftsmodelllogik dar. So galt Kaffee langläufig als Commodity-Produkt, welches weder Spielraum für hohe Preise noch für Innovationen bot. Die Geschäftsmodellinnovation von *Nespresso* war so erfolgreich – alleine im Jahr 2011 wurde hiermit ein Umsatz in Höhe von ca. 2,9 Milliarden Euro erzielt – dass *Nestlé* das RAZOR AND BLADE-Muster zwischenzeitlich auch auf andere Produkte wie Tee *(Nestlé Special.T)* und Babynahrung *(Nestlé BabyNes)* anwendet.

40

RENT INSTEAD OF BUY

40 Rent Instead of Buy Entgeltliches, temporäres Nutzungsrecht

Das Muster

Bei diesem Muster wird ein Produkt nicht vom Kunden gekauft, sondern gemietet. Der zentrale Nutzen für den Kunden besteht darin, dass er die Anschaffungskosten nicht aufbringen muss, welche sonst bei einem Kauf anfallen würden *(Was?)*. Durch den kurzfristig günstigeren Mietpreis, kann der Kunde dadurch Produkte nutzen, die er sich sonst gegebenenfalls nicht leisten könnte *(Was?)*. Ein weiterer Nutzen der Miete besteht darin, dass

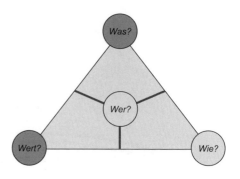

damit eine langfristige Kapitalbindung umgangen werden kann und damit für den Kunden ein größerer finanzieller Spielraum besteht *(Was?)*. Da viele Kunden die Vorteile der Miete schätzen – insbesondere im Bereich der kapitalintensiven Produkte – erschließt sich dadurch möglicherweise ein größeres Absatzpotenzial, als dies bei einer alleinigen Kaufoption der Fall wäre *(Wert?)*. Um als Unternehmen von diesem Muster profitieren zu können, muss gewährleistet sein, dass sich dieses die Vorfinanzierung der Produkte leisten kann, weil die Erträge in die Zukunft verlagert werden *(Wert?)*. Die Miete weist dabei große Ähnlichkeiten zum PAY PER USE auf, da bei beiden Mustern nur der temporäre Besitz, nicht jedoch das Eigentum an dem Produkt übergeht. Im Unterschied ist bei der Miete die Höhe des Geldbetrags jedoch nur von der Zeit des Besitzes, nicht jedoch von der effektiven Nutzung abhängig. Die Übergänge zwischen diesen beiden Mustern sind dabei oftmals fließend, z. B. beim Fahrzeugverleih mit zusätzlich verrechneten Kilometern, welche die Pauschale überschreiten.

Der Ursprung

Das RENT INSTEAD OF BUY-Muster stellt ein altes Geschäftsmodellmuster dar. Erste Belege hierfür finden sich 450 v. Chr. im alten Rom, wo beispielsweise Ackervieh vermietet wurde. Im weiteren Verlauf der Geschichte wurde das Konzept der Miete auf weitere Bereiche übertragen. Ein Beispiel hierfür ist auch das Lehnwesen aus dem Mittelalter, bei dem der Adel seinen Grundbesitz den Bauern überließ, hierfür jedoch einen Teil der Ernte einkassierte. Diese Art der „Miete" erfolgte nicht freiwillig, sondern unter Berufung auf die seinerzeit verbreitete Ständeordnung, in welcher die Bauern der Kirche und dem Adel hierarchisch unterstellt waren. Aus einer Gegenwartsperspektive ist das Mietmuster vor allem auf dem Wohnungsmarkt stark verbreitet. So werden beispielsweise im D-A-CH-Raum rund 50 Prozent aller Wohnungen nicht gekauft, sondern gemietet.

Die Innovatoren

Auch wenn das RENT INSTEAD OF BUY-Muster schon lange existiert, so lassen sich eine Reihe innovativer Geschäftsmodelle darauf zurückführen. Ein Beispiel hierfür stellen die ersten Autovermietungen dar, welche zum Ende des 19. und zu Beginn des 20. Jahrhunderts entstanden. Ein Pionier in diesem Zusammenhang war Joe Saunders, der im Jahr 1916 begann, sein Ford *Model T* primär an Geschäftsleute zu vermieten. Zu Beginn nutzte Saunders die Einnahmen von 10 Cent pro gefahrene Meile, um sein Fahrzeug in Stand zu halten. Schnell erkannte Saunders als geschickter Entrepreneur jedoch die Möglichkeit, ein lukratives Geschäftsfeld aufzubauen. 1925 war er mit seinem Autovermietungsunternehmen *Saunders System* bereits in 21 Staaten tätig.

Ein weiteres Beispiel für eine RENT INSTEAD OF BUY-Geschäftsmodellinnovation stellt das Model *Xerox 914* des Kopiermaschinenherstellers *Xerox* (damals noch unter dem Namen *The Haloid Photographic Company*) dar. Es handelte sich hierbei um das weltweit erste Trockenkopiergerät, welches von *Xerox* im Jahr 1959 auf den Markt gebracht wurde. Die technischen Eigenschaften dieses Modells waren revolutionär, so konnte man damit anstatt der bisher üblichen 15 bis 20 möglichen Kopien mehrere Tausend Kopien pro Tag anfertigen. Da das *Xerox 914*-Modell jedoch für die meisten potenziellen Abnehmer zu teuer war, führte *Xerox* ein Mietkonzept ein, welches die Nutzung des Kopiergeräts zu einem monatlichen Preis von 95 US-Dollar möglich machte. Dadurch schoss die Nachfrage nach fortschrittlichen Mietkopierern schon bald nach oben, so dass *Xerox* bereits wenige Jahre später nicht mehr mit der Produktion nachkam. Die US-amerikanische Zeitschrift Fortune wählte den *Xerox*-Kopierer damals zu dem erfolgreichsten Produkt, das jemals in Amerika vermarktet wurde.

Ein anderes Beispiel für ein Geschäftsmodell, welches auf dem Konzept RENT INSTEAD OF BUY basiert, ist *CWS-boco*. Das Unternehmen, welches im Jahr 2001 aus einer Fusionierung der Marken *CWS* und *boco* hervorging, bietet Miet-Services für Berufsbekleidung, Waschraumhygieneprodukte und Schmutzfangmatten an. Zu den Leistungen, welche in diesem Zusammenhang von dem Unternehmen erbracht werden, zählen beispielsweise die Abholung und fachgerechte Aufbereitung der Textilien in den unternehmenseigenen Wäschereien, das regelmäßige Warten von Hygienesystemen wie z. B. Seifen- und Handtuchspendern sowie die Versorgung mit entsprechenden Verbrauchsmaterialien. Durch dieses innovative Geschäftsmodell gelang es *CWS-boco*, sich zu einem der international führenden Anbieter von professionellen Waschraumhygienelösungen und textilen Servicelösungen zu etablieren.

Aber auch etablierte Mietmodelle, wie Partyzelt- oder Tonanlagenverleih, sind erfolgreich und werden oft angereichert durch zusätzliche Dienstleistungen wie Montage, Expertise und Bedienung. In den meisten Skiorten nimmt auch der Trend zum Skiverleih zu – mehr Flexibilisierung, Komplexitätsreduktion und erhöhter Komfort sind die Haupttreiber beim Kunden. Weitere Unternehmen, die sich das RENT INSTEAD OF BUY-Muster für innovative Geschäftsmodelle zu Nutze machen, sind *Luxusbabe*, *FlexPetz* und *RentAFriend*. Während man bei *Luxusbabe* Designerhandtaschen für eine geringe Nutzungsgebühr mieten kann, bieten *FlexPetz* und *RentAFriend* den Kunden die Möglichkeit, sogar Haustiere oder Freunde zu mieten.

41 Revenue Sharing

41 Revenue Sharing
Symbiotische Gewinnteilung

Das Muster

REVENUE SHARING bezeichnet die Praxis
von Unternehmen, Umsatz mit Stakeholdern zu teilen. Unternehmen, die das
REVENUE-SHARING-Muster anwenden, teilen meistens einen bestimmten Prozentsatz ihres Umsatzes mit jenen Stakeholdern, die einen signifikanten Anteil zur
Umsatzgenerierung beigetragen haben
(Wert?). Dies kann unter anderem durch
Kundenempfehlungen oder durch die
Übernahme wertschöpfender Tätigkeiten,
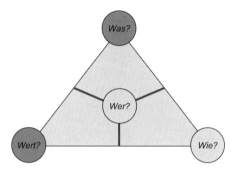
wie beispielsweise die Ausführung von Teilleistungen im Produktionsprozess, stattfin-
den. Unternehmen, die dieses Geschäftsmodellmuster anwenden, bieten ihren Stake-
holdern durch die direkte Umsatzbeteiligung einen stärkeren Anreiz, sowohl neues
Geschäft zu generieren als auch bestehendes Geschäft auszubauen *(Was?)*.

Zudem unterstützt die Anwendung des REVENUE-SHARING-Musters den Aufbau strategischer Partnerschaften, mittels derer die Kundenbasis vergrößert und damit die Erträge
gesteigert werden können, was folglich hilft, die Wettbewerbsfähigkeit des eigenen
Unternehmens zu stärken. Des Weiteren können durch Anwendung des Musters Vertriebskosten gespart sowie mit Stakeholdern Absatzrisiken geteilt werden *(Wert?)*. Das
REVENUE-SHARING-Muster setzt voraus, dass eine Partei eine Umsatzsteigerung erzielen
können muss, wofür im Gegenzug die andere Partei eine Beteiligung erhält, damit eine
symbiotische Beziehung bzw. Win-Win-Situation entstehen kann.

Der Ursprung

Spuren des REVENUE-SHARING-Musters finden sich bereits in Zeiten der wirtschaftlichen
Expansion Venedigs nach 810 n. Chr., die auf der Ausweitung des Handels basierte. Im
Rahmen eines sogenannten Commenda-Vertrags beteiligten sich zwei Partner, ein
„sesshafter" Kaufmann, der in Venedig blieb und vorwiegend als Kreditgeber agierte,
und ein „reisender" Kaufmann, der mit seiner Ladung an Produkten unterschiedliche
Märkte anfuhr, um die Waren zu verkaufen. Beide Parteien vereinbarten ein Risiko-
sowie ein Revenue Sharing, so dass der Kreditgeber für das Kreditrisiko haftete und der
„reisende" Kaufmann seine Arbeitszeit investierte. Bei profitablem Geschäft wurde der
Gewinn aufgeteilt, wobei der Kreditgeber in der Regel drei Viertel und der Kreditnehmer
ein Viertel des Gewinns erhielten. 1820 begannen in Frankreich die ersten Versuche
mit dem Konzept des Profit Sharings, als die französische Nationalversicherung für ihre
Belegschaft ein neues Gehaltskonzept mit Gewinnbeteiligung einführte.

Die Praxis, Mitarbeiter am Unternehmensgewinn zu beteiligen, wurde daraufhin von
zahlreichen weiteren Unternehmen aus unterschiedlichsten Branchen übernommen.

Ideengeschichtlich ist das Muster des Revenue oder Profit Sharing insbesondere von den Philosophen John Stuart Mill und Robert Hartmann weiterentwickelt worden. Letzterer hatte 1947 in der Idee des REVENUE SHARING die Möglichkeit gesehen, dass durch eine Gewinnbeteiligung die Verbundenheit und Identifikation mit dem Unternehmen gesteigert werden könnte und sich durch eine motiviertere Arbeitshaltung wiederum die Profite erhöhen ließen.

Die Innovatoren

1994 gründeten die Brüder Jason und Matthew Olim *CDnow*, eine Website, auf der Musikinteressierte eine große Auswahl an CDs finden konnten. Nur drei Monate nach der Gründung des Unternehmens, wurde das *„Buy Web"*-Programm ins Leben gerufen – die erste Anwendung dessen, was inzwischen als „Affiliate" oder „Associate" Marketing bekannt ist. Unterschiedliche Plattenfirmen sowie kleinere Künstler, welche CDs über das Internet verkaufen wollten, allerdings nicht selbst eine Webshop realisieren konnten oder wollten, konnten Links zur entsprechenden CD auf *CDnow* erstellen, die interessierte Kunden zu *CDnow* weiterleiteten. Um die Verlinkung zu fördern, offerierte *CDnow* eine Revenue-Sharing-Vereinbarung, die zahlreiche Partner anzog. Wenn ein Kunde durch einen Klick auf einer Partner-Webseite zu *CDnow* weitergeleitet wurde und einen Kauf tätigte, bekam der Partner drei Prozent der Einnahmen. Dies gab Partnern direkte finanzielle Anreize, um dem Programm beizutreten.

Ein weiteres Beispiel für die Anwendung des REVENUE-SHARING-Musters stellt *iTunes* von *Apple* dar. *Apple* behält 30 Prozent des Umsatzes aller Transaktionen, die durch den iTunes Service oder durch den *AppStore* abgewickelt werden, als Provision ein. *Apple* eröffnet mit seiner Plattform Möglichkeiten für Synergieeffekte. So profitiert das Unternehmen direkt von Applikationen Dritter, für deren Entwicklung das Unternehmen keinerlei Investitionen tätigen muss. Andererseits profitieren zum Beispiel freie Entwickler von *Apples* Bekanntheitsgrad, der bereitgestellten Infrastruktur, von vorgegebenen Entwicklungswerkzeugen und vor allem von den einfachen Vertriebsprozessen, die ihnen im *AppStore* zur Verfügung gestellt werden. Das gleiche Prinzip verfolgte das Unternehmen bereits im iTunes Store mit Musikern.

Ein drittes Beispiel für eine erfolgreiche Anwendung des REVENUE-SHARING-Musters wurde von der Firma *Groupon* umgesetzt. Das Unternehmen verkauft sogenannte „Groupons", die klassische Coupons darstellen, welche allerdings erst gültig werden, wenn sich eine bestimmte Anzahl von Interessenten zum Kauf entscheidet. *Groupon* behält 50 Prozent des Umsatzes eines „Groupons" als Provision ein und zahlt lediglich die Hälfte des Umsatzes an die ausführenden Unternehmen aus. Diese wiederum profitieren von der mittlerweile großen Bekanntheit und somit der hohen Reichweite, die *Groupon* zur Verfügung stellen kann.

Auch zahlreiche Dienstleistungs- und Beratungsunternehmen versuchen über REVENUE SHARING eine wertbasierte Bepreisung ihrer Leistung durchzusetzen. Damit wird dem Kunden das Risiko der hohen Kosten genommen und das Beratungsunternehmen eingebunden. Es ist beispielsweise in der Managementberatung nicht unüblich, zusätzliche Beteiligungen für die erzielten Kostenersparnisse im Unternehmen nach einer Restrukturierung, Produktionsoptimierung oder Produktredesign einzuführen.

42

REVERSE ENGINEERING

42 Reverse Engineering
Rasches Lernen vom Wettbewerber

Das Muster

Der englische Ausdruck REVERSE ENGINEE-RING setzt sich aus den Begriffen „Reverse" (zu dt. umgekehrt, rückwärts) und „Engineering" (zu dt. Konstruktion) zusammen. Er beschreibt ein Geschäftsmodellmuster, bei dem Unternehmen das Produkt eines anderen Marktteilnehmers beschaffen und in seine Einzelteile zerlegen. Sie gewinnen damit wertvolle Informationen bezüglich der Funktionsweise oder Zusammensetzung bestimmter Güter und können diese

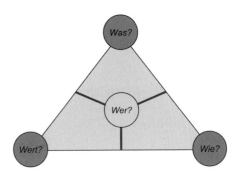

Informationen als Ausgangspunkt für die Herstellung eigener Produkte nutzen *(Wie?)*. „REVERSE ENGINEERING" muss sich jedoch nicht ausschließlich auf Produkte oder Dienstleistungen beschränken. Denkbar ist auch die Rekonstruktion von ganzen Geschäftsmodellen. In diesen Fällen wird die Wertschöpfungslogik von anderen Marktteilnehmern analysiert und auf das eigene Unternehmen übertragen.

Der Vorteil ist, dass die dadurch entstehenden Leistungen oftmals günstiger als das Original angeboten werden können *(Was?)*. Dies schon allein deshalb, weil weniger intensive Forschung und Entwicklung betrieben werden muss *(Wert?)*. Dem Imitator ist es durch das Prinzip des REVERSE ENGINEERING möglich, auf überflüssige Elemente zu verzichten und teure Materialien durch kostengünstigere Bestandteile zu ersetzen. Er kann somit ein etabliertes und erfolgreiches Produkt auch denjenigen Kundensegmenten zugänglich machen, die nicht in der Lage oder nicht bereit sind, teure Markenartikel zu erwerben. Charakteristisch ist dabei, dass sich die Entwicklungsabteilung der Unternehmen nicht wie üblich auf die Erforschung neuer, sondern auf die Nachahmung bereits bestehender Güter spezialisiert hat. Dadurch können sie auch aus den Fehlern und Erfahrungen des Pioniers lernen. Imitationen haben deshalb nicht selten das Potenzial, ebenbürtige oder gar überlegene Alternativen zu ihrem Original darzustellen *(Was?)*. Im Vordergrund steht also nicht das Erreichen eines „First-Mover"-Vorteils, sondern die Optimierung etablierter Produkte.

Da durch Imitationen aber oftmals die Rechte des ursprünglichen Erfinders und Entwicklers tangiert werden, ist in diesem Zusammenhang der Umgang mit Patenten und Lizenzen von zentraler Bedeutung. Um zeit- und kostenintensive Gerichtsverfahren zu vermeiden, muss speziell bei diesem Geschäftsmodellmuster auf eine rechtskonforme Umsetzung geachtet werden *(Wie?)*. Einen besonderen Stellenwert nimmt dabei die Beobachtung auslaufender Patente ein, da hier Nachahmungsanstrengungen nicht mehr der Gefahr ausgesetzt sind, durch Rechteinhaber blockiert zu werden.

Der Ursprung

Das Prinzip des REVERSE ENGINEERING wurde ursprünglich besonders für militärische Zwecke eingesetzt und kam im engeren Sinne erstmals während des ersten und zweiten Weltkrieges zur Anwendung. Zu dieser Zeit war es angesichts des rasanten technologischen Fortschritts strategisch äußerst wichtig, die Waffen- und Transportsysteme der feindlichen Truppenverbände zu verstehen. Häufig wurden deshalb die Konzepte erbeuteter oder gestohlener Kriegsgeräte mithilfe des REVERSE ENGINEERING für die eigenen Streitkräfte zugänglich gemacht. In ähnlicher Weise versuchte man später auch in der DDR, bestimmte Computer- und Hardware-Technologien zu rekonstruieren und die entsprechenden Modelle nachzubauen. Kommerziell und in größerem Ausmaß wurde das Prinzip des REVERSE ENGINEERING dann später insbesondere von der Pharma- sowie der Software-Industrie übernommen. Exemplarisch dafür sind die Hersteller von Generika. *Bayer* war beispielsweise das erste Pharmaunternehmen, das zu Beginn des 20. Jahrhunderts unter dem Namen *Aspirin* den seit vielen Jahrzehnten bekannten Wirkstoff „Acetylsalicylsäure" vermarktete. Das Präparat gehört damit zu den ältesten Generika und wird von der Weltgesundheitsorganisation mittlerweile auf der Liste der unentbehrlichen Arzneimittel aufgeführt.

Die Innovatoren

Innovatoren lassen sich auf dem Gebiet des REVERSE ENGINEERING insbesondere in der chinesischen Automobilindustrie finden. Während in China vor einigen Jahren noch weniger als ein Dutzend Automarken verfügbar waren, verzeichnet die Industrie heute Wachstumszahlen im zweistelligen Bereich und kann weit über hundert verschiedene Modelle anbieten. Diese Modelle weisen aber oftmals eine auffallende Ähnlichkeit zu den Fahrzeugen westlicher Autohersteller wie *Audi*, *Mercedes-Benz* oder *Škoda* auf. Offensichtlich wird das Geschäftsmodellmuster REVERSE ENGINEERING beispielsweise bei der Firma *Brilliance China Auto*. Das chinesische Unternehmen produzierte im Rahmen eines Joint-Ventures zunächst Fahrzeuge für *BMW*. Später begann es mit der Herstellung eigener Modelle, die stark vom Design des ehemaligen bayerischen Partners beeinflusst sind. Es ist naheliegend, dass Informationen von *BMW* zur Rekonstruktion der entsprechenden Bestandteile oder Technologien verwendet wurden. Für die chinesischen Produzenten erweist sich diese Strategie durchaus als effektiv. Sie sparen sich zu einem großen Teil die aufwendigen Entwicklungsprozesse und können von den günstigeren Produktionsbedingungen in Asien profitieren. Da die westlichen Modelle insbesondere in China beliebt sind, stoßen die weniger teuren Imitate dort auf positive Resonanz und stellen für die wachsende Mittelschicht eine erschwingliche Alternative zu den Originalen dar.

43 REVERSE INNOVATION

43 Reverse Innovation
Lernen von Einfachstlösungen

Das Muster

REVERSE INNOVATION beschreibt ein Muster, bei dem ein Produkt zunächst für ein
Schwellenland oder Dritte-Welt-Land (Ent-
wicklungsland) konzipiert, im Anschluss
jedoch auch mit großem Erfolg in einer
Industrienation verkauft wird *(Wie?)*. Hintergrund dieses Musters ist, dass viele
der Produkte, welche für den Gebrauch in
einem Schwellenland oder Dritte-Welt-
Land entwickelt werden, in der Regel extremen Anforderungen genügen müssen.

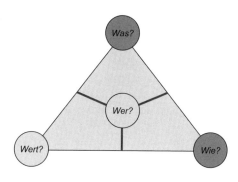

Um entsprechende Abnehmer zu finden, dürfen diese beispielsweise nur einen Bruchteil eines vergleichbaren Produkts aus einer Industrienation kosten. Gleichzeitig müssen sie Funktionalitäten aufweisen, welche den Standards einer Industrienation nahe
kommen.

In diesem Spannungsfeld entstehen oftmals gänzlich neue Problemlösungsansätze, wel-
che auch für Kunden aus einer Industrienation von großem Nutzen sein können *(Was?)*.
Der Begriff „reverse" rührt daher, dass neue Produkte früher in der Regel in den Labors
der westlichen Welt entwickelt und erst im weiteren Verlauf in Schwellenländern oder
Dritte-Welt-Ländern verfügbar wurden (sog. „Glocalization"). Bei der REVERSE INNOVA-
TION wird dieser Strom umgedreht, indem ein Produkt nun in einem Schwellenland oder
Dritte-Welt-Land entwickelt wird und anschließend global auch in den Industrieländern
kommerzialisiert wird *(Wie?)*. Diese Strategie steht im Gegensatz zu den Grundsätzen
der Volkswirtschaftslehre wie dem Produktlebenszyklus von Vernon aus den 1960er-
Jahren, wonach Produkte in wissens- und kapitalintensiven Industrieländern entwickelt
und in Niedriglohnländern produziert werden (Vernon, 1966).

Der Ursprung

Der Ursprung des REVERSE-INNOVATION-Musters ist in die 1990er-Jahren anzusiedeln.
In dieser Zeit sind in vielen ehemaligen Dritte-Welt-Ländern wie Indien oder China
neue attraktive Absatzmärkte entstanden. Um die lokale Bevölkerung mit innovativen
Produkten zu versorgen, haben viele multinationale Unternehmen in den letzten Jahren eigene F&E-Einheiten in diesen Ländern eingerichtet. Die in diesem Zusammenhang entwickelten Innovationen verkauften sich zum Erstaunen der Unternehmen
auch gut in den entwickelten Ländern, wodurch das Muster der REVERSE INNOVATION
entstand.

Als ein Pionier der REVERSE INNOVATION gilt der US-amerikanische Mischkonzern *General Electric*. Das Unternehmen brachte im Jahr 2007 auf dem chinesischen Markt ein

Ultraschallgerät heraus, welches an einen handelsüblichen Laptop angeschlossen werden kann und somit nur knapp ein Zehntel eines herkömmlichen Ultraschallgeräts kostet. Einige Jahre nach dessen Einführung gelang es *General Electric* diese Ultraschall-„Billigvariante" auch in Industrienationen wie Frankreich, Deutschland und den USA mit großem Erfolg zu verkaufen.

Die Innovatoren

Außer *General Electric* haben in der Vergangenheit auch andere Unternehmen das Reverse-Innovation-Muster erfolgreich für sich nutzen können. Ein Beispiel stellt der finnische Mobilfunkgerätehersteller *Nokia* mit seinem 2003 lancierten Modell *Nokia 1100* dar. Das Handy wurde ursprünglich für den indischen Absatzmarkt konzipiert, weshalb auf kostspielige Features wie Farb-Display, Handykamera oder aufwendige Software verzichtet wurde. Das Handy entsprach jedoch nicht nur dem Geschmack der indischen Bevölkerung, welche sich kein teures Handy leisten konnte, sondern auch dem vieler preisbewusster Konsumenten aus Industrienationen, welche sich ein schlichtes funktionales Mobilfunkgerät wünschten. Hierdurch entwickelte sich das *Nokia 1100* schon bald zu einem globalen Verkaufsschlager und konnte sich insgesamt über 250 Millionen Mal verkaufen.

Ein weiteres Beispiel für eine erfolgreiche Reverse Innovation stellt der *Dacia Logan* des französischen Automobilkonzerns *Renault* dar. Es handelt sich hierbei um ein „5000-Euro-Auto", welches von *Renault* ursprünglich für den osteuropäischen Automobilmarkt entwickelt wurde. Über zwei Drittel des Umsatzes wurden jedoch nicht in Ost-, sondern in Westeuropa erzielt, wo der *Dacia Logan* seit seiner Einführung im Jahr 2006 über 200 000 Mal verkauft werden konnte. Ein Beispiel für ein Unternehmen, dem die Reverse Innovation mit Waschmaschinen gelang, stellt der chinesische Elektronikkonzern *Haier* dar. *Haier* brachte Ende der 1990er-Jahre die Waschmaschine *Mini Magic Child* heraus, welche für das ländliche China als eine preisgünstige Alternative zu den großen und teuren Waschmaschinenmodellen konzipiert wurde. Nachdem sich die *Mini Magic Child* dort mit großem Erfolg verkaufen konnte, gelang *Haier* mit einer leicht aufgerüsteten Version, der *XQBM*, auch der Erfolg im Rest der Welt. Das *XQBM*-Modell verkaufte sich weltweit in über 68 Ländern über zwei Millionen Mal.

Häufig ist eine gleichzeitige Marktsegmentinnovation notwendig, wenn das Produkt, das beispielsweise für den chinesischen Markt entwickelt worden ist, in die Industrieländer wieder eingeführt wird. So werden häufig medizinisch-technische Geräte in China für den chinesischen Markt kostengünstig, aber auch stark vereinfacht und abgespeckt entwickelt; diese Produkte nennt man auch frugale Produkte, welche nur die notwendigsten Basisfunktionen enthalten. Bei der weltweiten Vermarktung dieser für chinesische Verhältnisse entwickelten Produkte werden in der ersten Welt neue Marktsegmente und Einsatzgebiete erschlossen. Ein enorm kostengünstiges Ultraschallgerät wird nun beispielsweise nicht mehr stationär in Krankenhäusern eingesetzt, sondern auch in mobilen Bereichen. Radikale Kostenreduktionen ermöglichen neue Einsatzgebiete für die gleichen Produkte.

44

ROBIN HOOD

44 Robin Hood
Nehmt es den Reichen und gebt es den Armen

Das Muster

Bei diesem Muster versucht ein Unternehmen, der englischen Sagenfigur ROBIN HOOD nachzueifern, indem es die sozial Benachteiligten einer Gesellschaft explizit auf Kosten der Bessergestellten begünstigt. Das Ziel dieses Musters besteht darin, Ersteren den Zugang zu einem Angebot zu ermöglichen, welches sie sich sonst nicht leisten könnten *(Was?)*. Die Einnahmen, welche mit den Bessergestellten erzielt werden, dienen der Quersubventionierung,

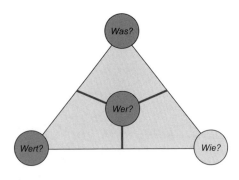

um den sozial Benachteiligten das Angebot des Unternehmens zu einem stark vergünstigten Preis oder den kostenlosen Zugang zum Angebot zu ermöglichen *(Was? Wer?)*. Während Letztere hierdurch in den Genuss einer wohlfahrtsähnlichen Unterstützung kommen, werden Erstere mit einem guten Gewissen entlohnt *(Was?)*. Das Unternehmen kann ebenfalls vom ROBIN-HOOD-Muster profitieren, da es hierdurch imagefördernd auf sich aufmerksam machen kann *(Wert?)*.

Der Ursprung

Auch wenn die Sagenfigur ROBIN HOOD aus dem Mittelalter stammt, ist das Muster erst seit ca. den 1970er-Jahren in der Unternehmenspraxis vorzufinden. Ein zentraler Treiber für dessen Verbreitung ist in dem wachsenden sozialen Verantwortungsbewusstsein von Unternehmen zu suchen, welches auch unter dem Stichwort „Corporate Social Responsibility" geläufig ist. Als einer der Pioniere des ROBIN-HOOD-Musters gilt die indische Augenklinik *Aravind Eye Care System*, welche im Jahr 1976 von dem pensionierten Augenspezialisten Dr. Govindappa Venkataswamy gegründet wurde. Mit *Aravind* verfolgt Venkataswamy das Ziel, die vermeidbare Erblindung in der indischen Bevölkerung zu bekämpfen. Mit über 60 Prozent ist deren häufigste Ursache die Erkrankung am grauen Star – einer Augenkrankheit, welche medizinisch problemlos behandelt werden kann, deren Behandlung sich aber der Großteil der indischen Bevölkerung nicht leisten kann.

Um diesem Missstand entgegenzuwirken, hat Venkataswamy ein Geschäftsmodell entwickelt, bei dem die wohlhabenden Patienten den regulären Preis für die Augenoperation bezahlen, die Armen hingegen für einen frei wählbaren Betrag oder gar kostenlos behandelt werden. Während die Einnahmen, welche mit den Reichen generiert werden, zur Deckung der Behandlungskosten der Armen aufgewendet werden, tragen die Armen zu einer verbesserten Klinikauslastung und so zu einer Realisierung von Größenvorteilen bei. Der Erfolg des Geschäftsmodells ist beeindruckend. Obwohl zwei Drittel der Patienten kostenlos operiert werden, erzielt das Unternehmen jedes Jahr aufs Neue einen Gewinn und konnte bis heute über zwei Millionen Augenoperationen durchführen.

Die Innovatoren

Im Verlauf haben eine Reihe weitere Unternehmen das ROBIN-HOOD-Muster zur Lancierung innovativer Geschäftsmodelle genutzt. Ein Beispiel hierfür stellt der US-amerikanische Schuhhersteller *TOMS Shoes* aus dem kalifornischen Santa Monica dar. Das Unternehmen wurde 2006 von Blake Mycoskie gegründet, welcher auf einer Lateinamerikareise mit der unschönen Tatsache konfrontiert wurde, dass sich ein Großteil der dort ansässigen Bewohner keine oder nur minderwertige Schuhe leisten kann. Hierdurch leiden diese überdurchschnittlich oft unter Fußerkrankungen wie der Podoconiosis („Elefantenfußkrankheit"), welche durch Bakterien aus dem Boden verursacht wird. Mit der Gründung von *TOMS Shoes* hat es Mycoskie sich zum Ziel gesetzt, diesem Leiden ein Ende zu bereiten. Das Geschäftsmodell von *TOMS Shoes* basiert auf einem sogenannten „One-for-One"-Modell, was bedeutet, dass das Unternehmen pro verkauftem Paar Schuhe ein Paar gratis an einen Bedürftigen abgibt. Um die finanziellen Mittel hierfür aufbringen zu können, kostet ein Paar *TOMS Shoes* zwischen 50 und 100 US-Dollar und damit in etwa doppelt so viel wie seine Herstellkosten – die Käufer scheint der hohe Preisaufschlag nicht zu stören. Nur vier Jahre nach der Gründung hatte *TOMS Shoes* bereits über eine Million Paar Schuhe in über 25 Ländern verkauft.

Ein anderes Beispiel für eine erfolgreiche Anwendung des ROBIN-HOOD-Musters stellt die Initiative *One Laptop per Child* (*OLPC*) dar, welche im Jahr 2005 aus einem Forschungsprojekt des MIT-Professors Nicholas Negroponte hervorging. Es handelt sich hierbei um eine Art Ausbildungsprojekt für die Dritte Welt, welches es sich zum Ziel gemacht hat, Kindern in diesen Ländern Zugang zu Wissen, Information sowie modernen Kommunikationsmitteln zu verschaffen und ihnen somit eine bessere Zukunft zu ermöglichen. Im Zentrum der *OLPC*-Initiative steht der Schülerlaptop *XO*, welcher in seiner Produktion nur 100 US-Dollar kostet und speziell für den Schuleinsatz in der Dritten Welt konzipiert wurde. Um die rasche Verbreitung dieses Laptops voranzutreiben, nutzt die Initiative ein zu *TOMS Shoes* ähnliches Modell. Unter dem Namen „*Give One Get One*" werden regelmäßig Aktionen durchgeführt, bei denen Privatpersonen einen *XO* kaufen können und durch ihren Kauf einen Laptop für ein Kind in der Dritten Welt finanzieren.

45

SELF-SERVICE

45

Self-Service
Der arbeitende Kunde

Das Muster

Beim Geschäftsmodellmuster SELF-SERVICE
werden Teile der Wertschöpfungskette vom
Unternehmen auf den Kunden übertragen
(Wie?). Klassische Anwendungsbeispiele
stellen die Abholung der Ware aus dem
Verkaufsregal, die Durchführung von Pla-
nungsaktivitäten oder das Abwickeln von
Zahlungsvorgängen dar. Für das Unternehmen ergeben sich im Rahmen dieses Musters enorme Einsparpotenziale im Bereich
seiner Personalkosten. So kann unter Nut-

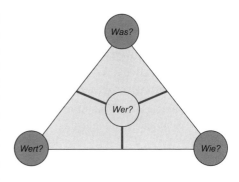

zung der Arbeitsleistung des Kunden im Regelfall der Personalbestand signifikant reduziert werden *(Wert)*. Die eingesparten Kosten werden dabei oftmals an den Kunden weitergegeben, so dass dieser im Gegenzug für seine eingebrachte Arbeitsleistung von einem
reduzierten Angebotspreis profitiert. Neben diesen Preisersparnissen profitiert der
Kunde im Rahmen der Selbstbedienung typischerweise auch von Zeitersparnissen *(Was?)*.
So lassen sich manche Wertschöpfungsvorgänge schneller und effizienter durch den
Kunden erledigen, als dies im Vergleich zu einer Durchführung durch das Unternehmen
möglich ist.

Der Ursprung

Das SELF-SERVICE-Muster hat seinen Ursprung in den USA, wo es zu Beginn des 20. Jahrhunderts zu ersten Selbstbedienungsläden führte. Anstatt wie in der damaligen Zeit
üblich, wurde der Kunde nicht nach dem Tante-Emma-Laden-Prinzip am Verkaufstresen
bedient, sondern er musste die benötigte Ware selbst aus dem Regal holen. Die Entstehung der Selbstbedienung kann als ein Ausdruck des Wunsches nach erhöhter Produktivität und Leistungsfähigkeit verstanden werden, welche im Zug der fortschreitenden
Industrialisierung aufkam. Eine Anekdote wiederum besagt, dass die Selbstbedienung
durch gestresste Kunden initiiert worden sei, die aus ihrer Ungeduld heraus damit
begannen, die Ware selbst aus den Regalen zu holen. Im Laufe der Zeit wurden Selbstbedienungsläden auch außerhalb von Nordamerika eingeführt. Vorreiter in Europa
waren Schweden und Deutschland, wo es in den 1930er Jahren bzw. nach Beendigung
des Zweiten Weltkrieges ebenfalls zur Eröffnung erster Selbstbedienungsländen kam.

Die Innovatoren

Im Zuge des wachsenden Bedarfs an effizienteren Leistungssystemen wurde die Selbstbedienung im weiteren Verlauf auch außerhalb des Einzelhandles adaptiert. Ein Beispiel
hierfür ist das Möbelunternehmen *IKEA*. Bei *IKEA* muss der Kunde die Möbel nicht nur
selbst aus dem Warenlager holen und sie zur Kasse bringen, sondern darüber hinaus
auch selber zusammenbauen. Durch diese Art der Selbstbedienung kann das Unternehmen signifikante Kosteneinsparungen im Bereich seiner Vertriebs- und Produktionskosten realisieren. Darüber hinaus spart es gegenüber einem herkömmlichen Möbelher-
steller auch Lagerkosten, da die Bausätze für die Möbel ein geringeres Lagervolumen
benötigen. Heute hat das Geschäftsmodell von *IKEA* längst Kultstatus, es galt jedoch bei
seiner Einführung vor über 70 Jahren als revolutionär für die gesamte Branche.

Eine weitere erfolgreiche Anwendung des SELF-SERVICE-Musters stellen sogenannte
Selbstbedienungsbäckereien dar. In Deutschland wurde die erste Selbstbedienungsbäckerei im Jahr 2001 durch das Unternehmen *BackWerk* eröffnet. Anders als bei einer
klassischen Bäckerei wird der Kunde hier nicht am Tresen bedient, sondern er holt die
Brötchen selbst aus dem Regal. Durch die Einbindung des Kunden in die Wertschöpfung
können die Backwaren im Vergleich zu herkömmlichen Bäckereien im Schnitt 30 bis
45 Prozent günstiger angeboten werden. Seit Eröffnung der Bäckerei nach diesem
Konzept befindet sich das Unternehmen auf Erfolgskurs und umfasst mittlerweile über
285 Filialen.

Eine weitere erfolgreiche Anwendung des SELF-SERVICE-Musters findet sich in der Hotelbranche in Form des Hotelkonzepts *Ibis Budget*, welches vom französischen Hotelkon-
zern *Accor* lanciert wurde. Es handelt sich hierbei um eine Art Automatenhotel, bei dem
der Kunde sich selbst an einem Computer ein- und auscheckt. Das Hotel spart sich
hierdurch die Rezeption, wodurch dem Kunden kompetitive Übernachtungspreise angeboten werden können. Heute umfasst *Ibis Budget* über 600 Hotels in zwölf verschiedenen Ländern, wobei der Schwerpunkt in Frankreich liegt, wo das Hotel *F1* heißt. *F1* hat
in Frankreich kürzlich eine Internetkampagne lanciert, bei der knapp 7000 Zimmer in
zwei Wochen für den Preis von 9,99 Euro pro Zimmer vermietet wurden.

46 SHOP-IN-SHOP

46 Shop-in-Shop
Symbiotisches Huckepack

Das Muster

Das Geschäftsmodellmuster SHOP-IN-SHOP ist ein Konzept, bei dem Handels- oder Dienstleistungsbetriebe ihre Verkaufsräume innerhalb eines anderen Geschäfts einrichten *(Wie?)*. Es handelt sich somit im engeren Sinn um einen Laden innerhalb eines Ladens. Das integrierte Unternehmen ist dabei in Bezug auf die Sortimentsgestaltung und die Präsentation der angebotenen Leistung grundsätzlich frei.

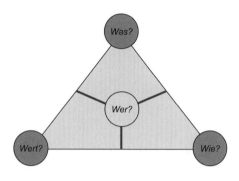

Anstatt selbst einen eigenen Vertriebsstandort zu eröffnet, mietet sich der Betrieb entweder in ein bestehendes Geschäft ein oder stellt dort sein Konzept als Franchise-Geber zur Verfügung. Dadurch können wertvolle Synergien entstehen, die eine „Win-Win"-Situation für beide Unternehmen schaffen. Für den integrierten Betrieb bietet sich der Vorteil, dass die Übernahme von Verkaufsräumen unter Umständen eine wesentlich kostengünstigere und flexiblere Alternative als der Aufbau eines eigenen Ladens darstellt, auch erhält man dadurch gegebenenfalls Zugang zu einer bevorzugten Lage *(Wert?)*.

Die Möglichkeit zur Markenprofilierung ist dadurch nicht zwangsweise eingeschränkt, da der entsprechende Verkaufsraum in der Regel individuell gestaltet werden darf. Darüber hinaus kann die Stammkundschaft des bereits etablierten Unternehmens als mögliches Zielkundensegment für das eigene Leistungsangebot akquiriert werden. Auf der anderen Seite profitiert das vermietende Unternehmen von einer potenziell stärkeren Kundenbindung, da durch die Integration der zusätzlichen Produkte und Dienstleistungen ein Mehrwert entsteht *(Was?)*. Der Kundschaft kann durch den SHOP-IN-SHOP ein größeres Spektrum an Produkten und Dienstleistungen angeboten werden, was auch die Bündelung von Geschäften an einem Ort mit gemeinsamer Abrechnung ermöglicht *(Was?)*. Für den Anbieter der Rahmeninfrastruktur ist es aus finanzieller Sicht durch die Vermietung der Verkaufsflächen einerseits möglich, neue Einkommensströme zu generieren. Andererseits entfallen Kosten, da die Sortimentsgestaltung und die Präsentation der Artikel von den integrierten Unternehmen übernommen werden *(Was? Wie?)*. In Bezug auf die Kooperationsform sind den Geschäften keine Grenzen gesetzt. Sie reichen von klassischen Mietverträgen bis hin zu innovativen Franchising-Konzepten.

Der Ursprung

Die Geschichte des Shop-in-Shop-Musters geht bis ins antike Rom zurück, wo auf den sogenannten Trajansmärkten erstmals verschiedene Geschäfte gemeinsam untergebracht wurden, um eine Bündelung der Betriebe zu erreichen. Moderne Formen dieses Konzepts fanden zu Beginn des 20. Jahrhunderts insbesondere in den USA zunehmende Verbreitung, als große Kaufhäuser (sogenannte „Malls") unterschiedliche Unternehmen auf einer einzigen Verkaufsfläche vereinten. Später entstand daraus das Geschäftsmodellmuster Shop-in-Shop, bei dem Fachhändler begannen, die Verkaufsflächen eines anderen Ladens zu mieten und individuell zu organisieren.

Die Innovatoren

Zu den prominentesten Innovatoren dieses Geschäftsmodellmusters zählt der Werkzeughersteller *Bosch*. Das deutsche Unternehmen bietet unter anderem Produkte und Dienstleistungen im Bereich Elektrowerkzeuge an. Um die Jahrtausendwende bekam *Bosch*, wie auch andere Markenhersteller, immer mehr Konkurrenz durch „Noname"-Produkte und mehr und mehr Baumarktkunden griffen auf die günstigeren Alternativen zurück. Die Kunden gehen in der Regel ohne bestimmtes Vorwissen auf die Suche nach einem passenden Produkt in den Baumarkt und verzichten deshalb in Anbetracht der Preisdifferenz häufig auf die Anschaffung teurer Markengeräte. Bei der großen Mehrheit der Konsumenten wäre jedoch ein großes Informationsbedürfnis am Verkaufsort vorhanden, um die Produkteigenschaften verschiedener Maschinen besser abschätzen zu können. Markenhersteller wie *Bosch* haben deshalb bereits seit der Jahrtausendwende das Shop-in-Shop-Konzept übernommen. Ein Teil des Vertriebs ihrer Produkte findet auf eigenen Verkaufsflächen innerhalb anderer Geschäfte statt. Dort haben sie die Möglichkeit, ihre Marken gegenüber den „No-Name"-Produkten in den Regalen besser zu positionieren und durch eigenes Verkaufspersonal professionell zu präsentieren, was die Mehrheit der Kunden mit positiver Resonanz bestätigen. Dies hat nicht nur umsatzspezifische Vorteile für *Bosch*, sondern kann somit auch den Kunden bei ihrer Kaufentscheidung helfen. Darüber hinaus profitieren die Vermieter der Verkaufsflächen von zusätzlichen Einkünften sowie dem Mehrwert, den die Produkthersteller durch das Shop-in-Shop-Konzept erzeugen.

Ein weiterer Innovator, der das Shop-in-Shop-Muster anwendet, ist die *Deutsche Post*. Der Unterhalt eigener Filialen erweist sich oftmals als kostenintensiv, was insbesondere in Anbetracht der wachsenden Konkurrenz durch private Kurier- und Logistikdienstleister sowie der zunehmenden Verbreitung elektronischer Korrespondenz über das Internet wirtschaftlich teilweise nicht mehr tragbar ist. Die *Deutsche Post* hat deshalb begonnen, ihre Annahmestellen in Supermärkten oder Einkaufszentren zu errichten. Der steigende Kostendruck kann somit durch das Shop-in-Shop-Prinzip entschärft werden. Die Kunden profitieren davon, indem sie nicht extra eine Postfiliale aufsuchen müssen und die Aufgabe von Briefen oder Paketen mit der Erledigung der Einkäufe verbinden können. Für die Vermieter stellen die integrierten Postfilialen ein zusätzliches Leistungsangebot dar, das ihre Attraktivität für potenzielle Kunden erhöht.

Auch das Kaffeehaus *Tchibo* ist bekannt für seine Shop-in-Shop-Angebote. 1973 wurden erste sogenannte „Frische Depots" in Bäckereien und Konditoreien errichtet. Diese waren anfänglich lediglich hervorgehobene Regale, die Kaffeeprodukte der Marke *Tchibo* in einer exklusiven Form zum Verkauf anboten. 1987 wurde diese Art des Vertriebs auch auf andere Lebensmittelhändler ausgeweitet und das Angebot um generelle Gebrauchsartikel aus der *Tchibo*-Welt erweitert. Während *Tchibo* durch eine exklusive Präsentation und eigene Verkaufsbestimmungen eine weitere Verbreitung und Vorteile im Vertrieb erzeugt, ohne dafür Kosten für eigene Filialen aufbringen zu müssen, können die Ladenbetreiber von der Anreicherung ihres Angebots und Mieteinnahmen profitieren.

47

SOLUTION PROVIDER

47 Solution Provider
Alles-aus-einer-Hand-Anbieter

Das Muster

Beim Muster SOLUTION PROVIDER werden dem Kunden nicht nur die Produkte des Unternehmens, sondern eine umfassende Gesamtlösung an integrierten Produkt- und Dienstleistungsangeboten angeboten *(Was?).* Hierzu gehören typischerweise auf die Bedürfnisse des Kunden zugeschnittene Serviceverträge und Beratungsleistungen sowie die benötigten Verbrauchsmaterialien und Ersatzteile. Das vorrangige Ziel dieses Musters besteht darin, den

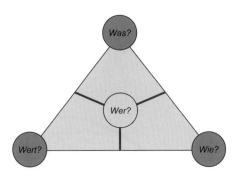

Kunden ein „Rundum-Sorglos-Paket" zu offerieren, welches ihm einen Großteil aller Aufgaben und Probleme in einem bestimmten Bereich abnimmt. Der Kunde kann sich so vollumfänglich auf sein Kerngeschäft konzentrieren und seine Performance oftmals signifikant verbessern *(Was?).* Das als SOLUTION PROVIDER agierende Unternehmen kann das Muster dahingehend für sich nutzen, als dass es eine intensivierte Beziehung zu seinen Kunden aufbauen kann *(Wert?).*

Oftmals ist das Unternehmen, welches das SOLUTION-PROVIDER-Geschäftsmodellmuster anwendet, selbst der „Single Point of Contact" beim Kunden, da es den gesamten Bedarf rund um das Kundenproblem mit seinen Produkten und Dienstleistungen abdeckt *(Wie?).* Dies stärkt die Position des Unternehmens gegenüber dem Wettbewerb. Darüber hinaus erhält das Unternehmen im Rahmen dieses Musters oftmals Zugang zu einer Reihe von wichtigen Informationen über die Nutzungsgewohnheiten und Bedürfnisse seiner Kunden. Diese können wiederum genutzt werden, um neue, noch bessere Lösungen zu entwickeln und sich somit nachhaltig von der Konkurrenz zu differenzieren *(Wert?).*

Der Ursprung

Auch wenn an das Muster des SOLUTION PROVIDER keine expliziten Anwendungsvoraussetzungen geknüpft sind, kann sein Ursprung allgemein der Maschinenbaubranche zugeordnet werden. Durch ihre hohe Zyklizität ist diese wie kaum eine andere Branche darauf angewiesen, Einnahmen auch außerhalb des Produktgeschäfts zu generieren. Ein Paradebeispiel ist *Heidelberger Druckmaschinen,* welche in den vergangenen 15 Jahren einen beeindruckenden Wandel weg von einem traditionellen Druckmaschinenhersteller hin zu einem Lösungsanbieter vollzog. Das Unternehmen verkauft heute nicht mehr nur die Maschine als solches, sondern vielmehr den gesamten Prozess, den der Kunde zur Herstellung seiner Endprodukte benötigt. Hierzu gehören neben dem Druck-Equipment eine Reihe von Monitoring- und Beratungsdienstleistungen, welche zur Verbesserung des Workflows während des Druckprozesses beitragen. Heute generiert der weltweite Marktführer für Bogenoffset-Druckmaschinen nicht mehr wie einst 80, sondern nur noch 60 Prozent seines Umsatzes durch den Verkauf von Maschinen. Die restlichen 40 Prozent des Umsatzes werden durch das Verkaufen von Serviceleistungen erzielt.

Die Innovatoren

In den vergangenen Jahren hat das Muster des SOLUTION PROVIDER eine zunehmende Verbreitung erfahren. Ein Beispiel stellt das Unternehmen *Lantal Textiles* dar, welches sich auf die Herstellung und Vermarktung von Textilien und Dienstleistungen für den internationalen Luft-, Bus-, Bahn- und Kreuzfahrtschiffverkehr spezialisiert hat. Das ursprünglich als eine Leinenweberei gegründete Unternehmen befindet sich nach Aussage des CEO Urs Rickenbacher in einem anhaltenden *„(...) Transformationsprozess vom ehemaligen Textilunternehmen, das wunderschöne Stoffe herstellt, hin zum Systemanbieter, der Lösungen für seine Kunden konzipiert und umsetzt"*. Das Dienstleistungsportfolio von *Lantal Textiles* umfasst beispielsweise das Designen des Textilinterieurs für komplette Flugzeugkabinen sowie das fachgerechte Einlagern der Stoffe für seine Kunden. Mit diesem Geschäftsmodell gelingt es dem Unternehmen, sich nachhaltig gegenüber seiner Konkurrenz zu differenzieren und die Position des Marktführers einzunehmen.

Der weltweit führende Handelskonzern *Würth* hat seinen Schraubenvertrieb erweitert auf 120 000 Produkte im Bereich Befestigungs- und Montagematerial sowie Werkzeuge. Der Handwerker erhält heute alles aus einer Hand von *Würth* und muss sich in vielen Fällen nicht einmal mehr um die Bestellung von Nachschub an Verbrauchsmaterial kümmern. Der Schritt vom Schraubenhändler zum SOLUTION PROVIDER hat *Würth* innerhalb einer Generation von einem Zwei-Mann-Betrieb zu einem Konzern mit über 66 000 Mitarbeitern und zehn Milliarden Euro Umsatz gemacht. Die heutige Herausforderung liegt darin, das erfolgreiche Geschäftsmodell in den asiatischen Wachstumsmärkten ebenso erfolgreich zu etablieren.

Ein anderes Unternehmen, welches sich das Muster des SOLUTION PROVIDER erfolgreich zu Nutze macht, ist der Verpackungsspezialist *Tetra Pak*. Das Unternehmen bietet seinen Kunden ein breites Portfolio an Produkten und Dienstleistungen für die Verarbeitung, Verpackung und Distribution von Lebensmitteln an. Neben dem *Tetra Pak*-Verpackungsmaterial gehören hierzu beispielsweise das Entwerfen von kompletten Abfüll- und Verpackungsanlagen.

Das traditionelle Produktunternehmen *3M*, bekannt durch eine hohe Innovativität in der Produktentwicklung, hat in Deutschland in 2010 mit der Gründung der *3M Services GmbH* einen Schritt in die Richtung SOLUTION PROVIDER unternommen. Gesamtlösungen aus einer Hand werden angeboten, die meisten Lösungen basieren zwar auf innovativen *3M*-Produkten, diese werden aber durch komplementäre Partnerangebote ergänzt.

Das *Geek-Squad*-Geschäftsmodell basiert auf der Bereitstellung eines umfassenden Supports für technische Geräte aller Art wie zum Beispiel Computer, Mobiltelefone, Drucker, Spielekonsolen, DVD-Player, MP3-Player oder Webcams. Sollte eines dieser Geräte nicht wie vom Kunden gewünscht funktionieren, kümmert sich *Geek Squad* lösungsorientiert um eine Behebung des Problems. Als Grundlage hierzu dienen eine unternehmenseigene Task Force an ausgebildeten Fachkräften sowie ein 24 Stunden am Tag und 365 Tage im Jahr verfügbarer Telefonservice. Angesichts der zunehmenden Überforderung der Konsumenten durch die technische Komplexität vieler Geräte scheint *Geek Squad* einen Nerv der Zeit getroffen zu haben. Das überwiegend in den USA operierende Unternehmen umfasst heute über 20 000 Mitarbeiter und konnte seit seiner Gründung im Jahr 1994 regelmäßig zweistellige Wachstumsraten für sich verbuchen.

48

SUBSCRIPTION

48 Subscription
Abonnieren von Leistungen

Das Muster

Beim Muster der SUBSCRIPTION, welches
auch unter dem Begriff Abonnement geläufig ist, bezieht der Kunde in regelmäßigen
Abständen eine Leistung. Die Nutzungsfre-
quenz und -dauer werden dabei vertraglich
mit dem Unternehmen vereinbart und vom
Kunden im Voraus oder in regelmäßigen
Zeitabständen bezahlt *(Wert?)*. Der Vorteil
dieses Musters für den Kunden ist, dass er
die einzelne Leistung nicht immer wieder
aufs Neue erwerben muss, wodurch er Zeit

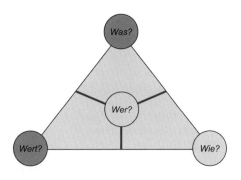

und Kosten bei der Beschaffung spart. Darüber hinaus kommt er nicht selten in den
Genuss eines reduzierten Preises *(Was?)*. So räumen viele Unternehmen ihren Kunden im
Rahmen des Vertragsabschlusses einen Preisabschlag ein, da sich dieser für eine mehr-
malige Abnahme der Leistung verpflichtet und dem Unternehmen so kalkulierbare Einnahmeströme beschert *(Wert?)*. Zentral für die Umsetzung der SUBSCRIPTION ist, dass der
Kunde die längerfristige Bindung nicht als eine Abo-Falle wahrnimmt, sondern die Nut-
zenvorteile dieses Musters aus seiner Sicht überwiegen.

Der Ursprung

Das Muster SUBSCRIPTION wurde erstmalig im 17. Jahrhundert im deutschen Buchhandel angewendet. Es wurde hier in erster Linie dazu genutzt, um die Auflagenhöhe hoch-
preisiger Werke wie zum Beispiel mehrbändigen Enzyklopädien oder Fachbüchern
ermitteln und so eine ausreichende Deckung der Herstellungskosten erreichen zu können. Kurze Zeit später wurde die SUBSCRIPTION dann vom Zeitschriften- und Zeitungs-
handel übernommen, wo sie nach wie vor das dominante Geschäftsmodell darstellt. Zu
den ersten Anwendungsformen gehörten die sogenannten Pfennigblätter, welche Mitte
des 19. Jahrhunderts entstanden. Unter einem Pfennigblatt ist eine günstige Zeitung auf
dem Niveau der heutigen Klatschpresse zu verstehen, welche von ihren Lesern jahres-
weise für einige wenige Dollar abonniert werden konnte.

Die Innovatoren

Ungeachtet seines historischen Ursprungs ist das Muster für eine Reihe von innovativen
Geschäftsmodellen in der Gegenwart verantwortlich. Ein Beispiel hierfür stellt der Soft-
ware-Anbieter *Salesforce* dar, welcher das SUBSCRIPTION-Muster vor über zehn Jahren
auf die Software-Branche übertrug. Der Kunde zahlt hier einen monatlichen Betrag,
wofür er die Software des Unternehmens inklusive aller Updates über das Internet nutzen kann. Mit dieser Art Geschäftsmodell gelang es *Salesforce,* sich von den anderen

Software-Unternehmen der Branche zu differenzieren, in der bis dato das Lizenzmodell – das heißt der einmalige Erwerb einer Software-Lizenz – vorherrschend war. Heute zählt *Salesforce* mit seiner Idee des Software-Abonnements zu den zehn weltweit am schnellsten wachsenden Unternehmen.

Ein weiteres erfolgreiches Beispiel für das SUBSCRIPTION-Muster stellt das Schweizerische Unternehmen *Blacksocks* dar. *Blacksocks* bietet seinen Kunden mit der *Sockscription*^{TM} ein Abo-Modell für Socken an, bei dem der Kunde alle paar Monate mit neuen Paaren an schwarzen Socken versorgt wird. Seit seiner Gründung im Jahr 1999 konnte das Unternehmen mit diesem Geschäftsmodell große Erfolge feiern. Heute zählt das Unternehmen über 50 000 Kunden in 75 Ländern und konnte bereits über eine Millionen Socken verkaufen. Bei *Blacksocks* ist vor allem die Emotionalisierung eines einfachen Produkts, wie schwarze Socken, ein wichtiger Erfolgsfaktor. Mit dem Sockenpaket werden inspirierende Kommentare, Briefchen und Aufmerksamkeiten versendet, so dass das Abonnement über den Grundnutzen der Sockenversorgung (und -entsorgung!) hinaus Spaß macht. Mit dem Unternehmen *Dollar Shave Club* wird die SUBSCRIPTION derzeit auch auf Rasierklingen angewendet. Der Kunde kann hier ein Monats-Abo für Rasierklingen für bereits einen US-Dollar monatlich lösen, wodurch er regelmäßig mit günstigen Klingen versorgt wird.

49 SUPERMARKET

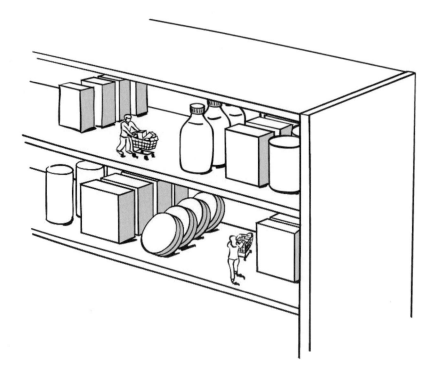

49 Supermarket
Große Auswahl, kleine Preise

Das Muster

Mittels des Geschäftsmodellmusters SUPER-
MARKET wird ein Verkaufsformat realisiert, bei dem ein Unternehmen seinen
Kunden eine große Produktvielfalt zu vergleichsweise niedrigen Preisen anbietet
(Was?). Durch die bewusste Ausweitung
des Produktangebots lässt sich ein breites
Spektrum an potenziellen Kundenwün-
schen abdecken und in Folge dessen ein
großer Nachfragestrom generieren *(Wert?)*.
Aufgrund des hohen Absatzvolumens

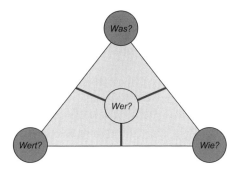

sowie der gebündelten Nutzung von Vertriebskanälen, der betrieblichen Infrastruktur
und anderen Ressourcen kann das Unternehmen Größen- sowie Verbundvorteile realisieren und hierdurch Kosten einsparen *(Wie? Wert?)*. Für den Kunden ist mit dem Konzept des Supermarkts typischerweise der Komfort verbunden, dass er seinen gesamten
Bedarf an einem Ort befriedigen kann *(Was?)*. In diesem Sinn unterscheidet sich der
SUPERMARKET maßgeblich von einer Boutique, welche sich in der Regel auf einige wenige
Produkte spezialisiert und hierdurch nur einen spezifischen Bedarf der Kunden abdeckt.

Der Ursprung

Der Ursprung des SUPERMARKET-Konzepts findet sich im Lebensmitteleinzelhandel. Als
Pionier dieses Musters gilt Michael J. Cullen, welcher im Jahr 1930 mit der *King Kullen
Grocery Company* den weltweit ersten Supermarkt gründete. Nach dem Motto *„Pile it
high, sell it low"* (zu dt.: „Hoch stapeln, zum Tiefpreis verkaufen") schuf Cullen ein
Ladenkonzept, das seinen Kunden ein komplettes Lebensmittelangebot bei gleichzeitig
niedrigen Preisen bot. Cullen orientierte sich in seiner Idee an dem Trend zu immer
großflächigeren Verkaufsflächen, welcher sich seiner Zeit vor allem in Gemischtwaren-
häusern wie *Macy's* oder *The Great Atlantic and Pacific Tea Company* abzeichnete. Des
Weiteren machte er auch vom Konzept der Selbstbedienung Gebrauch, welches in dieser
Zeit ebenfalls an Popularität gewann (siehe auch Muster SELF-SERVICE). Die *King Kullen
Grocery Company* wurde zu einem großen Erfolg und konnte bis zu Cullens Tod im
Jahr 1936 auf 17 Filialen expandieren.

Die Innovatoren

Während das SUPERMARKET-Muster heute im Lebensmittelbereich das klassische Verkaufsformat darstellt, hat es in der Vergangenheit in anderen Bereichen als Vorlage für
eine Reihe von innovativen Geschäftsmodellen gedient. Ein Beispiel hierfür stellt die
Einführung des sogenannten *„Financial SUPERMARKET"* durch den Finanzdienstleister

Merrill Lynch dar. Es handelt sich hierbei um ein Geschäftsmodell, bei dem ein breites Spektrum an Finanzprodukten wie Bonds, Aktien oder Versicherungen dem Kunden aus der Hand eines Finanzdienstleisters angeboten werden. Das übergeordnete Ziel besteht darin, eine möglichst breite Anlegermasse zu erreichen und hierdurch höhere Volumina für die jeweiligen Finanzprodukte zu erzielen. Die Idee für diese Art Geschäftsmodell kam dem Gründer Charles Merrill durch die mit der Supermarktbranche gesammelten Erfahrungen in der Rolle als beratender Investor. Angespornt von der Idee, das Konzept des Supermarkts auf die Finanzwelt zu übertragen, wurden von *Merrill Lynch* zahlreiche Maßnahmen eingeleitet, um das als elitär geltende Anlagegeschäft auch dem Durchschnitts-US-Bürger zugänglich zu machen und auf diese Art und Weise zu „demokratisieren". Neben umfangreichen Werbeanzeigen in Tageszeitungen und Schulungen zählten hierzu der Aufbau eines landesweiten Filialnetzes sowie die spätere Einführung von Cash-Account-Management-Systemen in den 1970er Jahren.

Ein weiteres Beispiel für eine erfolgreiche Supermarket-basierte Geschäftsmodellinnovation stellt der Spielzeugwarenhändler *Toys"R"Us* dar. Sein Gründer, Charles Lazarus, stellte sich ähnlich wie *Merrill Lynch* die Frage, wie er den Erfolg des Supermarket-Musters auf die Spielzeugwarenbranche übertragen konnte. Als Antwort hierauf gründete er Ende der 1940er-Jahre mit *Toys"R"Us* den ersten Spielzeugwarenladen im Format eines Supermarkts, welcher den Kunden eine zuvor noch nie dagewesene Vielfalt an Spielzeugen zu vergleichsweise günstigen Preisen bot. Hierdurch konnte Lazarus sich von den übrigen Spielwarenläden differenzieren, welche zumeist als eine Art Boutique ein überschaubares Sortiment von teuren Spielzeugen anboten. Durch die Anwendung des Supermarktmusters in der Spielwarenindustrie wurden Spielwaren plötzlich zu einem Produkt, welches sich die breite Masse leisten und an einem hierfür vorgesehenen Ort erworben werden konnte. Heute betreibt *Toys"R"Us* über 2000 Läden in über 30 Ländern.

50 TARGET THE POOR

50 Target the Poor
Kunde am Fuß der Welteinkommenspyramide

Das Muster

TARGET THE POOR beschreibt ein Muster, bei dem gezielt die einkommensschwächsten Bevölkerungsschichten, am Fuß der sogenannten Welteinkommenspyramide (zu Englisch Bottom-of-the-Pyramid), adressiert werden *(Wer?)*. Je nach Einteilung handelt es sich hierbei um ein kaufkraftbereinigtes Einkommen von etwa 2000 US-Dollar pro Jahr. Das Adressieren dieser Kundenschicht ist – trotz ihrer geringen Kaufkraft – mit großen Absatzpotenzialen

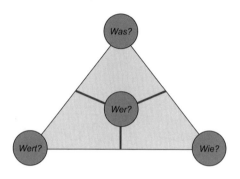

verbunden. So wird derzeit über die Hälfte der Weltbevölkerung dieser Schicht zugeordnet, was einem gigantischen Marktpotenzial entspricht *(Wert?)*.

Um diese vergleichsweise arme Bevölkerungsschicht als Kundengruppe zu gewinnen, sind in der Regel umfassende Anpassungen des Geschäftsmodells erforderlich. So dürfen die Produkte beispielsweise nur einen Bruchteil ihres sonst üblichen Marktpreises kosten *(Was?)*. Um dies zu erreichen, müssen häufig eine Reihe von Leistungsmerkmalen eliminiert oder gar neu entwickelt werden. Des Weiteren sind oftmals gänzlich neue Distributions- und Logistikkonzepte erforderlich *(Wie?)*, da viele der avisierten Zielländer, insbesondere Dritte-Welt-Länder und Schwellenländer, zumeist nur über eine schwach ausgeprägte Infrastruktur für den Warenabsatz verfügen.

Der Ursprung

Das TARGET-THE-POOR-Muster hat sich überwiegend in den 1990er Jahren herausgebildet. Seine Entstehung wurde durch das Wirtschaftswachstum in Nationen wie China, Indien sowie Lateinamerika begünstigt, welches bei der dort ansässigen Bevölkerung zu einer steigenden Konsumnachfrage geführt hat. Eines der ersten Unternehmen, dem es erfolgreich gelang, am Fuß der Pyramide Fuß zu fassen, war die indische Tochterfirma des Konsumgüterherstellers Unilever, *Hindustan Unilever*. Das Tochterunternehmen von *Unilever* führte mit *Wheel* in den 1990er-Jahren ein speziell für Indien konzipiertes Waschmittel ein, welches einen vergleichsweise geringen Öl-Wasser-Anteil aufweist und somit für das in Indien gebräuchliche Waschen in Flüssen geeignet ist. Um dieses Waschmittel der breiten Bevölkerung zugänglich zu machen, wurden Produktion, Marketing und Distribution dezentralisiert und das Waschmittel in den für Indien typischen Dorfläden verkauft. Durch diese Art Geschäftsmodell konnte *Hindustan Unilever* zwischen 1995 und 2000 eine Umsatzsteigerung von 25 Prozent jährlich sowie eine 40-prozentige Steigerung seiner Marktkapitalisierung erzielen. Das Waschmittel gehört heute zu den meistverkauften Waschmitteln Indiens.

Die Innovatoren

In den vergangenen Jahrzehnten hat das Target-the-Poor-Muster zu weiteren innovativen Geschäftsmodellen geführt. Ein prominentes Beispiel hierfür stellt das bengalische Mikrofinanzkreditinstitut *Grameen Bank* dar. Der Gründer der Bank, Muhammad Yunus, erhielt hierfür 2006 den Friedensnobelpreis *„für die Förderung wirtschaftlicher und sozialer Entwicklung von unten" (vgl. Spiegel Online, 2006)*. Sein zwischenzeitlich Geschäftsmodell basiert auf der Vergabe von sogenannten Mikrokrediten (Kredit in Höhe von maximal 1000 Euro) an die Einkommensschwachen der Bevölkerung, welche aufgrund ihrer mangelnden Kreditwürdigkeit nur eingeschränkt Kredite von herkömmlichen Banken beziehen können. Da ein Großteil dieses Klientels nicht in der Stadt, sondern auf dem Land lebt, hat die *Grameen Bank* ein ausgeklügeltes Franchising-System entwickelt, welches die ländliche Bevölkerung zu Bankangestellten ausbildet. Die Auszahlung des Kredits ist an die Bedingung geknüpft, dass die Dorfgemeinschaft als Ganzes für den Kredit bürgt. Hierdurch wird bezweckt, dass sozialer Druck auf den Kreditnehmer aufgebaut wird und dieser sich für eine pünktliche Rückzahlung des Kredits einsetzt. Um die Ausfallquote gering zu halten, vergibt *Grameen Bank* die Kredite ausschließlich an Frauen, welche sich im Laufe der Zeit als die zuverlässigeren Kreditnehmer bewährt haben. Seit Gründung der *Grameen Bank* im Jahr 1983 wurden auf diese Art und Weise Kredite in Höhe von über acht Milliarden US-Dollar vergeben; die Rückzahlungsquote liegt bei ca. 98 Prozent – eine Quote, von der so manche Kreditinstitute in Industrienationen nur träumen können.

Ein weiteres Beispiel für eine erfolgreiche Anwendung von Target the Poor stellt der *Tata Nano* dar. Es handelt sich hierbei um ein in 2009 vom indischen Automobilkonzern *Tata* lanciertes Automobil, welches gerade einmal 2500 US-Dollar kostet. Um diesen günstigen Preis möglich zu machen, wurden eine Reihe von typischen Features wie ABS, Radio, Klimaanlage oder elektrische Fensterheber eliminiert. Die Anzahl der Komponenten kann hierdurch um über 85 Prozent gegenüber einem herkömmlichen Personenwagen reduziert werden. Des Weiteren wurden viele der Bauteile, welche sonst typischerweise aus Metall bestehen, durch kostengünstigeres Plastik ersetzt. Neben Einsparungen in den Materialkosten lassen sich hierdurch Produktionskosten sparen, da die Teile nicht mehr geschweißt werden müssen, sondern geklebt werden können.

Ein anderes Beispiel für das Target-the-Poor-Muster kommt aus den USA in Form eines Bankservice des Einzelhandelsriesen *Walmart*. Da viele US-Bürger im Zuge der Finanzkrise ihr komplettes Hab und Gut verloren haben und damit nicht mehr von klassischen Banken bedient werden, bietet *Walmart* eine Reihe von Finanzdienstleistungen wie beispielsweise aufladbare Kreditkarten an, für welche keine Banklizenz benötigt wird.

51

TRASH-TO-CASH

51 Trash-to-Cash
Monetarisierung von Abfall

Das Muster

Beim Geschäftsmodellmuster TRASH-TO-CASH (zu dt. „aus Müll wird Geld") handelt es sich um die Wiederverwertung gebrauchter Güter. Abfall- oder Nebenprodukte werden von Unternehmen gekauft, zu neuen Waren verarbeitet und im selben oder in anderen Märkten wieder verkauft *(Wie?)*. Das Ergebnis sind veredelte Artikel, die einen nachhaltigen Eindruck beim Kunden hinterlassen und mit gutem Gewissen gekauft werden *(Was?)*. Die Kon-

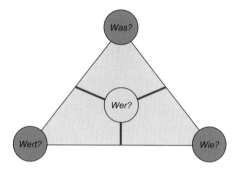

sequenz dieses Konzepts ist eine „Win-Win"-Situation sowohl für die Verkäufer als auch für die Abnehmer der gebrauchten Güter. Erstere können ihre Abfall- oder Nebenprodukte entweder kostenlos entsorgen oder haben im Idealfall sogar die Möglichkeit, diese gewinnbringend abzusetzen *(Wie?)*. Das Unternehmen erhält die Möglichkeit, günstig an Ressourcen bzw. Materialien für die Herstellung ihres Produkts zu gelangen *(Wert?)*.

Eine Veredelung ist hierbei keine zwingende Voraussetzung für das TRASH-TO-CASH-Prinzip. Denkbar sind auch Geschäftsmodelle, bei denen die Gebrauchtwaren in andere Märkte oder geografische Regionen verkauft werden, ohne dass eine Aufbereitung der Produkte stattgefunden hat. Dies war ursprünglich vor allem bei ausrangierten Verkehrsmitteln der Fall, wird nun aber vermehrt auch bei anderen ausgedienten Gütern praktiziert. Als positiver Nebeneffekt des TRASH-TO-CASH-Prinzips ist es dem Verkäufer der veredelten Abfall- und Nebenprodukte oftmals möglich, ein umweltfreundliches Image zu schaffen *(Was?)*. Gerade in Anbetracht zunehmender ökologischer und gesellschaftlicher Herausforderungen wird ein verantwortungsvolles Handeln seitens der Unternehmen immer wichtiger. In diesem Kontext kann der Recyclingaspekt des TRASH-TO-CASH-Prinzips einen wertvollen Wettbewerbsvorteil darstellen.

Der Ursprung

Das TRASH-TO-CASH-Konzept ist grundsätzlich nicht neu und orientiert sich stark am System klassischer Rohstoff- und Schrottrecyclingunternehmen. Die Ursprünge dieses Geschäftsmodellmusters reichen bis ins antike Griechenland zurück. Archäologische Funde lassen darauf schließen, dass bereits damals auf wiederverwertete Materialien zurückgegriffen wurde, um die Problematik der Ressourcenknappheit zu entschärfen. Besondere Beachtung fand um 1970 die moderne, kommerzielle Wiederverwertung von Abfall- und Nebenprodukten im Zuge steigender Energiepreise und sie erhält auch jüngst durch das zunehmende Umweltbewusstsein sowie die intensivierte Auseinandersetzung mit dem Klimawandel neue Aktualität.

Eine Vorreiterrolle nahm dabei das Unternehmen *Duales System Deutschland* ein, welches heute zum Betreiber des in Deutschland weit verbreiteten Mülltrennungssystems zählt. Das Unternehmen hat den „Grünen Punkt" als Kennzeichen für das Verpackungsrecycling eingeführt, wobei Produkthersteller das geschützte Markenzeichen über eine Lizenz erwerben und auf ihren Artikeln anbringen können. Sie sind dadurch von der gesetzlichen Verpflichtung befreit, die Verpackung der Waren kostenlos zurückzunehmen und zu entsorgen. Stattdessen beteiligen sie sich mit der Lizenzgebühr an der Wiederverwertung von Abfall- und Nebenprodukten. Das Konzept von *Duales System Deutschland* schafft somit einen Anreiz für die Unternehmen, die Menge an Verpackungsmaterial möglichst gering zu halten und damit Lizenzgebühren zu sparen. Später kamen der dabei zugrunde liegende Recyclinggedanke sowie die Idee, nachhaltiges wirtschaftliches Handeln finanziell lukrativ umzusetzen, auch in Form des Geschäftsmodellmusters TRASH-TO-CASH zur Anwendung.

Die Innovatoren

Zu den Innovatoren dieses Geschäftsmodellmusters zählt unter anderem die *Freitag lab. ag.* Für die zwei Gründer des in Zürich ansässigen Unternehmens bildete das Fahrrad eines der wichtigsten Verkehrsmittel. Dadurch waren sie allerdings häufig den nassen Witterungsverhältnissen der Schweizer Großstadt ausgesetzt, und so suchten sie nach einer robusten Tasche, die diesen Wetterlagen standhält. Inspiriert vom Schwerverkehr der Zürcher Transitachse kamen sie 1993 auf die Idee, gebrauchte Planen und Autogurte von Lastwagen zu Rucksäcken, Taschen oder Accessoires zu verarbeiten. Durch die Wiederverwertung der bunten Kunststoffabdeckungen hatten sie nicht nur ein ideales, wasserdichtes und belastbares Material gefunden. Es war auch gelungen, die ausgedienten Lastwagenplanen gewinnbringend zu kommerzialisieren. Das Unternehmen beschäftigt heute über 130 Mitarbeiter und vertreibt ihre Produkte in mehr als 400 Geschäften auf der ganzen Welt.

Eine ähnliche Strategie verfolgt die britische Firma *Greenwire*. Sie hat sich auf das Recycling von Mobiltelefonen spezialisiert. Das Unternehmen sammelt ausgediente Geräte, bereitet diese auf und verkauft sie anschließend an Händler in Osteuropa oder Asien weiter, wo sie an den Endbenutzer gelangen. *Greenwire* bietet damit eine ökologische wertvolle Leistung an. Momentan wird nur etwa ein Viertel aller Mobiltelefone wiederverwertet. Dabei enthält die Batterie eines einzigen Geräts genug Cadmium, um alleine 600 000 Liter Wasser zu verschmutzen. Durch ihre Wiederverwertung wird somit einerseits die Umwelt entlastet, andererseits kann *Greenwire* mit dem Verkauf der Geräte einen Umsatz erwirtschaften. Das Unternehmen unterstützt zudem lokale Händler und ermöglicht dem finanziell schwächer gestellten Teil der Bevölkerung den Zugang zu modernen Kommunikationstechnologien.

Ein traditionelles US-amerikanisches Unternehmen namens *Emeco*, welches 1944 gegründet wurde, hat 2010 eine Partnerschaft mit *Coca-Cola* etabliert, um das TRASH-TO-CASH-Muster anzuwenden. Dafür nutzt die Firma ca. 111 entsorgte *Coca-Cola*-Plastikflaschen, um eine Plastikversion ihres Navy Chairs herzustellen. Dieser Stuhl, der ursprünglich für das US-Militär entwickelt und designt wurde, sollte dadurch einen modernen ökologischen Charme erhalten, um weitere Kundengruppen mit starkem Umweltbewusstsein zu erschließen.

TWO-SIDED MARKET

52 Two-Sided Market
Anziehungskraft indirekter Netzwerkeffekte

Das Muster

Bei einem TWO-SIDED MARKET existieren zwei unterscheidbare Nutzergruppen *(Wer?)*, die auf der Plattform eines Dritten zusammengeführt werden. Zentrales Charakteristikum dieses Musters ist der sogenannte indirekte Netzwerkeffekt: Je mehr Nutzer der einen Gruppe sich auf der Plattform versammeln, desto attraktiver wird diese für die andere Gruppe und umgekehrt *(Was?)*. Die zentrale Herausforderung für das Unternehmen, welches

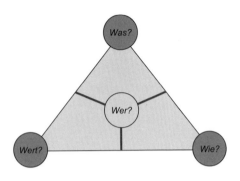

die Plattform anbietet, besteht darin, die zwei Nutzergruppen so zu steuern, dass die indirekten Netzwerkeffekte möglichst groß werden. Hierdurch lassen sich beide Gruppen effektiv an das Unternehmen binden *(Wie?)*. (Bei drei oder mehreren Nutzergruppen spricht man auch von mehrseitigen Märkten. Ein Beispiel für einen dreiseitigen Markt ist die Suchmaschine *Google*, welche Internetuser ("Suchende"), Werbetreibende und die Anbieter von Internetseiten miteinander verbindet.)

Bevor ein TWO-SIDED MARKET jedoch überhaupt entstehen kann, muss in der Regel zuerst ein Henne-Ei-Problem gelöst werden. So besteht, solange sich noch kein Nutzer auf der Plattform versammelt hat, weder für die eine noch die andere Gruppe ein Anreiz dieser beizutreten. Um dieses Henne-Ei-Problem zu lösen, muss das Unternehmen zu Beginn für die schnelle Verbreitung der Plattform sorgen. Effektive Stellhebel in diesem Zusammenhang stellen zum Beispiel breit angelegte Werbekampagnen oder Gratisangebote dar *(Was? Wie?)*.

Der Ursprung

Das Muster des TWO-SIDED MARKET gibt es bereits lange. Als eine seiner ersten Anwendungen gelten Börsen, welche bereits seit über 600 Jahren existieren. Die weltweit erste börsenähnliche Institution, welche unserem heutigen Verständnis am nächsten kommt, wurde anfangs des 15. Jahrhunderts durch die Gastwirtsfamilie Van der Buerse begründet. Die Familie besaß einen Gasthof in der flandrischen Stadt Brügge, welche seinerzeit als bedeutsamster Handelsknotenpunkt in Europa galt. Durch das regelmäßige Ein- und Auskehren einflussreicher Kaufleute entwickelte sich der Gasthof schnell zu einem bedeutenden Zentrum für diverse Handels- und Finanzgeschäfte, welches Käufer auf der einen und die Verkäufer auf der anderen Seite miteinander verband. Heute stellt die Börse eine der wichtigsten und einflussreichsten Ausprägungen des TWO-SIDED MARKET dar.

Die Innovatoren

Das Geschäftsmodellmuster des Two-Sided Market ist vielseitig einsetzbar und hat in der Vergangenheit zu einer Reihe von innovativen Geschäftsmodellen geführt. Ein Beispiel stellen Kreditkartensysteme dar, welche die Kreditkartennutzer auf der einen Seite und die Akzeptanzstellen wie Händler und Geschäfte auf der anderen Seite zusammenführen. Die weltweit erste Kreditkarte war die *Diners Club*, welche in den 1950er Jahren ursprünglich als Zahlungsmittel für Restaurants entwickelt wurde. Zum Gründungsmythos zählt ein Restaurantbesuch des Gründers, Frank McNamara, bei dem dieser seine Brieftasche vergessen hatte. Durch diesen Vorfall war McNamara so beschämt, dass ihm die Idee zur Entwicklung eines bargeldlosen Zahlungssystems kam, womit das Konzept der Kreditkarte geboren war.

Weitere erfolgreiche Beispiele für innovative Unternehmen, welche das Muster des Two-Sided Market nutzen, stellen Online-Marktplätze wie *eBay*, *Amazon* oder *Zappos* dar, welche die Interaktionen zwischen Händlern und Käufern ermöglichen. Darüber hinaus kann auch die Rabattplattform *Groupon* dem Muster des Two-Sided Market zugeordnet werden. Das Geschäftsmodell von *Groupon* basiert auf dem Vermitteln von gutscheinbasierten Rabattangeboten (sogenannten „Deals") zwischen den Käufern auf der einen und den Angebotshändlern auf der anderen Seite. Der indirekte Netzwerkeffekt auf dieser Plattform ist groß, da durch die Rabattaktionen viele potenzielle Käufer angelockt werden, was die Plattform wiederum für viele Händler attraktiv macht. Das Unternehmen bedient weltweit Tausende von Märkten und ist nach eigenen Angaben mit mehr als 70 Millionen Nutzern in über 35 Ländern tätig.

Weitere Innovatoren, die das Muster des Two-Sided Market anwenden, stellen *JCDecaux*, *Facebook* oder *Metro Newspaper* dar, die mit werbefinanzierten Geschäftsmodellen operieren. Diese werbefinanzierten Geschäftsmodelle stellen einen Two-Sided Market dar, welcher sich aus den Werbekunden und den Angebotsnutzern zusammensetzt. Beide Gruppen sind über indirekte Netzwerkeffekte miteinander verbunden: So profitieren die Werbekunden einerseits von den klassischen Kunden, weil sie für die Verbreitung der Werbung sorgen, die Angebotsnutzer hingegen profitieren von den Werbekunden, da sie das Angebot für die Nutzer quersubventionieren.

53

ULTIMATE LUXURY

53 Ultimate Luxury
Mehr-als-Mehr-Strategie

Das Muster

Das ULTIMATE-LUXURY-Muster beschreibt die Strategie eines Unternehmens, sich auf die einkommensstärksten Bevölkerungsschichten der Welteinkommenspyramide zu konzentrieren *(Wer?).* Der Markt für Luxusgüter wächst weltweit stetig, wobei besonders hohe Wachstumsraten in China und Russland zu verzeichnen sind. Um die Zielgruppe der Luxuskonsumenten erschließen zu können, muss ein Unternehmen sein Geschäftsmodell durchgängig

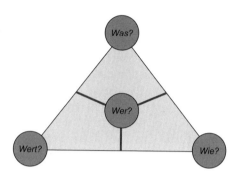

anpassen. Zum einen müssen Unternehmen, welche diese anspruchsvolle und wählerische Kundengruppe für sich gewinnen möchten, exklusive Produkte und Dienstleistungen mit höchsten Qualitätsstandards anbieten *(Was?).* Einzigartigkeit und Selbstverwirklichung gelten für diese Zielgruppe als kaufentscheidend.

Die für den Erfolg in diesem Kundensegment notwendige Differenzierung gegenüber Massenanbietern erfordert vom Anbieter hohe Investitionen in die Erstellung und Vermarktung der Produkte und Dienstleistungen, welche durch hohe Preise und Margen gedeckt werden *(Wert?).* Anbieter, welche das ULTIMATE-LUXURY-Muster anwenden, zeichnen sich durch einen großen Markenfokus aus, bieten ihre Produkte oder Dienstleistungen durch kompetente Berater auf Augenhöhe an und adressieren ihre Kundengruppe oftmals mit Events, welche den Kunden nachhaltig in Erinnerung bleiben *(Was? Wie?).*

Der Ursprung

Das ULTIMATE-LUXURY-Muster lässt sich bereits in der Antike finden. So boten Händler schon im alten Rom kostbare Stoffe für Kleidung sowie aufwendig verarbeitete Edelsteine für Schmuck an, Architekten planten pompöse Paläste und Villen, die wiederum Platz boten für luxuriöse Einrichtungsgegenstände, welche alle dem Ansehen und der Selbstverwirklichung der reichen römischen Oberschicht dienten. Im Mittelalter strebten viele Unternehmer den Status eines königlichen Hoflieferanten an, mit dem die Ehre einherging, das königliche Wappen zu führen und Mitglieder der königlichen Familie laufend mit unterschiedlichen Waren und Dienstleistungen zu beliefern. Die Könige der heutigen Zeit sind Superreiche – zwar ohne Königreich im engeren Sinn, jedoch mit ähnlichen Bedürfnissen.

Die Innovatoren

Eine Reihe von Unternehmen hat das ULTIMATE-LUXURY-Muster angewendet. So zum Beispiel Ferruccio Lamborghini, welcher 1964 mit seiner gegründeten Firma *Lamborghini* Sportwagen in Kleinserie herstellte. Als Markenwappen wird bis heute der Kampfstier Murciélago verwendet, welcher bei einem Stierkampf 1879 trotz 24 Lanzenstößen überlebte und anschließend begnadigt wurde. So wird das Wappen als Symbol für Stärke gebraucht. Besonderes Differenzierungsmerkmal waren zu Gründerzeiten die besonders leistungsstarken Motoren. Bereits im zweiten Jahr nach der Gründung überraschte der Zwölf-Zylinder-Motor des Modells 350 GT, der die Performance der damaligen Ferrarimotoren deutlich übertraf. 1966 brachte *Lamborghini* das Model *Miura* auf den Markt, welches mit 386 PS beinahe 300 km/h fuhr. Alle Modelle der Marke *Lamborghini* tragen die Namen von spanischen Kampfstierzuchten (Diablo, Gallardo, Murcielago), mit Ausnahme des *Countach*, dessen Name von einem Ausruf eines Piemont-Dialekts stammt und mit „non-plus ultra" übersetzt werden kann.

Ein weiteres Unternehmen, welches das ULTIMATE-LUXURY-Muster anwendet, ist die *Jumeirah Group*, welche diverse exklusive Hotels unterhält. Neben dem *Jumeirah Beach Hotel*, den *Emirates Towers* sowie dem *Bab al Shams* unterhält das Unternehmen mit dem *Burj al Arab* das wohl luxuriöseste Hotel der Welt. Sowohl durch seine Höhe (321m) als auch durch seine segelähnliche Form ist es unverwechselbar und ein Anziehungspunkt für die reichsten Menschen des Planeten. Im Volksmund und von der Presse oft als einziges Sieben-Sterne-Hotel bezeichnet – offiziell trägt es fünf Sterne –, übersteigt die Ausstattung des Hotels mit Zimmern, die ausschließlich aus 169 bis 780 qm großen Suiten bestehen und mit hochwertigster Einrichtungen sowie Designs ausgestattet sind, die Anforderungen von Fünf-Sterne-Hotels bei weitem. Services wie das Zurverfügungstellen eines Hubschraubers oder diverser *Rolls-Royce*-Modelle, ergänzen die luxuriöse Ausstattung.

Als Beispiel für ein Dienstleistungsunternehmen, das das ULTIMATE-LUXURY-Muster anwendet, ist *Abbot Downing* zu sehen. Es zählt lediglich einen kleinen exklusiven Kundenkreis von Superreichen und bietet ihnen neben Asset Management sowie Private-Banking-Dienstleistungen auch Schulungen zur Verwaltung des Familienvermögens, Vermögensplanung über Familiengenerationen hinweg sowie Beratung zu Governance-Fragen und effektiver Kommunikation.

Zahlreiche Uhrenmanufakturen positionieren sich im ULTIMATE-LUXURY-Bereich. So werden in Ländern wie Russland die Uhren zu utopischen Preisen angeboten, da der Preis ein Indikator für Luxus ist. Ist eine Uhr enorm teuer und wird diese so positioniert, werden die Uhren nur wegen des hohen Preises abgesetzt.

54 USER DESIGNED

54 User Designed
Der Kunde als erfinderischer Unternehmer

Das Muster

Beim USER-DESIGNED-Muster ist nicht, wie sonst üblich, das Unternehmen, sondern der Kunde der Erfinder und Verkäufer eines Produkts. Die Hauptfunktion des Unternehmens besteht darin, den Kunden in der Realisierung seines unternehmerischen Vorhabens zu unterstützen *(Wie?)*. Hierzu gehört beispielsweise das Bereitstellen von Werkzeugen für die Produktentwicklung sowie die technische Realisierung und Erstellung der von den Kunden

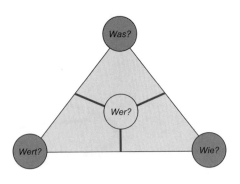

eingereichten Entwürfe. Darüber hinaus unterstützt das Unternehmen den Kunden auch in der Vermarktung, indem es die von ihm kreierten Produkte auf der unternehmenseigenen Plattform (z. B. Online-Shop) verkauft. Das Unternehmen erhält dabei für jedes verkaufte Produkt einen bestimmten Betrag, welcher sich meistens am erzielten Umsatz orientiert *(Wert?)*. Der Vorteil dieses Musters besteht für das Unternehmen darin, dass es keine eigenen Produkte entwickeln muss, sondern stattdessen von der kreativen Schöpfungskraft seiner Kunden profitieren kann *(Wie?)*. Für diese besteht der zentrale Nutzen des USER-DESIGNED-Musters darin, dass sie in die Rolle des erfinderischen Unternehmers schlüpfen können, ohne hierfür auf eine entsprechende eigene Infrastruktur angewiesen sein zu müssen *(Was?)*.

Der Ursprung

Beim Muster USER DESIGNED handelt es sich um ein recht junges Muster, welches erst seit einigen wenigen Jahren existiert. Seine Entstehung kann dabei im Wesentlichen auf technologische Fortschritte im Bereich der Einzelfertigungstechniken, wie z. B. des 3D-Drucks, den CNC-Fräsern oder Lasercuttern, zurückgeführt werden. Unter Zuhilfenahme dieser Techniken ist es möglich, geringe Stückzahlen eines Produkts zu halbwegs vertretbaren Stückkosten zu produzieren – was im Rahmen von USER DESIGNED üblich ist. Des Weiteren wurde das USER DESIGNED auch durch die zunehmende Verbreitung des MASS-CUSTOMIZATION-Musters begünstigt, welche den Kunden in den letzten Jahren für das Selbergestalten von Produkten sensibilisiert hat. Zu einem der USER-DESIGNED-Pioniere zählt das im Jahr 2001 gegründete Unternehmen *Spreadshirt*. Bei *Spreadshirt* kann man für T-Shirts (und andere Bekleidungsstücke) individuelle Designs entwerfen und die eigenen Kreationen später im Online-Shop des Unternehmens verkaufen. *Spreadshirt* konnte sich mit diesem innovativen Geschäftsmodell als europäischer Marktführer im Bereich des T-Shirt-Online-Merchandising etablieren und zählt in Nordamerika zum drittgrößten Anbieter seiner Art.

Die Innovatoren

In den vergangenen Jahren hat das SMALL CAPS USER-DESIGNED-Muster auch außerhalb der Bekleidungsindustrie zu innovativen Geschäftsmodellen geführt. So hat der dänische Spielzeugwarenhersteller *Lego* dieses Muster beispielsweise im Rahmen seiner 2005 gegründeten *Lego Factory* mit großem Erfolg in die eigene Branche übertragen. Bei der *Lego Factory* handelt es sich um eine Internetplattform, auf der die Nutzer unter Zuhilfenahme eines 3D-Modellierungsprogramms eigene *Lego*-Modelle entwerfen können. *Lego* berechnet die hierfür benötigten Bausteine und schickt diese dem Kunden dann nach Hause. In Ergänzung hierzu können die Nutzer die Figuren auch zusammen mit anderen *Lego*-Fans weiterentwickeln und diese anschließend im Online-Shop von *Lego Factory* verkaufen.

Ein weiteres Beispiel für eine erfolgreiche Anwendung des USER-DESIGNED-Musters stellt der 2007 gegründete neuseeländische Start-Up *Ponoko* dar. Bei *Ponoko* können Internetbenutzer Produkte aller Art – von Schmuck über Möbel, bis hin zu Küchenutensilien – nach den eigenen Wunschvorstellungen anfertigen lassen und über einen von *Ponoko* betriebenen Webshop verkaufen. Nur zwei Jahre nach dessen Gründung wurden alleine 20 000 unterschiedliche Produkte auf *Ponoko* gehandelt, womit *Ponoko* nicht nur zu einem der ersten, sondern auch zu einem der erfolgreichsten Unternehmen seiner Art gehört. Weitere Anwendungsbeispiele für das USER-DESIGNED-Muster finden sich im Schuhbereich sowie im Bereich von Tattoos: Während man bei *Dreamheels* seine eigene Pumps-Kreationen designen und verkaufen kann, erlaubt *Createmytattoo* das Kommerzialisieren eigener Tattoo-Kreationen.

55 White Label Eigenmarkenstrategie

Das Muster

WHITE LABEL bedeutet im übertragenen Sinne „unbeschriftetes Etikett". Damit werden Fabrikate bezeichnet, die nach ihrer Herstellung nicht mit einer spezifischen Marke verbunden sind, sondern grundsätzlich von verschiedenen Firmen unter diversen Namen angeboten werden können *(Was?).* WHITE-LABEL-Produzenten profitieren von diesem Geschäftsmodellmuster, da sie im Wesentlichen nur die Herstellungskosten der Produkte übernehmen müssen

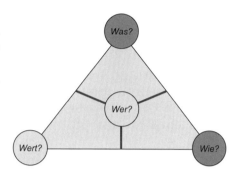

(Wie?). Sie legen den Fokus gezielt auf die Optimierung des Produktionsprozesses und haben so tendenziell bessere Möglichkeiten, Skaleneffekte zu realisieren. Da die Produkte nach ihrer Fertigstellung nicht automatisch mit einem bestimmten Namen in Verbindung stehen, kann die Vermarktung von den einzelnen Anbietern der Waren individuell vorgenommen werden.

WHITE LABEL wird häufig auch dazu genutzt, einen Teil der Produktion unter einer Zweitmarke zu verkaufen. So ist es beispielsweise in der Nahrungsmittelindustrie möglich, bestimmte Güter an einem einzigen Produktionsstandort herzustellen, unterschiedlich zu verpacken und über verschiedene Händler anzubieten *(Wie? Was?).* Die Umsätze von Markenprodukten können so durch den Verkauf einer günstigeren „Noname"-Variante ergänzt werden, um zusätzliche Kundensegmente mit einer niedrigeren Kaufkraft anzusprechen oder alternative Vertriebswege zu erschließen. Zusätzlich lässt sich die Ausbeute bei der Produktion erhöhen, wenn flexible Qualitätsansprüche bedient werden können. Der Mehraufwand ist dabei gering, da es sich grundsätzlich um dieselben Fabrikate handelt. Für die Umsetzung dieser Strategie ist es jedoch zentral, dass der gemeinsame Ursprung der Artikel nicht auffällt. Ansonsten besteht die Gefahr der Markenerosion bzw. von Kannibalisierungseffekten durch das günstigere Substitutionsprodukt.

Der Ursprung

Der Ausdruck WHITE LABEL stammt ursprünglich aus der Musikindustrie und fand insbesondere in der zweiten Hälfte des 20. Jahrhunderts größere Verbreitung. Vor der Veröffentlichung neuer CDs oder Vinylplatten war es üblich, dass die Künstler zuerst namenlose Testpressungen ihrer Werke an Radiostationen oder Nachtklubs sendeten. Diese Testpressungen wurden nicht mit dem Logo der Produktionsfirma oder des Interpreten, sondern einem WHITE LABEL versehen. So weckte man einerseits das Interesse potenzieller Kunden. Andererseits war es möglich, ein unvoreingenommenes Urteil von den Hörern zu erhalten und dadurch die Produktionsmenge besser abzuschätzen. Stießen die Alben auf positive Resonanz und entschied man sich für deren Veröffentlichung, wurden sie mit einem richtigen Label versehen und professionell vermarktet. Analog dazu wurde das Muster später auch in anderen Branchen, insbesondere der Lebensmittelindustrie, übernommen. In dieser Branche ist das Volumen der gehandelten Produkte im Gegensatz zu den erzielten Margen in vielen Bereichen relativ groß. Deshalb bietet sich die Umsetzung des Geschäftsmodellmusters WHITE LABEL an.

Die Innovatoren

Einer der größten und wohl bedeutendsten Innovatoren im Bereich der WHITE-LABEL-Produktion ist der taiwanesische Technologiekonzern *Foxconn*. Zu den Abnehmern seiner Elektronikartikel zählen namhafte Firmen wie *Apple, Dell* oder *Intel*. Geschätzte zwei Drittel aller Computer-Mainboards, die von *Intel* unter eigenem Namen verkauft werden, stammen von *Foxconn*. Wer außerdem die Spielekonsolen der Konkurrenten *Microsoft, Nintendo* oder *Sony* kauft, erhält in allen Fällen ein Fabrikat von *Foxconn*. Bei der Herstellung von Prozessorensockeln sowie Computergehäusen ist das Unternehmen entgegen der öffentlichen Wahrnehmung sogar Marktführer. *Foxconn* ist damit ein Paradebeispiel für einen WHITE-LABEL-Produzenten. Der Auftragshersteller fokussiert sich praktisch ausschließlich auf die Produktion von Elektronikartikeln und überlässt deren Vertrieb komplett den bekannten Markenanbietern. *Foxconn* konnte mit diesem Konzept eine beachtliche Expertise in seiner Branche aufbauen. Das Unternehmen hält rund 20 000 verschiedene Patente, beschäftigt nahezu eine Million Mitarbeiter und erwirtschaftete im Jahr 2011 einen Umsatz von über 110 Milliarden US-Dollar.

Große Verbreitung und zahlreiche Innovatoren findet das Geschäftsmodellmuster auch in der Nahrungsmittelindustrie. Bekannt für die Herstellung von WHITE-LABEL-Produkten ist hier beispielsweise das Unternehmen *Richelieu Foods*. Der amerikanische Lebensmittelproduzent produziert unter anderem Tiefkühlpizzen und Salatsaucen, die dann von diversen Handelsketten unter eigenem Namen vertrieben werden. Mit zunehmender Marktmacht von Discountern wird das Konzept insbesondere im Lebensmitteleinzelhandel immer häufiger angewendet. „Noname"-Produkte oder Eigenmarken machen in der Branche mittlerweile über zwei Drittel der verkauften Waren aus und verschaffen WHITE-LABEL-Produzenten somit anhaltende Wachstumszahlen.

Ein anderes Beispiel für einen WHITE-LABEL-Produzenten stellt das Unternehmen *Printing-In-A-Box* in der Druckbranche dar. Es bietet Kunden an, ihr eigenes Online-Druckunternehmen zu betreiben. Dabei werden sowohl die Webseite, als auch jegliche Druckdienstleistungen durch *Printing-In-A-Box* bereitgestellt. Durch Anpassung der individuellen Webseite bzw. des Onlineshops, mit Logos und Layouts der jeweiligen Kunden, entstehen eigene Online-Druckereimarken, unter denen Druckerzeugnisse verkauft werden können. Kunden von *Printing-In-A-Box* können sich individuell präsentieren, auf den Vertrieb spezialisieren und Druckerzeugnisse anbieten, ohne dafür über notwendiges Produktions-Know-how und -kapazitäten verfügen zu müssen. *Printing-In-A-Box* kann sich auf den Produktionsprozess konzentrieren und Aspekte wie Marketing, Markenaufbau und Vertrieb an Kunden auslagern.

TEIL III

Anhang:
Gut zu wissen für
die Umsetzung

1 Buch gelesen, jetzt umsetzen!

Der wichtigste Schritt bei der Innovation ist nicht das Verstehen, sondern das Tun. Die beste Strategie muss einmal in eine praktische Umsetzung übergehen, sonst ist sie nichts wert, oder wie bereits von Thomas Edison gesagt: *„Vision without execution is hallucination."*

Aus unserer praktischen Arbeit mit Unternehmen wissen wir, dass es gerade hier schwierig wird. Um Sie weiter zu unterstützen, haben wir verschiedene Hilfsmittel für die praktische Durchführung eines Geschäftsmodellinnovationsprojekts bereitgestellt. Dies sind für den interessierten Praktiker eine interaktive Software für die Nutzung der Methodik im gesamten Unternehmen, ein Online Learning zur Vorbereitung von Workshops, ein Kartenset für Workshops, eine Homepage mit aktuellen Forschungspublikationen unseres Instituts sowie verschiedene Workshop-Formate, die von uns selbst betreut werden. Wir würden uns freuen, wenn Sie uns Ihre Erfahrungen mit der Methodik mitteilen.

Alle Leistungen, Hintergrundinformationen und Produkte sind über unsere Homepage www.bmi-lab.ch erhältlich.

Interaktive Business Model Navigator™ Software für iPads oder PCs

Die interaktive Software (Bild A) ermöglicht es, den St. Galler Business Model Navigator™ im gesamten Unternehmen anzuwenden. Die Software haben wir zusammen mit unseren Kooperationspartnern *SwissVBS,* dem führenden Anbieter von Learning Solutions, und *Bühler,* dem Technologiepartner für Maschinen, Anlagen und Services zur Verarbeitung von Grundnahrungsmitteln sowie zur Produktion hochwertiger Materialien, entwickelt. Mittels der interaktiven Business Model Navigator Software können alle Mitarbeiter im Unternehmen in den Ideenfindungsprozess einbezogen werden, wodurch das kreative Potenzial signifikant erhöht wird. Die Software kann dabei als Substitut oder als Ergänzung zu einem Präsenzworkshop verwendet werden. Darüber hinaus kann sie ein elementarer Bestandteil eines globalen, unternehmensweiten Innovationsprozesses und ein Katalysator für die Erweiterung des Mind-Sets der Mitarbeiter sein.

Bild A: Die interaktive Business Model Navigator™ Software

Die Software , die sowohl als iPad als auch als Desktop-Version verfügbar ist, bildet die ersten drei Schritte des St. Galler Business Model Navigator™. Zunächst wird der Nutzer aufgefordert, das eigene Geschäftsmodell entlang der vier Dimensionen *(Wer-Was-Wie-Wert?)* zu reflektieren und zu beschreiben. Anschließend startet er die interaktive Exploration von ca. 240 hinterlegten erfolgreichen Geschäftsmodellen mit dem Ziel, Ideen für das eigene Geschäftsmodell zu entwickeln. Entlang der Business Model Navigator™ Map können die Muster und die dazugehörenden Innovatoren mit detaillierten Beschreibungen betrachtet werden. Der Nutzer kann dabei wählen, ob er alle Muster oder nur einige vorausgewählte betrachten möchte. Mittels einer Notizenfunktion können pro Muster und Firma Ideen eingetragen werden. Durch eine integrierte Social-Media-Komponente kann permanent verfolgt werden, welche Ideen andere Mitarbeiter im Unternehmen eingeben, was wiederum die eigene Kreativität fördert. Als dritter und letzter Schritt erfolgt eine systematische Zusammenfassung der Einträge jedes Mitarbeiters.

Neben dem direkten Effekt der kollaborativen Entwicklung innovativer Geschäftsmodelle bietet die Business Model Navigator™ Software auch die Möglichkeit, aus einer dynamischen Erfassung von Nutzungsdaten interessante Erkenntnisse zu gewinnen. Welches Muster wird wie oft in welcher Region oder in welcher Business Unit angeschaut? Zu welchem Element der vier Grunddimensionen eines Geschäftsmodells gibt es am meisten Einträge? Aus diesen Erkenntnissen können hilfreiche Inputs für die Änderungen im Geschäftsmodell gewonnen werden. Bei Bedarf kann die Software den konkreten Bedürfnissen eines Unternehmens dynamisch angepasst werden, z. B. über Hinzufügung weiterer Geschäftsmodellmuster oder die Anbindung an konkrete Innovationsprozesse.

Business Model Navigator™ – Online Learning

Bei dem Online-Learning-Kurs, den wir ebenso mit unserem Kooperationspartner SwissVBS entwickelt haben, handelt es sich um ein Online Learning, das innerhalb von ca. 20 Minuten die Hintergründe des St. Galler Business Model Navigator™ erklärt (Bild B). Je mehr Mitarbeiter im Denken in Geschäftsmodellen geschult werden, desto größer ist die Veränderungsbereitschaft und -fähigkeit im Unternehmen. Es werden die

Bedeutung von Geschäftsmodellinnovationen, die Definition, die Logik der Rekombination und das Prinzip der Geschäftsmodellmuster auf einfache und anschauliche Art dargestellt. Dieses Online Learning verwenden wir typischerweise als Vorbereitung für Workshops oder für die Nutzung der Software , um das Denken der Mitarbeiter hinsichtlich Geschäftsmodellinnovationen zu öffnen. Es kann aber auch allgemein zur Veränderung der Innovationskultur im Unternehmen eingesetzt werden.

Bild B: Business Model Navigator™ – Online Learning

Business Model Navigator™ – Kartenset für Workshops

Aufgrund der großen Nachfrage von unseren Workshop-Partnern nach den 55 Musterkarten haben wir eine limitierte Profi-Variante des Kartensets von Geschäftsmodellinnovationen entwickelt (Bild C). Jede Musterkarte enthält die relevanten Informationen, die benötigt werden, um das hinter dem Muster liegende Konzept zu verstehen: den Titel, eine Beschreibung der generellen Idee, ein konkretes Beispiel einer Firma, die diese Muster in ihr Geschäftsmodell integriert hat, und Beispiele von weiteren Firmen. Die Dichte an Information auf den Karten trägt dem Ideenfindungsprozess Rechnung – nicht zu wenig, um die Teilnehmer nicht aus ihren gewohnten Denkschemata zu locken, und nicht zu viel, um die Kreativität nicht einzuschränken.

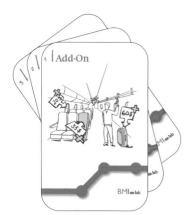

Bild C:
Business Model Navigator™ – Kartenset für Workshops

Die im Buch vorgestellten 55 Muster können auch direkt so verwendet werden. Gleichzeitig darf aber die haptische Bedeutung von professionellen Karten für Akzeptanz und Kreativität nicht unterschätzt werden, wie wir aus unserer Zusammenarbeit mit der Design School der Stanford University wissen.

Business Model Navigator™ – Forschungspublikationen

Für Forscher, Studierende und die reflektierenden Praktiker haben wir unsere aktuellen Publikationen auf unserer Homepage *www.bmi-lab.ch* zusammengestellt.

Projektbegleitung

Für die Moderation und Umsetzung von Geschäftsmodellinnovationen im Unternehmen kann eine externe Begleitung hilfreich sein. Wir bieten solche Moderationen im Rahmen unseres *BMI-Labs* selbst an oder arbeiten eng mit der spezialisierten Innovationsberatung *BGW* zusammen. Prinzipiell bieten wir drei verschiedene Workshop-Formate an:

Maßgeschneiderter Firmenworkshop: Bei diesem Workshop wird die Methodik des St. Galler Business Model Navigator™ im Kontext der eigenen Industrie und Firma diskutiert und es werden erste Ideen für neue Geschäftsmodelle entwickelt:

- Ein Tag
- Sechs bis 30 Teilnehmer einer Firma
- Maßgeschneidert auf die Industrie und die Firma
- Ziel: vertraut werden mit dem St. Galler Business Model Navigator™ und erste Ideen für das eigene Geschäftsmodell finden
- Material: Workshop-Ordner und Musterkarten, Online-Kurs, interaktive Software (optional)

Geschäftsmodelle innovieren Deep Dive: Bei diesem Format handelt es sich um eine Serie von Workshops, mit dem Ziel, ein bis zwei konkrete Geschäftsmodellinnovationen zu entwickeln und auszugestalten:

- Sechs Monate
- Kernteam von drei bis fünf Mitarbeitern, erweitertes Team von 25 Mitarbeitern
- Ziel: mit dem St. Galler Business Model Navigator™ vertraut werden, mehrere Geschäftsmodellideen generieren, vielversprechendste Idee auswählen, Idee ausdetaillieren und Business-Pläne und Vorstandspräsentationen vorbereiten
- Drei bis vier Tage On-site Workshops plus E-Coaching
- Material: Workshop-Ordner, Musterkarten, Online-Kurs und interaktive Software

Cross-Industry Workshops: Die Besonderheit dieses Workshops ist, dass man gemeinsam mit anderen Firmen das eigene Geschäftsmodell innoviert:

- Drei Tage in St. Gallen
- Maximal vier Teilnehmer pro Firma
- Maximal zehn Firmen pro Workshop
- Ziel: erste Ideen für Geschäftsmodellinnovationen generieren, Austausch mit anderen Industrien
- Material: Workshop-Ordner, Musterkarten, Online-Kurs und interaktive Software

Beratung und Umsetzung: Wir begleiten auch den gesamten Prozess der Entwicklung, Bewertung und Umsetzung neuer Geschäftsmodelle.

2 Glossar

Bei der Projektdurchführung ist es von großer Bedeutung, dass alle Beteiligten das gleiche Verständnis von den zentralen Begriffen und Konstrukten haben. Diese seien im Folgenden nochmals kurz und griffig erläutert.

Ähnlichkeitsprinzip	Das Ähnlichkeitsprinzip ist eine Form der Musteradaption. Dabei geht man von innen nach außen vor, d. h., man beginnt mit Musterkarten von stark analogen Branchen und bewegt sich in Richtung weniger stark analoger Branchen und überträgt diese auf das eigene Geschäftsmodell.
Analoges Denken	Beim analogen Denken wird Wissen aus einem anderen Kontext auf das spezifische Problem übertragen und dadurch häufig ein neuer Lösungsansatz generiert.
Blaue Ozeane	Unbesetzte Märkte, die erst noch geschaffen werden müssen. Hochattraktiv, margenträchtig, aber noch nicht existierend.
Brainwriting	Eine Kreativitätstechnik, die vorwiegend in Gruppen angewandt wird und dem Brainstorming ähnelt. Beim Brainwriting schreibt jeder Teilnehmer seine Ideen alleine auf.
Design Thinking	Design Thinking ist eine in Stanford entwickelte Methode, die sich mit Prozessen zur Entwicklung innovativer Produkte beschäftigt. Dabei orientiert sie sich an der Arbeit von Designern: dem Verstehen, Verbessern und Anwenden.
Disruptive Innovation	Eine radikale Innovation, die eine bestehende Technologie, ein bestehendes Produkt oder eine bestehende Dienstleistung obsolet macht.
Divergentes Denken	Beim divergenten Denken wird der Lösungsraum weit geöffnet, um möglichst viel Varianz zu erhalten.

Dominante Branchenlogik	Jede Branche funktioniert nach bestimmten Regeln, die sich aus dem Zusammenspiel der Wettbewerber sowie der existierenden Wertschöpfungskette ergeben.
Ertragsmechanik	Die Ertragsmechanik erklärt, warum ein Geschäftsmodell finanziell überlebensfähig ist. Es beinhaltet Aspekte wie die Kostenstruktur und die Umsatzquellen. Diese Dimension beantwortet die zentrale Frage jeder Firma: Wie erzielt man mit dem Geschäft Ertrag?
Geschäftsmodell	Ein Geschäftsmodell ist darüber definiert, *wer* die Kunden sind, *was* verkauft wird, *wie* man es herstellt und wie man einen *Ertrag* realisiert. Das *Wer-Was-Wie-Wert?* definiert ein Geschäftsmodell.
Geschäftsmodellinnovation	Um eine Geschäftsmodellinnovation handelt es sich, wenn mindestens zwei der vier Dimensionen eines Geschäftsmodells *(Wer-Was-Wie-Wert?)* geändert werden. Eine erfolgreich Geschäftsmodellinnovation schafft Werte und schützt diese für das eigene Unternehmen: *„Create value, capture value"*.
Geschäftsmodellmuster	Ein Geschäftsmodellmuster ist eine bestimmte Konfiguration der vier Kernelemente eines Geschäftsmodells *(Wer-Was-Wie-Wert?)*, welche bereits in verschiedenen Firmen zu einer erfolgreichen Innovation geführt hat. Wir identifizierten 55 unterscheidungsfähige Muster, die immer wieder den Kern neuer Geschäftsmodelle bilden.
Go-to-Market Approach	Festlegung, über welche Kanäle ein Unternehmen seine Produkte und Dienstleistungen zu seinen Kunden bringt.
Hidden Champion	Kleines Unternehmen, das in einer Marktnische Weltmarktführer, aber darüber hinaus kaum bekannt ist.
Konfrontationsprinzip	Das Konfrontationsprinzip ist eine Form der Musteradaption, dabei erfolgt die Suche nach neuen Geschäftsmodellmustern durch die bewusste Konfrontation mit Extremen. Hierbei wird das derzeitige Geschäftsmodell möglichst branchenfremden Geschäftsmodellszenarien ausgesetzt.
Konvergentes Denken	Beim konvergenten Denken wird die Vielzahl an Lösungen auf wenige vielversprechende Möglichkeiten reduziert.
Muster adaptieren	Muster adaptieren bedeutet, dass die identifizierten Muster auf das eigene Geschäftsmodell übertragen werden und dadurch gänzlich neue Ideen für das eigene Geschäftsmodell entstehen.

NABC-Ansatz	Ein Ansatz aus der Venture-Capital-Szene, wonach Ideen für neue Geschäftsmodelle anhand von vier Dimensionen beschrieben werden: Need, Approach, Benefits, Competition.
Netzwerkeffekte	Netzwerkeffekte beschreiben den Effekt, dass der Nutzen eines Netzwerks mit steigender Nutzerzahl wächst. Je mehr Nutzer ein Netzwerk hat, umso attraktiver ist es für Externe, dem Netzwerk beizutreten.
New Economy	Die New Economy bezieht sich auf die Wirtschaftszweige, die vor allem auf webbasierte Dienstleitungen ausgerichtet sind. Der Wert eines Gutes wird nicht durch die Knappheit, sondern durch das Potenzial seiner Verbreitung beschrieben.
NIH-Syndrom	Das NIH-Syndrom (Not-Invented-Here-Syndrom) beschreibt das Phänomen, dass Einzelpersonen oder komplette Unternehmen Wissen, das nicht von ihnen selbst oder in ihrer Organisation generiert wurde, ablehnen.
Nutzenversprechen	Das Nutzenversprechen beschreibt, was den Zielkunden angeboten wird, um deren Bedürfnisse zu befriedigen. Das Nutzenversprechen beschreibt alle Leistungen eines Unternehmens (Produkte und Services), die dem Kunden von Nutzen sind.
Old Economy	Die Old Economy bezieht sich auf die klassischen Wirtschaftszweige, bei welchen die Knappheit der Güter den Preis bestimmt.
Orthodoxie	Gemeinsam geteilte Glaubensgrundsätze, die die Grundannahmen des gemeinsamen Handelns betreffen.
Porter's Five Forces	Die Porter's Five Forces sind ein Werkzeug, um eine Branchenstrukturanalyse durchzuführen. Kernidee dieses Ansatzes ist, die Industrie im Detail zu analysieren und zu versuchen, über eine bessere Positionierung als die Wettbewerber einen Vorteil zu erzielen. Dabei untersucht man die potenziellen Mitbewerber, die Kunden, die Ersatzprodukte, die Zulieferer und die Rivalität der Mittbewerber.
Rote Ozeane	Bestehende Märkte und Branchen. Wenig attraktiv, hoher Konkurrenzdruck, geringe Margen.

Social Media	Bei Social Media handelt es sich um digitale Medien und Technologien, die es ermöglichen, dass unterschiedliche Nutzer auf einer Plattform Informationen austauschen oder gemeinsam Inhalte erstellen.
Social Network	Unter einem Social Network versteht man den Zusammenschluss verschiedener Personen über eine Plattform im Internet.
St. Galler Business Model Navigator™	Ganzheitliches St. Galler Managementkonzept zur Entwicklung neuer Geschäftsmodelle. Im Kern des Business Model Navigator™ steht das Entwickeln von Geschäftsmodellinnovationen durch kreative Imitation von bestehenden Mustern aus anderen Branchen. Der Navigator basiert auf der empirischen Forschung von mehreren hundert Geschäftsmodellen und praktischer Umsetzung in Dutzenden von Unternehmen.
TRIZ	TRIZ ist die russische Abkürzung für die „Theorie zur Lösung von Erfindungsaufgaben" (russisch: Teorija Rešenija Isobretatelskih Zada). Eine Auswertung von ca. 40 000 Patenten ergab, dass die Erfindungsaufgaben bzw. technische Widersprüche aus verschiedenen Branchen sich durch eine begrenzte Anzahl von elementaren Prinzipien (Verfahren) lösen lassen. Daraus entstand eines der bekanntesten und für jedermann einfach anzuwendenden Werkzeuge von TRIZ zur technischen Lösungsfindung: die 40 Innovationsprinzipien.
Umfeld eines Unternehmens	Zu einem Umfeld eines Unternehmens gehören die relevanteren Akteure (Kunden, Partner, Wettbewerber) sowie deren Beziehungen untereinander und die Einflussfaktoren (Technologien, Trends, regulatorische Veränderungen). Jedes Unternehmen wird von seinem Umfeld beeinflusst und beeinflusst es selbst.
Wechselkosten	Wenn ein Kunde von einem Anbieter zu einem anderen wechselt, ist dies häufig mit Kosten verbunden – diese Kosten nennt man Wechselkosten.
Wertschöpfungskette	Die Wertschöpfungskette eines Unternehmens beschreibt die Prozesse und Aktivitäten, die vom Unternehmen durchgeführt werden, zusammen mit den involvierten Ressourcen und Fähigkeiten.

3 Alle Muster auf einen Blick

1	ADD-ON	Was Wert	Ryanair (1985), SAP (1992), Sega (1998)	Ein Basisangebot wird zu einem wettbewerbsfähigen Preis angeboten, welches durch zahlreiche Extras erweitert werden kann. Diese treiben den Endpreis nach oben, wodurch der Kunde schlussendlich oftmals mehr als initial erwartet ausgibt. Sein Vorteil liegt in einem variablen Angebot, welches er an seine spezifischen Bedürfnisse anpassen kann.
2	AFFILIATION	Wie Wert	Amazon Store (1995), Cybererotica (1994), CDnow (1994), Pinterest (2010)	Die dem Muster zugrunde liegende Idee ist, Dritte für die Zuführung von Kundschaft zu nutzen. Die Entlohnung der Dritten, den sogenannten Affiliates, erfolgt dabei in der Regel pro Vermittlung eines neuen Kunden oder anteilig auf Basis von erfolgreich durchgeführten Transaktionen. Unternehmen können dieses Muster nutzen, um eine breitere Masse an potenziellen Kunden zu erreichen, ohne signifikant in eine eigene Vertriebs- oder Marketingstruktur investieren zu müssen.
3	AIKIDO	Wer Was Wert	Six Flags (1961), The Body Shop (1976), Swatch (1983), Cirque du Soleil (1984), Nintendo (2006)	AIKIDO ist eine japanische Kampfkunst, in der die Stärke eines Angreifers gegen ihn selbst verwendet wird. In Form eines Geschäftsmodells bedeutet AIKIDO, dass ein Unternehmen etwas anbietet, das diametral zum Paradigma der Konkurrenz entgegensteht. Dieses neue Angebot zieht vor allem jene Kunden an, die Ideen oder Konzepte jenseits des Mainstream-Angebots bevorzugen.

4	AUCTION	Was Wert	eBay (1995), Winebid (1996), Priceline (1997), Google (1998), Elance (2006), Zopa (2005), MyHammer (2005)	Die Idee dieses Musters besteht darin, ein Produkt oder eine Dienstleistung an den Höchstbietenden zu verkaufen. Der Endpreis wird festgestellt, wenn eine bestimmte Endzeit erreicht oder kein höheres Angebot gemacht wird. Dies ermöglicht es dem Unternehmen, die höchste Zahlungsbereitschaft des Kunden abzuschöpfen. Der Kunde profitiert von der Möglichkeit, Einfluss auf den Preis eines Produkts ausüben zu können.
5	BARTER	Was Wert	Procter & Gamble (1970), Pepsi (1972), Lufthansa (1993), Magnolia Hotels (2007), Pay with a Tweet (2010)	BARTER sind Tauschgeschäfte, durch die eine Ware ohne den Austausch monetärer Leistungen an den Kunden gegeben wird. Der Kunde bietet im Gegenzug etwas, das dem Unternehmen von Wert ist. Die ausgetauschten Güter müssen keine direkte Verbindung aufweisen und werden in der Regel von beiden Parteien unterschiedlich bewertet.
6	CASH MACHINE	Wie Wert	American Express (1891), Dell (1984), Amazon Store (1995), PayPal (1998), Blacksocks (1999), MyFab (2008), Groupon (2008)	CASH MACHINE bedeutet, dass ein Unternehmen schneller Einnahmen generiert, als es die hierfür notwendigen Ausgaben tätigen muss. Durch den negativen Geldumschlag kommt es zur Freisetzung zusätzlicher Liquidität, welche für anderweitige Zwecke, wie zum Beispiel zur Schuldentilgung oder Investitionen, aufgewendet werden kann.
7	CROSS SELLING	Was Wie Wert	Shell (1930), IKEA(1956), Tchibo (1973), Aldi (1986), SANIFAIR (2003)	In diesem Muster wird das Leistungsangebot eines Unternehmens um komplementäre Produkte und Dienstleistungen ergänzt. Das Ziel dieses Musters besteht darin, Zusatzverkäufe zu dem bereits bestehenden Leistungsangebot des Unternehmens zu generieren. Hierdurch lassen sich sowohl die bestehenden Kundenbeziehungen als auch die Ressourcen und Fähigkeiten des Unternehmens besser nutzen.

8	CROWD-FUNDING	Wie Wert	Marillion (1997), Cassava Films (1998), Diaspora (2010), Brainpool (2011), Pebble Technology (2012)	Ein Produkt, ein Projekt oder ein komplettes Start-up wird von einer Gruppe privater Kleinanleger finanziert, die die zugrunde liegende Idee unterstützen wollen. Die Anleger profitieren dabei von speziellen Vorteilen, die von der Menge des bereitgestellten Geldes abhängen.
9	CROWD-SOURCING	Wie Wert	Threadless (2000), Procter & Gamble (2001), InnoCentive (2001), Cisco (2007), MyFab (2008)	Die Lösung einer Aufgabe oder eines Problems wird von einer anonymen Masse übernommen. Ziel dieses Musters ist es, den eigenen Innovations- und Wissenshorizont zu erweitern und hierdurch das Entwickeln einer kostengünstigeren und effektiveren Problemlösung zu ermöglichen.
10	CUSTOMER LOYALITY	Was Wert	Sperry & Hutchinson (1897), American Airlines (1981), Safeway Club Card (1995), Payback (2000)	Ziel dieses Musters ist die Loyalisierung von Kunden, indem diese in Form von Bonusprogrammen für ihre Treue belohnt werden. Durch die Belohnung entsteht eine emotionale Beziehung zu dem Unternehmen, welche die Kunden wiederum stärker an das Unternehmen bindet.
11	DIGITALI-ZATION	Was Wie	Spiegel Online (1994), WXYC (1994), Hotmail (1996), Jones International University (1996), CEWE Color (1997), SurveyMonkey (1998), Napster (1999), Wikipedia (2001), Facebook (2004), Dropbox (2007), Netflix (2008), Next Issue Media (2011)	Dieses Muster beschreibt die Möglichkeit, bestehende Produkte oder Dienstleistungen in einer digitalen Variante anzubieten, welche vorteilhafte Eigenschaften gegenüber der physischen Variante aufweist. Die Vorteile können beispielsweise in geringeren Produktionskosten, einer größeren Reichweite oder einer schnelleren Distribution bestehen.

12	DIRECT SELLING	Was Wie Wert	Vorwerk (1930), Tupperware (1946), Amway (1959), The Body Shop (1976), Dell (1984), Nestle Nespresso (1986), First Direct (1989), Nestlé Special.T (2010), Dollar Shave Club (2012), Nestlé BabyNes (2012)	Direktverkauf bezeichnet ein Konzept, bei dem die Produkte nicht durch den Handel, sondern direkt durch den Hersteller verkauft werden. Durch das Umgehen von Händlern können Kosten eingespart und ein konsistentes Vertriebskonzept gewährleistet werden. Darüber hinaus intensiviert sich die Beziehung zwischen Unternehmen und Kunde.
13	E-COMMERCE	Was Wie Wert	Dell (1984), Asos (2000), Zappos (1999), Amazon Store (1995), Flyeralarm (2002), Blacksocks (1999), Dollar Shave Club (2012), Winebid (1996), Zopa (2005)	Traditionelle Produkte oder Dienstleistungen werden über Online-Kanäle angeboten. Hierdurch können die Kosten für den Betrieb einer physischen Infrastruktur umgangen werden. Kunden profitieren von einer höheren Verfügbarkeit, während das Unternehmen in der Lage ist, seinen Vertrieb mit internen Prozessen stärker zu integrieren.
14	EXPERIENCE SELLING	Was Wie Wert	Harley Davidson (1903), IKEA (1956), Trader Joe's (1958), Starbucks (1971), Swatch (1983), Nestlé Nespresso (1986), Red Bull (1987), Barnes & Noble (1993), Nestlé Special.T (2010)	Neben der Bereitstellung von Produkten oder Dienstleistungen stehen die damit verbundenen Eindrücke und Erlebnisse des Kunden im Mittelpunkt. Die wahrnehmbare Umwelt des Kunden wird im Rahmen dieses Musters aktiv beeinflusst, zum Beispiel indem Promotion, Ladeneinrichtung, Verkaufspersonal, Produktfunktionalität und Verpackung konsistent aufeinander abgestimmt werden.
15	FLATRATE	Was Wert	SBB (1898), Buckaroo Buffet (1946), Sandals Resorts (1981), Netflix (1999), Next Issue Media (2011)	Bei diesem Muster zahlt der Kunde einen Pauschalpreis für eine Leistung und kann diese hierfür in unbegrenzten Mengen nutzen. Der Kunde muss sich hierdurch nicht in seinem Konsum einschränken und behält die volle Kostenkontrolle.

16	FRACTIO-NALIZED OWNER-SHIP	Wer Was Wie Wert	Hapimag (1963), Netjets (1964), Mobility Carsharing (1997), écurie25 (2005), HomeBuy (2009)	FRACTIONALIZED OWNERSHIP beschreibt den geteilten Erwerb eines Objekts innerhalb einer Gemeinschaft von Eigentümern. Typischerweise handelt es sich dabei um ein kapitalintensives Produkt, welches jedoch nicht häufig benötigt wird. Der Kunde profitiert von den Eigentumsrechten, ohne dafür das gesamte Kapital allein zur Verfügung stellen zu müssen.
17	FRANCHI-SING	Was Wie Wert	Singer Sewing Machine (1860), McDonald's (1948), Marriott International (1967), Starbucks (1971), Subway (1974), Fressnapf (1992), Naturhouse (1992), McFit (1997), BackWerk (2001)	FRANCHISING bezeichnet eine Kooperation, bei der ein sogenannter Franchise-Geber einem Franchise-Nehmer die kommerzielle Nutzung seines Geschäftskonzepts für ein Entgelt überlässt. Der Franchise-Geber besitzt den Markennamen, die Produkte und die Corporate Identity. Diese werden an unabhängige Franchise-Nehmer lizensiert, die das Risiko der lokalen Operationen tragen.
18	FREEMIUM	Was Wert	Hotmail (1996), SurveyMonkey (1998), LinkedIn (2003), Skype (2003), Spotify (2006), Dropbox (2007)	Die Basisversion eines Angebots wird gratis offeriert, wohingegen für die Premiumversion ein entsprechender Aufpreis verlangt wird. Mit der kostenlosen Bereitstellung der Basisversion soll eine möglichst große Nutzergruppe gewonnen werden, in der sich – so die Hoffnung – genügend Nutzer finden lassen, welche bereit sind, für die Premiumversion zu bezahlen.
19	FROM PUSH-TO-PULL	Was Wie	Toyota (1975), Zara (1975), Dell(1984), Geberit (2000)	Dieses Muster beschreibt die Strategie, bei der ein Unternehmen seine Prozesse flexibilisiert, um den Kunden in den Mittelpunkt stellen zu können. Um schnell und flexibel auf seine Bedürfnisse reagieren zu können, kann es erforderlich sein, die gesamte Wertschöpfungskette, einschließlich der Produktion oder sogar Forschung und Entwicklung, in dieses Konzept mit einzubeziehen.

20	GUARAN-TEED AVAILABI-LITY	Was Wie Wert	NetJets (1964), PHH Corporation (1986), IBM (1995), Hilti (2000), MachineryLink (2000), ABB Turbo Systems (2010)	Im Rahmen dieses Musters wird auf ein Produkt oder eine Dienstleistung eine Art Verfügbarkeitsgarantie vergeben, wodurch dieses jederzeit von dem Kunden genutzt werden kann. Ziel ist das Minimieren von Ausfallkosten, welche durch die Nicht-Verfügbarkeit entstehen.
21	HIDDEN REVENUE	Wer Was Wie Wert	JCDecaux (1964), Sat.1 (1984), Metro Newspaper (1995), Google (1998), Facebook (2004), Spotify (2006), Zattoo (2007)	Bei diesem Muster generiert ein Unternehmen seinen Hauptumsatz nicht durch das Verkaufen eines Produkts oder einer Dienstleistung, sondern durch das Kommerzialisieren einer Werbefläche, welche daran geknüpft ist. Hierdurch ergibt sich die Konstellation, dass das Unternehmen seine Einnahmen nicht durch die klassischen Kunden als solches, sondern durch die Werbekunden generiert, wodurch es zu einer ‚Trennung von Einkommen und Kunde' kommt.
22	INGRE-DIENT BRANDING	Was Wie	DuPont Teflon (1964), W. L. Gore & Associates (1976), Intel (1991), Carl Zeiss (1995), Shimano (1995), Bosch(2000)	INGREDIENT BRANDING bezeichnet die Bildung einer Marke für ein Produkt, welches nicht einzeln, sondern nur als Bestandteil eines Endprodukts erworben wird. Das Produkt wird dabei gezielt als ein eigenständiges Merkmal des Endprodukts beworben, wodurch es zu der Herausbildung einer ‚Marke in der Marke' des Endprodukts kommt. Im Idealfall führt INGREDIENT BRANDING zu einer Win-Win-Situation, bei der die positiven Attribute des Zulieferprodukts auf das Endprodukt übertragen werden und somit die Attraktivität des Endprodukts steigt.
23	INTEGRA-TOR	Wie Wert	Carnegie Steel (1870), Ford (1908), Zara (1975), Exxon Mobil (1999), BYD Auto (1995)	Ein INTEGRATOR führt den Großteil seiner Wertschöpfungsaktivitäten in Eigenregie durch. Das Unternehmen behält so die Kontrolle über alle zentralen Ressourcen und Fähigkeiten der Wertschöpfung. Effizienzsteigerungen, Verbundvorteile und geringere Abhängigkeiten von Lieferanten führen zu Kostensenkungen und können die Flexibilität und Stabilität der Wertschöpfung erhöhen.

24	LAYER PLAYER	Was Wie	Dennemeyer (1962), Wipro Technologies (1980), TRUSTe (1997), PayPal (1998), Amazon Web Services (2002)	Ein LAYER PLAYER ist ein spezialisiertes Unternehmen, das sich auf die Bereitstellung einiger wenige Aktivitäten einer Wertschöpfungskette spezialisiert. Die Leistungen, die es in diesem Zusammenhang erbringt, werden quer verteilt über diverse Marktsegmente angeboten. Durch seinen hohen Spezialisierungsgrad profitiert der Layer Player neben effizienzbedingten Spezialisierungsvorteilen insbesondere von einer Multiplikation seines Know-hows und seiner Eigentumsrechte.
25	LEVERAGE CUSTOMER DATA	Wie Wert	Amazon Store (1995), Google (1998), Payback (2000), Facebook (2004), PatientsLikeMe (2004), 23andMe (2006), Twitter (2006), Verizon Communications (2011)	Im Zentrum dieses Musters steht das Sammeln von Kundendaten, um diese im Anschluss gewinnbringend nutzen zu können. Möglichkeiten zur Kommerzialisierung bieten sich beispielsweise durch den direkten Verkauf der Daten an Dritte oder durch die eigene Nutzung, z. B. zur Verbesserung der Wirksamkeit von Werbung.
26	LICENSE	Was Wie Wert	BUSCH (1870), IBM (1920), DIC 2 (1973), ARM (1989), Duales System Deutschland (1991), Max Havelaar (1992)	Das Unternehmen konzentriert sich auf die Entwicklung von geistigem Eigentum, welches an andere Unternehmen lizenziert wird. Im Fokus stehen somit nicht die eigene Umsetzung und Verwertung von Wissen in Form von eigenen Produkten, sondern vielmehr die Kommerzialisierung seiner Nutzungsrechte.
27	LOCK-IN	Wie Wert	Gillette(1904), Lego (1949), Microsoft (1975), Hewlett-Packard (1984), Nestlé Nespresso (1986), Nestlé BabyNes (2012), Nestlé Special.T (2010)	Kunden werden in dem Ökosystem eines Anbieters „eingesperrt". Der Wechsel zu anderen Anbietern ist durch erhebliche Umstellungskosten deutlich erschwert, was das Unternehmen davor schützen soll, Kunden zu verlieren. LOCK-IN wird entweder durch technologische Mechanismen oder erhebliche Interdependenzen von Produkten oder Dienstleistungen erzeugt.

28	LONG TAIL	Was Wie Wert	Amazon Store (1995), eBay (1995), Netflix (1999), Apple iPod/iTunes (2003), YouTube (2005),	Statt sich auf Blockbuster-Produkte zu konzentrieren, wird der Hauptteil der Einnahmen durch einen „LONG TAIL" an Nischenprodukten generiert. Einzeln werden diese Produkte weder in großen Mengen nachgefragt, noch ermöglichen sie hohe Margen. Wenn jedoch eine hohe Anzahl davon in ausreichend großen Mengen angeboten wird, können sich diese kleinen Gewinne lukrativ aufsummieren.
29	MAKE MORE OF IT	Was Wie Wert	Porsche (1931), Festo Didactic (1970), BASF (1998), Amazon Web Services (2002), Sennheiser Sound Academy (2009)	Know-how und andere verfügbare Ressourcen eines Unternehmens werden nicht nur zur Herstellung eigener Produkte verwendet, sondern darüber hinaus auch anderen Unternehmen in Form einer externen Dienstleistung zur Verfügung gestellt. Ziel ist die Multiplikation von Kompetenzen außerhalb des Kerngeschäfts.
30	MASS CUSTOMIZATION	Was Wie Wert	Dell (1984), Levi's (1990), Miadidas (2000), PersonalNOVEL (2003), Factory121 (2006), mymuesli (2007), My Unique Bag (2010)	Ein Produkt wird an die individuellen Bedürfnisse des Kunden angepasst, wobei ähnliche Effizienzbedingungen wie bei der Herstellung eines Massenprodukts vorherrschen. Hierdurch erhält der Kunde ein auf sich zugeschnittenes Produkt, ohne einen signifikanten Aufpreis zahlen zu müssen. Möglich gemacht wird dies durch den Einsatz von modularisierten Produktarchitekturen, da diese zu einer Vielfalt an kostengünstigen Produktvarianten führen.
31	NO FRILLS	Wer Was Wie Wert	Ford (1908), Aldi (1913), McDonald's (1948), Southwest Airlines (1971), Aravind Eye care System (1976), Accor (1985), McFit (1997), Dow Corning (2002)	Ein Produkt oder eine Dienstleistung wird auf seinen bzw. ihren Kern reduziert. Die hierdurch realisierten Kosteneinsparungen werden dabei mit dem Kunden geteilt, was eine Kundschaft mit geringerer Kaufkraft oder Zahlungsbereitschaft anspricht.

32	OPEN BUSINESS MODEL	Wie Wert	Valve Corporation (1998), Abril (2008)	In einem offenen Geschäftsmodell gestaltet sich die Zusammenarbeit mit Partnern als eine zentrale Quelle der Wertschöpfung. Unternehmen, die ein offenes Geschäftsmodell verfolgen, suchen aktiv nach neuen Möglichkeiten der Zusammenarbeit mit Lieferanten, Kunden oder anderen Teilnehmern des Ökosystems, um ihr Geschäft zu öffnen und zu erweitern.
33	OPEN SOURCE	Was Wie Wert	IBM (1955), Mozilla (1992), Red Hat (1993), mondoBIOTECH (2000), Wikipedia (2001), Local Motors (2008)	Im Rahmen dieses Musters wird ein Produkt nicht von einem einzelnen Unternehmen, sondern von einer öffentlichen Community entwickelt. Geld verdient wird in der Regel durch Dienstleistungen, die komplementär zu dem Produkt angeboten werden, wie z. B. Beratung oder Support.
34	ORCHEST-RATOR	Wie Wert	Procter & Gamble (1970), Li & Fung (1971), Nike (1978), Bharti Airtel (1995)	Im Rahmen dieses Musters konzentriert sich ein Unternehmen auf seine Kernkompetenzen. Alle Aktivitäten der Wertschöpfungskette, die außerhalb dieses Bereichs liegen, werden ausgelagert und aktiv koordiniert. Dies ermöglicht es dem Unternehmen, von den Spezialisierungsvorteilen seiner Lieferanten zu profitieren. Die Fokussierung auf die Kernkompetenzen steigert die Leistungsfähigkeit.
35	PAY PER USE	Was Wie	Hot Choice (1988), Google (1998), Ally Financial (2004), Better Place (2007), Car2Go (2008)	PAY PER USE bedeutet, dass eine Leistung nicht pauschal, sondern nach ihrer effektiven Nutzung abgerechnet wird. Hierdurch bezahlt der Kunde nur für das, was er tatsächlich verbraucht. Das Unternehmen ist so in der Lage, Kunden anzuziehen, die zusätzliche Flexibilität schätzen.
36	PAY WHAT YOU WANT	Was Wie	One World Everbody Eats (2003), NoiseTrade (2006), Radiohead (2007), Humble Bundle (2010), Panera Bread Bakery (2010)	Der Preis für eine Leistung wird durch den Käufer festgelegt. Hierdurch muss dieser für die Leistung nur so viel bezahlen, wie er tatsächlich auch möchte. Auf Grund von sozialen Normen nutzen Kunden dieses Muster nur in seltenen Fällen aus, wodurch sich dieses als eine effektive Maßnahme zur Gewinnung von Neukunden nutzen lässt.

37	Peer-to-Peer	Was Wie Wert	eBay (1995), Craigslist (1996), Napster (1999), Couchsurfing (2003), LinkedIn (2003), Skype (2003), Zopa (2005), SlideShare (2006), Twitter (2006), Dropbox (2007), Airbnb (2008), TaskRabbit (2008), RelayRides (2010), Gidsy (2011)	Ein Unternehmen positioniert sich als eine Art Anlaufstelle für die zwischenmenschlichen Bedürfnisse einer Gesellschaft, indem es sich auf das Vermitteln von Transaktionen zwischen Privatpersonen spezialisiert. Diese können beispielsweise in dem Verleihen persönlicher Gegenstände, dem Anbieten von bestimmten Dienstleistungen und Produkten oder dem Teilen von Informationen und Erfahrungswerten bestehen.
38	Performance-Based Contracting	Was Wie Wert	Rolls-Royce (1997), BASF (1998), Xerox (2002)	Der Preis für ein Produkt ermittelt sich nicht nach seinem physischen Wert, sondern auf Basis der Leistung, welche damit erbracht wird. Der Hersteller des Produkts ist oftmals stark in den Leistungserstellungsprozess seines Kunden integriert. Spezielles Know-how und Skaleneffekte führen zu niedrigeren Produktions-und Wartungskosten, die an den Kunden weitergegeben werden. Eine Extremvariante dieses Musters stellen sogenannte Betreibermodelle dar, bei denen das Produkt im Besitz des Unternehmens verbleibt und von diesem betrieben wird.
39	Razor and Blade	Was Wie Wert	Standard Oil Company (1880), Gillette (1904), Hewlett-Packard (1984), Nestlé Nespresso (1986), Apple iPod/iTunes (2003), Amazon Kindle (2007), Better Place (2007), Nestlé Special.T (2010), Nestlé BabyNes (2012)	Das Basisprodukt wird günstig oder gar umsonst angeboten. Das Komplementärprodukt hingegen, welches zur Nutzung des Basisprodukts erforderlich ist, ist teurer und für den Hauptumsatz des Unternehmens verantwortlich. Der niedrige Preis des Basisprodukts senkt die anfängliche Kaufschwelle der Kundschaft, während die folgenden wiederkehrenden Umsätze der Komplementärprodukte zu dessen Quersubventionierung verwendet werden. Es ist üblich, dass das Produkt und die Verbrauchsmaterialien technologisch aneinander gebunden sind, um den Effekt zu verstärken.

40	RENT INSTEAD OF BUY	Was Wert	Saunders System (1916), Xerox (1959), Blockbuster (1985), Rent a Bike (1987), Mobility Carsharing (1997), MachineryLink (2000), CWS-boco (2001), Luxusbabe (2006), FlexPetz (2007), Car2Go(2008)	Bei diesem Muster wird ein Produkt nicht vom Kunden gekauft, sondern stattdessen von diesem gemietet. Durch das Entfallen der Anschaffungskosten vergrößert sich der finanzielle Spielraum des Nutzers, wodurch sich dieser ehemals unerschwingliche Produkte leisten kann. Zudem können teure Kapitalbindungskosten vermieden werden.
41	REVENUE SHARING	Was Wert	CDnow (1994), HubPages(2006), Apple iPhone/ AppStore (2008), Groupon (2008)	REVENUE SHARING bezeichnet die Praxis von Unternehmen, Umsatz mit Stakeholdern zu teilen. Die Umsatzbeteiligung dient zur Entlohnung von wertschöpfenden Tätigkeiten, welche die Stakeholder für das Unternehmen erbringen. Ziel ist der Aufbau einer symbiotischen Beziehung, durch die eine beidseitige Umsatzsteigerung erreicht werden soll.
42	REVERSE ENGINEERING	Was Wie Wert	Bayer (1897), Pelikan (1994), Brilliance China Auto (2003), Denner (2010)	Dieses Muster beschreibt ein Vorgehen, bei dem ein Unternehmen ein Produkt der Konkurrenz in seine Bestandteile zerlegt und mit diesen Informationen ein ähnliches oder kompatibles Produkt baut. Da so keine eigenen großen Investitionen in Forschung und Entwicklung nötig sind, können diese Produkte zu einem niedrigeren Preis verkauft werden.
43	REVERSE INNOVATION	Was Wie	Logitech (1981), Haier (1999), Nokia (2003), Renault (2004), General Electric (2007)	Einfache und preiswerte Produkte, die in und für Schwellenländer entwickelt worden sind, werden auch in den Industrieländern verkauft. Der Begriff „Reverse" bezieht sich auf die Tatsache, dass neue Produkte früher in der Regel in den Labors der westlichen Welt entwickelt wurden und erst im weiteren Verlauf in Entwicklungs- und Schwellenländern verfügbar wurden.

44	ROBIN HOOD	Wer Was Wie	Aravind Eye Care System (1976), One Laptop per Child (2005), TOMS Shoes (2006), Warby Parker (2008)	Gleiche Produkte oder Dienstleistungen werden den „Reichen" zu einem viel höheren Preis als den „Armen" verkauft. Die Einnahmen, welche durch die Reichen erzielt werden, dienen dazu, die Leistungen für die Armen querzusubventionieren. Die „Armen" zu bedienen, ist dabei in der Regel nicht rentabel, schafft aber Skaleneffekte, die andere Anbieter nicht erreichen können. Zusätzlich hat es einen positiven Effekt auf das Image des Unternehmens.
45	SELF-SERVICE	Was Wie Wert	McDonald's (1948), IKEA (1956), Accor (1985), Mobility Carsharing (1997), BackWerk (2001), Car2Go (2008)	Im Rahmen dieses Musters wird ein Teil der Wertschöpfungskette vom Unternehmen auf den Kunden übertragen. Die hierdurch eingesparten Kosten ermöglichen es, dass die Leistung dem Kunden günstiger angeboten werden kann. Darüber hinaus kann oftmals auch die Effizienz der Wertschöpfung verbessert werden, da der Kunde einige Wertschöpfungsschritte schneller und zielgerichteter als das Unternehmen verrichten kann.
46	SHOP-IN-SHOP	Was Wie Wert	Tim Hortons (1964), Tchibo (1987), Deutsche Post (1995), Bosch (2000), MinuteClinic (2000)	Anstatt einen eigenen Laden aufzubauen wird ein Verkaufsraum innerhalb eines anderen Ladens eingerichtet. Das integrierte Unternehmen ist dabei in Bezug auf die Sortimentsgestaltung und die Präsentation der angebotenen Leistung grundsätzlich frei. Der eigentliche Ladenbetreiber profitiert von zusätzlich angezogenen Kunden und kann seine Räumlichkeiten effektiver nutzen.
47	SOLUTION PROVIDER	Was Wie Wert	Lantal Textiles (1954), Heidelberger Druckmaschinen (1980), Tetra Pak (1993), Geek Squad (1994), CWS-boco (2001), Apple iPod/iTunes (2003), 3M Services (2010)	Ein Unternehmen bietet seinen Kunden nicht nur seine Produkte, sondern eine umfassende Gesamtlösung an integrierten Produkt- und Dienstleistungsangeboten. Da das Unternehmen den gesamten Bedarf rund um das Kundenproblem abdeckt, agiert es als der „Single Point of Contact" des Kunden. Der enge Kontakt mit dem Kunden kann dazu genutzt werden, um wichtige Informationen über ihre Nutzungsgewohnheiten und Bedürfnisse zu gewinnen und so die eigenen Produkte und Dienstleistungen zu verbessern.

48	Subscrip-tion	Was Wert	Blacksocks (1999), Netflix (1999), Salesforce (1999), Jamba (2004), Spotify (2006), Next Issue Media (2011), Dollar Shave Club (2012)	Der Kunde bezieht in regelmäßigen Abständen eine Leistung. Die Nutzungs-frequenz und -dauer werden dabei ver-traglich mit dem Unternehmen verein-bart und vom Kunden im Voraus oder in regelmäßigen Zeitabständen bezahlt. Während Kunden vor allem von gerin-geren Nutzungskosten und einer verein-fachten Wiederbeschaffung profitieren, erwirtschaftet das Unternehmen eine stetige Einnahmenquelle.
49	Super-market	Was Wie Wert	King Kullen Grocery Company (1930), Merrill Lynch (1930), Toys"R"Us (1948), The Home Depot (1978), Best Buy (1983), Fressnapf (1985), Staples (1986)	Im Rahmen dieses Musters bietet ein Unternehmen seinen Kunden eine große Produktvielfalt zu vergleichsweise nied-rigen Preisen an. Durch die bewusste Ausweitung des Produktangebots lässt sich ein breites Spektrum an poten-ziellen Kundenwünschen abdecken. Die gebündelte Nutzung von Vertriebska-nälen führt zu einer Realisierung von Größen- und Verbundvorteilen.
50	Target the Poor	Wer Was Wie Wert	Grameen Bank (1983), Arvind Mills (1995), Bharti Airtel (1995), Hindustan Unilever (2000), Tata Nano (2009), Walmart (2012)	Die angebotenen Produkte oder Dienst-leistungen sind nicht auf Premium-Kunden ausgerichtet, sondern auf das Kundensegment, das sich am Fuß der Welteinkommenspyramide befindet. Das Adressieren dieser Konsumentengruppe ist auf Grund ihrer breiten Masse mit großen Ertragsströmen verbunden, auch wenn die Margen der einzelnen Leis-tungen vergleichsweise gering sind.
51	Trash-to-Cash	Was Wie Wert	Duales System Deutschland (1991), Freitag lab.ag (1993), Greenwire (2001), Emeco (2010), H&M (2012)	Dieses Muster beschreibt die Wiederver-wertung gebrauchter Güter. Abfall- oder Nebenprodukte werden von Unterneh-men gekauft, zu neuen Waren verar-beitet und im selben oder in anderen Märkten wieder verkauft. Während die Beschaffungskosten für das Unterneh-men hierdurch nahezu eliminiert wer-den, profitiert der Lieferant von der Möglichkeit einer günstigen Abfallent-sorgung. Beim Endkunden wird ein potenzielles Umweltbewusstsein adres-siert.

52	TWO-SIDED MARKET	Wer Was Wie	Diners Club (1950), JCDecaux (1964), Sat.1 (1984), Amazon Store (1995), eBay (1995), Metro Newspaper (1995), Priceline (1997), Google (1998), Facebook (2004), MyHammer(2005), Elance (2006), Zattoo (2007), Groupon (2008)	Zweiseitige Märkte ermöglichen die Interaktion zwischen zwei voneinander unabhängigen Nutzergruppen. Je mehr Nutzer die eine Gruppe hat, desto attraktiver ist es für die andere Gruppe, mit dieser in Verbindung zu treten, und umgekehrt.
53	ULTIMATE LUXURY	Wer Was Wie Wert	Lamborghini (1962), Jumeirah Group (1994), MirCorp (2000), The World (2002), Abbot Downing (2011)	Dieses Muster beschreibt die Strategie eines Unternehmens, sich auf die oberste Ebene der Einkommenspyramide zu konzentrieren. Um die entsprechende Kundschaft anzusprechen, stehen höchste Qualität und exklusive Privilegien im Mittelpunkt. Die notwendigen Investitionen für diese Differenzierung werden durch hohe Preise und Margen gedeckt.
54	USER DESIGNED	Was Wie Wert	Spreadshirt (2001), Lulu (2002), Lego Factory (2005), Amazon Kindle (2007), Ponoko (2007), Apple iPhone/AppStore (2008), Createmytattoo (2009), Quirky (2009)	Bei diesem Muster ist nicht, wie sonst üblich, das Unternehmen, sondern der Kunde der Erfinder und Verkäufer eines Produkts. Das Unternehmen ist lediglich dafür verantwortlich, den Kunden in der Realisierung seines unternehmerischen Vorhabens zu unterstützen. Es kann hierdurch von der Schöpfungskraft seiner Kunden profitieren. Für den Kunden liegt der Reiz dieses Musters darin, dass er in die Rolle des erfinderischen Unternehmers schlüpfen kann, ohne eine eigene Infrastruktur besitzen zu müssen.
55	WHITE LABEL	Was Wie	Foxconn (1974), Richelieu Foods (1994), Printing-In-A-Box (2005)	Ein WHITE-LABEL-Hersteller erlaubt anderen Unternehmen, die hergestellten Produkte unter ihren eigenen Markennamen zu verkaufen. Die Produkte sehen so aus, als wären sie von den jeweiligen Unternehmen produziert, da die Produktetiketten mit dessen Marke versehen sind. Hierdurch ergibt sich die Konstellation, dass nahezu identische Produkte unter verschiedenen Markennamen an unterschiedliche Kundengruppen verkauft werden.

4 Literaturhinweise

Wer noch mehr Hintergrundinformationen zu den Geschäftsmodellen lesen möchte, dem können wir hier weitere Literaturempfehlungen geben. Dem interessierten Praktiker empfehlen wir unsere bereits erwähnte Homepage **www.bmi-lab.ch**, in der wir sowohl unsere neuesten Forschungsergebnisse publizieren als auch Produkte für die praktische Umsetzung anbieten. Im Folgenden haben wir neben Praxisbüchern vor allem jene Literatur zusammengetragen, welche zu den Mustern unserer Geschäftsmodelle zugeordnet werden kann. Unsere Muster sind vorwiegend aus unserer empirischen Forschung entstanden, die hier verwiesene Literatur ist als wissenschaftliche Hintergrundlektüre und zur weiteren Forschung zu verstehen.

Ausgewählte weiterführende Publikationen zu den 55 Mustern

ADD-ON/NO FRILLS: Casadesus-Masanell, R.; Tarziján, J. (2012): When One Business Model Isn't Enough. Harvard Business Review, 90 (1-2): 132 – 137. ◊ Casadesus-Masanell, R.; Ricart, J.E. (2011): How to Design A Winning Business Model. Harvard Business Review, 89 (1-2): 100 – 107. ◊ Iveroth, E.; Westelius, A.; Petri, C.; Olve, N.; Cöster, M.; Nilsson, F. (2012): How to differentiate by price: Proposal for a five-dimensional model. European Management Journal. ◊ Johnson, M. W. (2010): Seizing the White Space – Business Model Innovation for Growth and Renewal, Harvard Business Press: Boston, MA. ◊ Teece, D.J. (2010): Business models, business strategy and innovation. Long Range Planning: International Journal Of Strategic Management, 43 (2-3): 172 – 194. ◊ **AFFILIATION:** Akçura, M. (2010): Affiliated Marketing. Information Systems And E-Business Management, 8 (4): 379 – 394. ◊ Birkner, C. (2012): The ABCs of Affiliate Marketing. Marketing News, 46 (10): 6. ◊ Duffy, D.L. (2005): Affiliate marketing and its impact on E-Commerce. Journal of Consumer Marketing, 22 (3): 161 – 163. ◊ Evans, P.; Wurster, T.S. (1999): Blown to bits: How the new economics of information transforms strategy. Harvard Business Press: Boston, MA. ◊ Goldschmidt, S.; Junghagen, S.; Harris, U. (2003): Strategic affiliate marketing. Edward Elgar Publishing: Cheltenham. ◊ **AIKIDO:** Cotter, M.J.; Henley, J. A. (1997): The philosophy and practice of Aikido: Implications for Defensive Marketing. SAM Advanced Management Journal, 62 (1): 14. ◊ Pelham, A.M. (1997): Eastern and Western Business Tactics. Journal of East-West Business, 3 (3): 45 – 65. ◊ Pino, R. (1999): Corporate Aikido: unleash the potential within your company to neutralize competition and seize growth. McGraw-Hill: New York. ◊ **AUCTION:** Dubosson-Torbay, M.; Osterwalder, A.; Pigneur, Y. (2002): E-Business Model Design, Classification, and Measurements. Thunderbird International Business Review, 44 (1): 5 – 23. ◊ Magretta, J. (2002): Why Business Models Matter. Harvard Business Review, 80 (5): 86 – 92. ◊ Porter, M.E. (2001): Strategy and the Internet. Harvard Business Review, 79 (3): 62 – 78. ◊ Shin, J.; Park, Y. (2009): On the creation and evaluation of e-business model variants: The case of Auction. Industrial Marketing Management, 38 (3): 324 – 337. ◊ Timmers, P. (1998): Business models for electronic markets. Electronic markets, 8 (2): 3 – 8. ◊ **BARTER:** Marsden, P. (2011): eBranding and Social Commerce. In Theobald, E.; Haisch, P.T.: Brand Evolution, Gabler Verlag: Wiesbaden. ◊ McGrath, R.G. (2010): Business Models: A Discovery Driven Approach, Long Range Planning, 43

(2-3): 247 – 261. ◊ Teece, D. J. (2010): Business models, business strategy and innovation. Long Range Planning: International Journal Of Strategic Management, 43 (2-3): 172 – 194. ◊ **CASH MACHINE:** García-Teruel, P. J.; Martínez-Solano, P. (2007): Effects of working capital management on SME profitability. International Journal of Managerial Finance, 3 (2): 164 – 177. ◊ Johnson, R.; Soenen, L. (2003): Indicators of successful companies. European Management Journal, 21 (3): 364 – 369. ◊ Jose, M. L.; Lancaster, C.; Stevens, J. L. (1996): Corporate Returns and Cash Conversion Cycles. Journal Of Economics & Finance, 20 (1): 33. ◊ Kumar, S.; Eidem, J.; Perdomo, D. N. (2012): Clash of the E-Commerce titans: A new paradigm for consumer purchase process improvement. International Journal of Productivity and Performance Management, 61 (7): 805 – 830. ◊ **CROSS SELLING:** Akçura, M.; Srinivasan, K. (2005): Customer Intimacy and Cross Selling Strategy. Management Science, 51 (6): 1007 – 1012. ◊ Li, S.; Sun, B.; Montgomery, A. (2011): Cross Selling the Right Product to the Right Customer at the Right Time. Journal Of Marketing Research (JMR), 48 (4): 683 – 700. ◊ Malms, O. (2012): Realizing Cross Selling Potential in Business-to-Business Markets. St. Gallen. ◊ Malms, O.; Schmitz, C. (2011): Cross-Divisional Orientation: Antecedents and Effects on Cross Selling Success. Journal Of Business-To-Business Marketing, 18 (3): 253 – 275. ◊ Shah, D.; Kumar, V. V. (2012): The Dark Side Of Cross Selling. Harvard Business Review, 90 (12): 21 – 23. ◊ **CROWDFUNDING:** Gobble, M. M. (2012): Everyone is a Venture Capitalist: The New Age of Crowdfunding. Research Technology Management, 55 (4): 4 – 7. ◊ Hemer, J. (2011): A snapshot on Crowdfunding, No R2/2011, Working Papers Firms and Region, Fraunhofer Institute for Systems and Innovation Research (ISI). ◊ Ordanini A.; Miceli L.; Pizzetti, M.; Parasuraman, A. (2011): Crowdfunding: transforming customers into investors through innovative service platforms. Journal of Service Management, 22 (4): 443 – 470. ◊ **CROWDSOURCING:** Howe, J. (2008): Crowdsourcing how the power of the crowd is driving the future of business. Random House Business: London. ◊ Leimeister, J. (2013): Crowdsourcing. Crowdfunding, Crowdvoting, Crowdcreation. Controlling & Management (6): 388. ◊ Marjanovic, S.; Fry, C.; Chataway, J. (2006): Crowdsourcing based business models: In search of evidence for innovation 2.0. Science And Public Policy, 39 (3): 318 – 332. ◊ **CUSTOMER LOYALTY:** Batra, R.; Ahuvia, A.; Bagozzi, R. (2012): Brand Love. Journal Of Marketing, 76(2), 1 – 16. ◊ Duboff, R.; Gilligan, S. (2012): The experience of Loyalty. Marketing Management, 21 (4): 16 – 21. ◊ Griffin, J. (1995): Customer Loyalty how to earn it, how to keep it. New York: Lexington. ◊ Reichheld, F. F. (1993): Loyalty-based management. Harvard Business Review, 71(2), 64 – 73. ◊ Reinartz, W.; Kumar, V. V. (2002): The Mismanagement of Customer Loyalty. Harvard Business Review, 80(7), 86 – 94. ◊ **DIGITALIZATION:** Bomsel, O.; Le Blanc, G. (2004): Digitalization, innovation, and industrial organisation: the pivotal case of the auto industry. International Journal Of Electronic Business, 2 (2): 1. ◊ Grover, V.; Ramanlal, P. (2004): Digital economics and the e-business dilemma. Business Horizons, 47 (4): 71 – 80. ◊ Hass, B. (2005): Disintegration and Reintegration in the Media Sector: How Business Models are Changing on Account of Digitalization. European Communication Council Report: E-Merging Media-Communication and the Media Economy of the Future. Springer: New York. ◊ Jarach, D. (2002): The digitalization of market relationships in the airline business: the impact and prospects of e-business. Journal of Air Transport Management, 8 (2): 115 – 120. ◊ **DIRECT SELLING:** Dutta, S.; Segev, A. (1999): Business Transformation on the Internet. European Management Journal, 17 (5): 466. ◊ Johnson, M. W.; Christensen, C. M.; Kagermann, H. (2008): Reinventing Your Business Model. Harvard Business Review, 86 (12): 50 – 59. ◊ Kim, W.; Mauborgne, R. (2000): Knowing a Winning Business Idea When You See One. Harvard Business Review, 78 (5): 129 – 138. ◊ Kopczak, L.; Johnson, M. (2003): The Supply-Chain Management Effect. MIT Sloan Management Review, 44 (3): 27 – 34. ◊ Kraemer, K. L.; Dedrick, J.; Yamashiro, S. (2000): Refining and Extending the Business Model With Information Technology: Dell Computer Corporation. Information Society, 16 (1): 5 – 21. ◊ Magretta, J. (2002): Why Business Models Matter. Harvard Business Review, 80 (5): 86 – 92. ◊ Morris, M.; Schindehutte, M.; Allen, J. (2005): The entrepreneur's business model: toward a unified perspective. Journal Of Business Research, 58 (6): 726 – 735. ◊ Teece, D. J. (2010): Business models, business strategy and innovation. Long Range Planning: International Journal Of Strategic Management, 43 (2-3): 172 – 194. ◊ Weill, P.; Vitale, M. R. (2001): Place to space: Migrating to eBusiness Models, Harvard Business School Press: Boston, MA. ◊ **E-COMMERCE:** Amit, R.; Zott, C. (2001):

Value Creation in E-business. Strategic Management Journal, 22 (6-7): 493 – 520. ◊ Amit, R.; Zott, C.; Center, E. A. (2002): Value Drivers of E-Commerce Business Models. Creating Value: Winners in the New Business Environment. ◊ De Figueiredo, J. M. (2000): Finding sustainable profitability in electronic commerce. Sloan Management Review, 41 (4): 41 – 54. ◊ Dubosson-Torbay, M.; Osterwalder, A.; Pigneur, Y. (2002): E-Business Model Design, Classification, and Measurements. Thunderbird International Business Review, 44 (1): 5 – 23. ◊ Mahadevan, B. B. (2000): Business Models for Internet-Based E-Commerce: An Anatomy. California Management Review, 42 (4): 55 – 69. ◊ Turban, E.; Lee, J. K.; King, D.; Liang, T. P.; Turban, D. (2009): Electronic commerce. Prentice Hall Press. ◊ **Experience Selling:** Pine, I.; Gilmore, J. H. (2011): The experience economy. Harvard Business Press: Boston, MA. ◊ Pine, I.; Gilmore, J. H. (1998): Welcome to the Experience Economy. Harvard Business Review, 76 (4): 97 – 105. ◊ Poulsson, S. H.; Kale, S. H. (2004): The experience economy and commercial experiences. The Marketing Review, 4 (3): 267 – 277. ◊ Sundbo, J. (2008): Creating experiences in the experience economy. Edward Elgar Publishing: New York. ◊ **Flatrate:** Amberg, M.; Schröder, M. (2007): E-business models and consumer expectations for digital audio distribution. Journal Of Enterprise Information Management, 20 (3): 291 – 303. ◊ Coursaris, C.; Hassanein, K. (2002): Understanding M-Commerce. Quarterly Journal Of Electronic Commerce, 3 (3): 247. ◊ Kling, R.; Huffman, D. L.; Novak, T. P. (1997): A New Marketing Paradigm for Electronic Commerce. Information Society, 13 (1): 43 – 54. ◊ Yuan, Y. Y.; Zhang, J. J. (2003): Towards an appropriate business model for m-commerce. International Journal Of Mobile Communications, 1 (1-2): 35 – 56. ◊ **Fractionalized Ownership:** Esler, D. (2009): Looming Cost Burdens of Aircraft Ownership. Business & Commercial Aviation, 105 (2): 32. ◊ Linder, J. C.; Cantrell, S. (2001): Five business-model myths that hold companies back. Strategy & Leadership, 29 (6): 13. ◊ Sinfield, J.; Calder, E.; McConnell, B.; Colson, S. (2012): How to Identify New Business Models. Mit Sloan Management Review, 53 (2): 85. ◊ Septiani, R. D.; Pasaribu, H. M.; Soewono, E. E.; Fayalita, R. A. (2012): Optimization in fractional aircraft ownership. AIP Conference Proceedings, 1450 (1): 234 – 240. ◊ Srinivas, P.; Alexander, P.; Dan, D. (2008): Stated preference analysis of a new very light jet based on-demand air service. Transportation Research Part A: Policy and Practice, 42 (4): 629 – 645. ◊ **Franchising:** Baden-Fuller, C.; Morgan, M. S. (2010): Business models as models. Long Range Planning, 43: 156 – 171. ◊ Gillis, W.; Castrogiovanni, G. J. (2012): The Franchising Business Model: An Entrepreneurial Growth Alternative. International Entrepreneurship And Management Journal, 8 (1): 75 – 98. ◊ Kavaliauskė, M.; Vaiginienė, E. (2011): Franchise Business Development Model: Theoretical Considerations. Business: Theory & Practice, 12 (4): 323 – 331. ◊ Michael, S. C. (2003): First mover advantage through Franchising. Journal Of Business Venturing, 18 (1): 61. ◊ Zott, C.; Amit, R. (2010): Business Model Design: An Activity System Perspective. Long Range Planning, 43 (2-3): 216 – 226. ◊ **Freemium:** Anderson, C. (2009): Free: How today's smartest businesses profit by giving something for nothing, Random House: London. ◊ Enders, A.; Hungenberg, H.; Denker, H.; Mauch, S. (2008): The Long Tail of social networking. Revenue models of social networking sites. European Management Journal, 26 (3): 199 – 211. ◊ Johnson, M. W. (2010): Seizing the White Space – Business Model Innovation for Growth and Renewal, Harvard Business Press: Boston, MA. ◊ McGrath, R. G. (2010): Business Models: A Discovery Driven Approach, Long Range Planning, 43 (2-3): 247 – 261. ◊ Osterwalder, A.; Pigneur, Y. (2009): Business Model Generation – A Handbook for Visionaires, Game Changers, and Challengers. Osterwalder & Pigneur: Amsterdam. ◊ Teece, D. J. (2010): Business models, business strategy and innovation. Long Range Planning: International Journal Of Strategic Management, 43 (2-3): 172 – 194. ◊ **From Push-to-Pull:** Baloglu, S. S.; Uysal, M. M. (1996): Market segments of push and pull motivations: a canonical correlation approach. International Journal Of Contemporary Hospitality Management, 8 (3): 32 – 38. ◊ Brown, J. (2005): The next frontier of innovation. McKinsey Quarterly, (3): 82 – 91. ◊ Weaver, R. D. (2008): Collaborative Pull Innovation: Origins and Adoption in the New Economy. Agribusiness, 24 (3): 388 – 402. ◊ Walters, D. (2006): Effectiveness and efficiency: the role of demand chain management. International Journal Of Logistics Management, 17 (1): 75 – 94. ◊ **Guaranteed Availability:** Johnson, M. W. (2010): Seizing the White Space – Business Model Innovation for Growth and Renewal, Harvard Business Press, Boston, MA. ◊ Johnson, M. W.; Christensen, C. M.; Kagermann, H. (2008): Reinventing Your

Business Model. Harvard Business Review, 86 (12): 50 – 59. ◊ Leavy, B. (2010): A system for innovating business models for breakaway growth. Strategy & Leadership, 38 (6): 5 – 15. ◊ **Hidden Revenue:** Afuah, A.; Tucci, C. (2003): Internet Business Models and Strategies. McGraw Hill: Boston, MA. ◊ Amit, R.; Zott, C. (2001): Value Creation in E-Business. Strategic Management Journal, 22 (6-7): 493. ◊ Anderson, C. (2009): Free: How today's smartest businesses profit by giving something for nothing. Random House: London. ◊ Casadesus-Masanell, R.; Zhu, F. (2010): Strategies to fight ad-sponsored rivals. Management Science, 56 (9): 1484 – 1499. ◊ Dubosson-Torbay, M.; Osterwalder, A.; Pigneur, Y. (2002): E-Business Model Design, Classification, and Measurements. Thunderbird International Business Review, 44 (1): 5 – 23. ◊ Enders, A.; Hungenberg, H.; Denker, H.; Mauch, S. (2008): The Long Tail of social networking. Revenue models of social networking sites. European Management Journal, 26 (3): 199 – 211. ◊ McGrath, R. G. (2010): Business Models: A Discovery Driven Approach, Long Range Planning, 43 (2-3): 247 – 261. ◊ Rappa, M. A. (2004): The utility business model and the future of computing services. IBM Systems Journal, 43 (1): 32 – 42. ◊ Teece, D. J. (2010): Business models, business strategy and innovation. Long Range Planning: International Journal Of Strategic Management, 43 (2-3): 172 – 194. ◊ **Ingredient Branding:** Boudreau, K. J.; Lakhani, K. R. (2009): How to Manage Outside Innovation. MIT Sloan Management Review, 50 (4): 69 – 76. ◊ Carter, S. (2000): Co-Branding: The Science of Alliance. Journal Of Marketing Management, 16 (1-3): 294 – 296. ◊ Ehret, M. (2004): Managing the trade-off between relationships and value networks. Towards a value-based approach of customer relationship management in business-to-business markets. Industrial Marketing Management, 33 (6): 465 – 473. ◊ Kotler, P.; Pfoertsch, W. (2010): Ingredient Branding: Making the invisible visible. Springer: New York. ◊ Leuthesser, L.; Kohli, C.; Suri, R. (2003): Academic papers 2 +2 =5? A framework focusing co-branding to leverage a brand. Journal Of Brand Management, 11 (1): 35. ◊ Linder, C.; Seidenstricker, S. (2012): Pushing new technologies through business model innovation. International Journal of Technology Marketing, 7 (3). ◊ Norris, D. G. (1993): Intel Inside: branding a component in a business market. Journal of Business and Industrial Marketing, 8 (1). ◊ Srinivasan, R. (2008): Sources, characteristics and effects of emerging technologies: Research opportunities in innovation. Industrial Marketing Management, 37 (6): 633 – 640. ◊ **Integrator:** Boudreau, K. J.; Lakhani, K. R. (2009): How to Manage Outside Innovation. MIT Sloan Management Review, 50 (4): 69 – 76. ◊ Casadesus-Masanell, R.; Ricart, J. E. (2007): Competing through business models IESE Business School Working paper, 713. ◊ Ghemawat, P.; Luis Nueno, J. (2003): Zara: fast fashion. Harvard Business School Case Study, 9-703-497. ◊ Giesen, E.; Berman, S. J.; Bell, R.; Blitz, A. (2007): Three ways to successfully innovate your business model. Strategy & Leadership, 35 (6): 27 – 33. ◊ Hedman, J. (2003): The business model concept: theoretical underpinnings and empirical illustrations. European Journal Of Information Systems, 12(1), 49. ◊ Markides C.; C.; Anderson, J. (2006): Creativity is not enough: ICT-enabled strategic innovation, European Journal of Innovation Management, 9 (2): 129 – 148. ◊ Sorescu, A.; Frambach, R. T.; Singh, J.; Rangaswamy, A.; Bridges, C. (2011): Innovations in retail business models. Journal Of Retailing, 87(1), 3 – 16. ◊ Zott, C.; Amit, R. (2010): Business Model Design: An Activity System Perspective. Long Range Planning, 43(2/3), 216 – 226. ◊ **Layer Player:** Sabatier, V.; Mangematin, V.; Rousselle, T. (2010): From Recipe to Dinner: Business Model Portfolios in the European Biopharmaceutical Industry. Long Range Planning, 43 (2-3): 431 – 447. ◊ Schweizer, L. (2005): Concept and evolution of business models. Journal Of General Management, 31(2), 37 – 56. ◊ Schoettl, J.; Lehman-Ortega, K. (2011): Photovoltaic business models: threat or opportunity for utilities? In: Wüstenhagen, R.; Wuebker, R. (Eds.): Handbook of research on energy entrepreneurship. Edward Elgar Publishing, Cheltenham. ◊ **Leverage Customer Data:** Afuah, A.; Tucci, C. (2001): Internet Business Models and Strategies: Text and Cases. McGraw-Hill Irwin: Boston, MA. ◊ Rappa, M. A. (2004): The utility business model and the future of computing services. IBM Systems Journal, 43 (1): 32 – 42. ◊ Wirtz, B. W.; Schilke, O.; Ullrich, S. (2010): Strategic Development of Business Models: Implications of the Web 2.0 for Creating Value on the Internet. Long Range Planning, 43 (2-3): 272 – 290. ◊ **License:** Cesaroni, F. (2003): Technology Strategies in the Knowledge Economy: The License Activity of Himont. International Journal Of Innovation Management, 7 (2): 223. ◊ Chesbrough, H. (2007): Business model innovation: it's not just about technology anymore, Strategy & Leadership, 35(6), 12 – 17. ◊ Chesbrough, H. (2010): Business Model Innovation: Opportunities and Barriers. Long Range Planning, 43 (2-3): 354 – 363. ◊ Garnsey, E.; Lorenzoni, G.; Ferriani, S. (2008): Speciation through Entrepreneurial Spin-Off: The Acorn-ARM Story. Research Policy, 37 (2): 210 – 224. ◊ Gambardella, A.; McGahan, A. M. (2010): Business-Model Innovation: General Purpose Technologies and their Implications for Industry Structure. Long Range Planning, 43 (2-3): 262 – 271. ◊ Huston, L.; Sakkab, N. (2006): Connect and Develop. Harvard Business Review, 84 (3): 58 – 66. ◊ Rappa, M. A. (2004): The utility business model and the future of computing services. IBM Systems Journal, 43 (1): 32 – 42. ◊ **LOCK-IN/RAZOR AND BLADE:** Amit, R.; Zott, C. (2012): Creating Value Through Business Model Innovation. MIT Sloan Management Review, 53 (3): 41 – 49. ◊ Bowonder, B. B.; Dambal, A.; Kumar, S.; Shirodkar, A. (2010): Innovation strategies for creating competitive advantage. Research Technology Management, 53 (3): 19 – 32. ◊ Giesen, E.; Berman, S. J.; Bell, R.; Blitz, A. (2007): Three ways to successfully innovate your business model. Strategy & Leadership, 35 (6): 27 – 33. ◊ Johnson, M. W. (2010): Seizing the White Space – Business Model Innovation for Growth and Renewal, Harvard Business Press, Boston, MA. ◊ Johnson, M. W.; Christensen, C. M.; Kagermann, H. (2008): Reinventing Your Business Model. Harvard Business Review, 86 (12): 50 – 59. ◊ McGrath, R. G. (2010): Business Models: A Discovery Driven Approach, Long Range Planning, 43 (2-3): 247 – 261. ◊ Osterwalder, A.; Pigneur, Y. (2009): Business Model Generation – A Handbook for Visionaires, Game Changers, and Challengers. Osterwalder & Pigneur: Amsterdam. ◊ Teece, D. J. (2010): Business models, business strategy and innovation. Long Range Planning: International Journal Of Strategic Management, 43 (2-3): 172 – 194. ◊ **LONG TAIL:** Anderson, C. (2006): The Long Tail: Why the Future of Business Is Selling Less of More, Hyperion: New York. ◊ Brynjolfsson, E.; Hu, Y. J.; Smith, M. D. (2006): From Niches to Riches: Anatomy of the Long Tail, Sloan Management Review, 47 (4): 67 – 71. ◊ Elberse, A. (2008): Should You Invest in the Long Tail? Harvard Business Review. 86 (7-8), Harvard Business Publishing, Boston, MA. ◊ Elberse, A. (2010): Das Märchen vom Long Tail, Harvard Business Manager, Hamburg. ◊ Enders, A.; Hungenberg, H.; Denker, H.; Mauch, S. (2008): The Long Tail of social networking. Revenue models of social networking sites. European Management Journal, 26 (3): 199 – 211. ◊ Gladwell, M. (2000): The Tipping Point. How Little Things Can Make a Big Difference. Little, Brown and Company, Boston, MA. ◊ Johnson, M. W. (2010): Seizing the White Space: Business Model Innovation for Growth and Renewal, Harvard Business Press, Boston, MA. ◊ Osterwalder, A.; Pigneur, Y. (2009): Business Model Generation – A Handbook. for Visionaires, Game Changers, and Challengers. Osterwalder & Pigneur: Amsterdam. ◊ **MAKE MORE OF IT:** Fueglistaller, U.; Müller, C.; Müller, S.; Volery, T. (2012): Entrepreneurship: Modelle – Umsetzung – Perspektiven: mit Fallbeispielen aus Deutschland, Österreich und der Schweiz. 3. Auflage. Gabler: Wiesbaden. ◊ Isckia, T. (2009): Amazon's Evolving Ecosystem: A Cyber-bookstore and Application Service Provider. Canadian Journal Of Administrative Sciences, 26 (4): 332 – 343. ◊ Marston, S. (2011): Cloud computing – The business perspective. Decision Support Systems, 51 (1): 176 – 189. ◊ **NO FRILLS:** siehe Add-on. ◊ **MASS CUSTOMIZATION:** Bullinger, H. J.; Schweizer, W. W. (2006): Intelligent production-competition strategies for producing enterprises. International Journal Of Production Research, 44(18-19), 3575 – 3584. ◊ Choi, D.; Valikangas, L. (2001): Patterns of Strategy Innovation. European Management Journal, 19(4), 424. ◊ Fisher, M. L. (1997): What Is the Right Supply Chain for Your Product? Harvard Business Review, 75 (2): 105 – 116. ◊ Fogliatto, F. S.; da Silveira, G. C.; Borenstein, D. (2012): The Mass Customization decade: An updated review of the literature. International Journal Of Production Economics, 138 (1): 14 – 25. ◊ Morris, M.; Schindehutte, M.; Allen, J. (2005): The entrepreneur's business model: toward a unified perspective. Journal Of Business Research, 58 (6): 726 – 735. ◊ Piller, F. T.; Moeslein, K.; Stotko, C. M. (2004): Does Mass Customization pay? An economic approach to evaluate customer integration. Production Planning & Control, 15 (4): 435 – 444. ◊ Pine, I.; Buddy J. (1993): Mass Customization. Harvard Business Press, Boston, MA. ◊ Ramaswamy, V.; Gouillart, F. (2010): Building the Co-Creative Enterprise. Harvard Business Review, 88 (10): 100 – 109. ◊ **OPEN BUSINESS MODEL:** Busarovs, A. (2011): Crowdsourcing as user-driven innovation, new business philosophy's model. Journal of Business Management, 4: 53 – 60. ◊ Chesbrough, H. W. (2007): Why Companies Should Have Open Business Models. MIT Sloan Management Review,

48 (2): 22 – 28. ◊ Gassmann, O.; Enkel, E.; Chesbrough, H. (2010): The future of open innovation. R&D Management, 40 (3): 213 – 221. ◊ Huston, L.; Sakkab, N. (2006): Connect and develop. Harvard Business Review, 84 (3): 58 – 66. ◊ Idelchik, M.; Kogan, S. (2012): GE's Open Collaboration Model. Research Technology Management, 55 (4): 28 – 31. ◊ Pisano, G. P.; Verganti, R. (2008): Which Kind of Collaboration Is Right for You? Harvard Business Review, 86 (12): 78 – 86. ◊ **Open Source:** Bonaccorsi, A.; Rossi, C. (2003): Why Open Source software can succeed? Research Policy, 32: 1243 – 1258. ◊ Chesbrough, H. W.; Vanhaverbeke, W.; West, J. (2006): Open innovation researching a new paradigm. Oxford University Press. ◊ Gassmann, O.; Enkel, E.; Chesbrough, H. (2010): The future of open innovation. R&D Management, 40 (3): 213 – 221. ◊ O'Reilly, T. (2007): What Is Web 2.0: Design Patterns and Business Models for the Next Generation of Software. Communications & Strategies, 65: 17 – 37. ◊ Goldman, R.; Gabriel, R. P. (2005): Innovation Happens Elsewhere: Open Source as Business Strategy, Morgan Kauffman Publishers: San Francisco. ◊ Weber, S. (2004): The success of Open Source. Harvard University Press, Boston, MA. ◊ **Orchestrator:** Fung, V. K.; Fung, W. K.; Wind, Y. (2007): Competing in a flat world: building enterprises for a borderless world. Upper Saddle River: New York. ◊ Möller, K.; Rajala, A.; Svahn, S. (2005): Strategic business nets – their type and management. Journal Of Business Research, 58: 1274 – 1284. ◊ Ritala, P. P.; Armila, L. L.; Blomqvist, K. K. (2009): Innovation Orchestration Capability – Defining the Organizational and Individual Level Determinants. International Journal Of Innovation Management, 13 (4): 569 – 592. ◊ **Pay per Use:** Brynjolfsson, E.; Hofmann, P.; Jordan, J. (2010): Cloud Computing and Electricity: Beyond the Utility Model. Communications Of The ACM, 53 (5): 32 – 34. ◊ Johnson, M. W. (2010), Seizing the White Space – Business Model Innovation for Growth and Renewal, Harvard Business Press: Boston. ◊ Kley, F.; Lerch, C.; Dallinger, D. (2011): New Business Models for Electric Cars – A Holistic Approach. Energy Policy, 39 (6): 3392 – 3403. ◊ Prahalad, C. K.; Hammond, A. (2002): Serving the World's Poor, Profitably. Harvard Business Review, 80(9), 48 – 57. ◊ Javalgi, R. G.; Radulovich, L. P.; Pendleton G.; Scherer, R. F. (2005), Sustainable competitive advantage of internet firms: A strategic framework and implications for global marketers, International Marketing Review, 22 (6): 658 – 672. ◊ Sako, M. (2012): Business Models for Strategy and Innovation. Communications of the ACM, 55 (7): 22 – 24. ◊ Weinhardt, C.; Anandasivam, A.; Blau, B.; et al. (2009): Cloud Computing – A Classification, Business Models, and Research Directions. Business & Information Systems Engineering, 1 (5): 391 – 399. ◊ **Pay What You Want:** Chesbrough, H. (2010): Business Model Innovation: Opportunities and Barriers. Long Range Planning, 43 (2-3): 354 – 363. ◊ Kim, J.; Natter, M.; Spann, M. (2009): Pay What You Want: A New Participative Pricing Mechanism. Journal Of Marketing, 73 (1): 44 – 58. ◊ Kim, J.; Natter, M.; Spann, M. (2010): Kish: Where Customers Pay as They Wish. Review Of Marketing Science, 8. ◊ **Peer-to-Peer:** Berry, L. L.; Shankar, V.; Parish, J.; Cadwallader, S.; Dotzel, T. (2006): Creating New Markets Through Service Innovation. MIT Sloan Management Review, 47(2), 56 – 63. ◊ Hughes, J.; Lang, K. R.; Vragov, R. (2008): An analytical framework for evaluating Peer-to-Peer business models. Electronic Commerce Research & Applications, 7 (1): 105 – 118. ◊ Jeon, S.; Kim, S. T.; Lee, D. H. (2011): Web 2.0 business models and value creation. International Journal of Information and Decision Sciences, 3(1), 70 – 84. ◊ Karakas, F. (2009): Welcome to World 2.0: the new digital ecosystem. Journal Of Business Strategy, 30 (4): 23 – 30. ◊ Kupp, M.; Anderson, J. (2007): Zopa: Web 2.0 meets retail banking. Business Strategy Review, 18(3), 11 – 17. ◊ Lechner, U.; Hummel, J. (2002): Business Models and System Architectures of Virtual Communities: From a Sociological Phenomenon to Peer-to-Peer Architectures. International Journal Of Electronic Commerce, 6 (3): 41. ◊ **Performance-based Contracting:** Chesbrough, H.; Rosenbloom, R. S. (2002): The role of the business model in capturing value from innovation: evidence from Xerox Corporation's technology spin-off companies. Industrial & Corporate Change, 11 (3): 529 – 555. ◊ Hypko, P.; Tilebein, M.; Gleich, R. (2010): Clarifying the concept of Performance-based Contracting in manufacturing industries: A research synthesis. Journal Of Service Management, 21(5), 625 – 655. ◊ Lay, G.; Schroeter, M.; Biege, S. (2009): Service-based business concepts: A typology for business-to-business markets. European Management Journal, 27 (6): 442 – 455. ◊ **Razor and Blade:** siehe Lock-in. ◊ **Rent Instead of Buy:** Barringer, B. R.; Greening, D. W. (1998): Small business growth through geographic expansion: A comparative case

study. Journal Of Business Venturing, 13 (6): 467. ◊ Johnson, M. W. (2010): Seizing the White Space – Business Model Innovation for Growth and Renewal, Harvard Business Press, Boston, MA. ◊ Knox, G.; Eliashberg, J. (2009): The consumer's rent vs. buy decision in the retailer. International Journal Of Research In Marketing, 26 (2): 125 – 135. ◊ Osterwalder, A.; Pigneur, Y. (2009): Business Model Generation – A Handbook for Visionaires, Game Changers, and Challengers. Osterwalder & Pigneur: Amsterdam. ◊ Stevens, J. D.; Roberts, M. J.; Hart, M. M. (2003): Zipcar: Refining the Business Model. Harvard Business School Cases. ◊ Teece, D. J. (2010): Business Models, Business Strategy and Innovation, Long Range Planning, 43 (2-3): 172 – 194. ◊ Wessel, M.; Christensen, C. M. (2012): Surviving Disruption. Harvard Business Review, 90 (12): 56 – 64. ◊ REVENUE SHARING: Cachon, G. P.; Lariviere, M. A. (2005): Supply Chain Coordination with Revenue-Sharing Contracts: Strengths and Limitations. Management Science, 51 (1): 30 – 44. ◊ Pigiliapoco, E.; Bogliolo, A. (2012): Fairness for Growth in the Internet Value Chain. International Journal On Advances in Networks and Services 5 (1-2):. ◊ Smith, M.; Kumar, R. L. (2004): A theory of application service provider (ASP) use from a client perspective. Information & Management, 41 (8): 977 – 1002. ◊ Tang, Q.; Gu, B.; Whinston, A. B. (2012): Content Contribution for Revenue Sharing and Reputation in Social Media: A Dynamic Structural Model. Journal Of Management Information Systems, 29 (2): 41 – 76. ◊ West, J.; Mace, M. (2010): Browsing as the Killer App: Explaining the Rapid Success of Apple's iPhone. Telecommunications Policy, 34 (5-6): 270 – 286. ◊ Xiao, T.; Yang, D.; Shen, H. (2011): Coordinating a supply chain with a quality assurance policy via a revenue-sharing contract. International Journal Of Production Research, 49 (1): 99 – 120. ◊ REVERSE ENGINEERING: Canfora, G.; Di Penta, M.; Cerulo, L. (2011): Achievements and Challenges in Software Reverse Engineering. Communications Of The ACM, 54 (4): 142 – 151. ◊ Kessler, E. H.; Chakrabarti, A. K. (1996): Innovation speed: A conceptual model of context, antecedents, and outcomes. Academy Of Management Review, 21 (4): 1143 – 1191. ◊ Teece, D. J. (1998): Capturing Value from Knowledge Assets: The new economy, markets for know-how, and intangible assets. California Management Review, 40 (3): 55 – 79. ◊ REVERSE INNOVATION: Blandine, L.; Gilliane, L.; Denis, L. (2011): Innovation strategies of industrial groups in the global crisis: Rationalization and new paths. Technological Forecasting & Social Change, 78: 1319 – 1331. ◊ Chang-Chieh, H.; Jin, C.; Subramian, A. M. (2010): Developing disruptive products for emerging economies: Lessons from Asian cases. Research Technology Management, 53 (4): 21 – 26. ◊ Immelt, J.; Govindarajan, V.; Trimble, C. (2009): How GE Is Disrupting Itself. Harvard Business Review, 87 (10): 56. ◊ Govindarajan, V.; Trimble, C. (2012): Reverse Innovation: a global growth strategy that could pre-empt disruption at home. Strategy & Leadership, 40 (5): 5 – 11. ◊ Kachaner, N.; Lindgardt, Z.; Michael, D. (2011): Innovating low-cost business models. Strategy & Leadership, 39 (2): 43 – 48. ◊ Talaga, P. (2010): Opinion: The future of pharmaceutical R & D: somewhere between open and Reverse Innovation? Future Medicinal Chemistry, 2 (9): 1399 – 1403. ◊ ROBIN HOOD: Bhattacharyya, O.; Khor, S.; McGahan, A.; Dunne, D.; Daar, A.; Singer, P. (2010): Innovative health service delivery models in low and middle income countries – what can we learn from the private sector? Health Research Policy And Systems, (1): 24. ◊ Florin, J.; Schmidt, E. (2011): Creating Shared Value in the Hybrid Venture Arena: A Business Model Innovation Perspective. Journal Of Social Entrepreneurship, 2 (2): 165. ◊ Mintzberg, H.; Simons, R.; Basu, K. (2002): Beyond Selfishness. MIT Sloan Management Review, 44 (1): 67 – 74. ◊ Prahalad, C. K. (2010): The fortune at the bottom of the pyramid: eradicating poverty through profits. Upper Saddle River: New York. ◊ SELF-SERVICE: Den Hertog, P.; van der Aa, W.; de Jong, M. (2010): Capabilities for managing service innovation: towards a conceptual framework. Journal Of Service Management, 21 (4): 490 – 514. ◊ Michel, S.; Brown, S. W.; Gallan, A. S. (2008): An expanded and strategic view of discontinuous innovations: deploying a service-dominant logic. Journal Of The Academy Of Marketing Science, 36 (1): 54 – 66. ◊ Sorescu, A.; Frambach, R. T.; Singh, J.; Rangaswamy, A.; Bridges, C. (2011): Innovations in retail business models. Journal of Retailing 87, Supplement 1 (0): 3 – 16. ◊ SHOP-IN-SHOP: Bellmann, H. (2009): Vertrieb und Auslieferung. In: Clement, M.; Blömeke E.; Sambeth, F. (Hrsg.): Ökonomie der Buchindustrie. Herausforderungen der Buchbranche erfolgreich managen. Wiesbaden: 177 – 190. ◊ Köcher, A. (2007): Management von operationellen Risiken im Groß- und Einzelhandel. In: Kaiser (Hrsg.): Wettbewerbsvorteil Risikomanagement. Erfolgreiche Steuerung der

Strategie-, Reputations- und operationellen Risiken, Berlin: 145 – 159. ◊ Pietersen, F. (2004): Handel in Deutschland – Status quo, Strategien, Perspektiven. In: Riekhof, H.-C. (Hrsg.): Retail Business in Deutschland, Wiesbaden 2004: 31 – 69. ◊ Schröder, H. (2005): Multichannel-Retailing – Marketing in Mehrkanalsystemen, Berlin. ◊ SOLUTION PROVIDER: Berman, S. J.; Battino, B.; Feldman, K. (2011): New business models for emerging media and entertainment revenue opportunities. Strategy & Leadership, 39 (3): 44 – 53. ◊ Brady, T.; Davies, A.; Gann, D. (2005): Creating value by delivering integrated solutions. International Journal Of Project Management, 23 (5): 360 – 365. ◊ Kessler, T.; Stephan, M. (2010): Competence-based Strategies of Service Transition, Advances in Applied Business Strategy, 12 (1): 23 – 61. ◊ Kumar, S.; Strandlund, E.; Thomas, D. (2008): Improved service system design using Six Sigma DMAIC for a major US consumer electronics and appliance retailer. International Journal Of Retail & Distribution Management, 36 (12): 970 – 994. ◊ Osterwalder, A.; Ben Lagha, S.; Pigneur, Y. (2002), An ontology for developing e-Business models, IFIP DsiAge. ◊ Stremersch, S.; Wuyts, S.; Frambach, R. T. (2001): The Purchasing of Full-Service Contracts: An Exploratory Study within the Industrial Maintenance Market. Industrial Marketing Management, 30 (1): 1 – 12. ◊ Weill, P.; Vitale, M. R. (2001): Place to space: Migrating to eBusiness Models, Harvard Business School Press, Boston, MA. ◊ SUBSCRIPTION: Johnson, M. W. (2010): Seizing the White Space – Business Model Innovation for Growth and Renewal, Harvard Business Press, Boston, MA. ◊ McGrath, R. G. (2010): Business Models: A Discovery Driven Approach, Long Range Planning, 43 (2-3): 247 – 261. ◊ Pauwels, K.; Weiss, A. (2008): Moving from Free to Fee: How Online Firms Market to Change Their Business Model Successfully. Journal Of Marketing, 72 (3): 14 – 31. ◊ Rappa, M. A. (2004): The utility business model and the future of computing services. IBM Systems Journal, 43 (1): 32 – 42. ◊ Teece, D. J. (2010): Business models, business strategy and innovation. Long Range Planning: International Journal Of Strategic Management, 43 (2-3): 172 – 194. ◊ Weinhardt, C.; Anandasivam, A.; Blau, B.; et al. (2009): Cloud Computing – A Classification, Business Models, and Research Directions. Business & Information Systems Engineering, 1 (5): 391 – 399. ◊ SUPERMARKET: Grosse, R. (2005): Are the Largest Financial Institutions Really 'Global'? MIR: Management International Review, (1), 129. ◊ Magretta, J. (2002): Why Business Models Matter. Harvard Business Review, 80 (5): 86 – 92. ◊ Osterwalder, A. (2005): Clarifying business models: Origins, present, and future of the concept. Communications Of AIS, 161 – 25. ◊ Seth, A.; Randall, G. (2001): The grocers: the rise and rise of the Supermarket chains. London: Kogan Page. ◊ Rainbird, M. (2004), A framework for operations management: the value chain, International Journal of Physical Distribution & Logistics Management, 34 (3-4): 337 – 345. ◊ TARGET THE POOR: Anderson, J.; Markides, C. (2007): Strategic Innovation at the Base of the Pyramid. MIT Sloan Management Review, 49 (1): 83 – 88. ◊ Hammond, A. L.; Prahalad, C. K. (2004): Selling to the Poor. Foreign Policy, (142): 30. ◊ Pitta, D. A.; Guesalaga, R.; Marshall, P. (2008): The quest for the fortune at the bottom of the pyramid: potential and challenges. Journal Of Consumer Marketing, 25 (7): 393 – 401. ◊ Prahalad, C. K. (2012): Bottom of the Pyramid as a Source of Breakthrough Innovations. Journal Of Product Innovation Management, 29(1), 6 – 12. ◊ Prahalad, C. K.; Hammond, A. (2002): Serving the World's Poor, Profitably. Harvard Business Review, 80 (9): 48. ◊ Sanchez, P.; Ricart, J. (2010): Business model innovation and sources of value creation in low-income markets. European Management Review, 7 (3): 138 – 154. ◊ TRASH-TO-CASH: Georges, A. A. (2009): From Trash-to-Cash: A Case Study of GLOBAL P. E. T. Global Plastics Environmental Conference. ◊ Higgins, K. T. (2013): Trash-to-Cash. Food Engineering, 85 (1): 103 – 112. ◊ Johnson, S. (2007): SC Johnson builds business at the base of the pyramid. Global Business & Organizational Excellence, 26 (6): 6 – 17. ◊ Müller, L. (2001): Freitag: individual recycled freeway bags, Lars Müller Publishers: Baden. ◊ TWO-SIDED MARKET: Casadesus-Masanell, R.; Ricart, J. E. (2011): How to Design A Winning Business Model. Harvard Business Review, 89 (1-2): 100 – 107. ◊ Eisenmann, T.; Parker, G.; Van Alstyne, M. (2006): Strategies for Two-Sided Markets. Harvard Business Review, 84 (10): 92. ◊ Lin, M.; Li, S.; Whinston, A. B. (2011): Innovation and Price Competition in a Two-Sided Market. Journal Of Management Information Systems, 28 (2): 171 – 202. ◊ Mantena, R.; Saha, R. L. (2012): Co-opetition Between Differentiated Platforms in Two-Sided Markets. Journal Of Management Information Systems, 29 (2): 109 – 140. ◊ Osterwalder, A.; Pigneur, Y. (2009): Business Model Generation – A Handbook for Visionaires, Game Changers, and

Challengers. Osterwalder & Pigneur: Amsterdam. ◊ **Ultimate Luxury:** Fionda, A.M.; Moore, C.M. (2009): The anatomy of the luxury fashion brand. Journal Of Brand Management, 16 (5-6): 347–363. ◊ Hutchinson, K.; Quinn, B. (2012): Identifying the characteristics of small specialist international retailers. European Business Review, 24 (2): 106. ◊ Kapferer, J.; Bastien, V. (2012): The luxury strategy break the rules of marketing to build luxury brands. London: Kogan Page. ◊ Moore, C.M.; Birtwistle, G. (2004): The Burberry business model: creating an international luxury fashion brand. International Journal Of Retail & Distribution Management, 32 (8): 412–422. ◊ **User Designed:** Robertson, D.; Hjuler, P. (2009): Innovating a Turnaround at LEGO. Harvard Business Review, 87 (9): 20–21. ◊ Wulfsberg, J.; Redlich, T.; Bruhns, F. (2012): Open production: scientific foundation for co-creative product realization. Production Engineering. Research And Development, (2): 127. ◊ Prahalad, C. K.; Ramaswamy, V.; 2004. Co-creating unique value with customers. Strategy and Leadership 32 (3), 4–9. ◊ Hienerth, C.; Keinz, P.; Lettl, C. (2011): Exploring the Nature and Implementation Process of User-Centric Business Models. Long Range Planning, 44 (5-6): 344–374. ◊ **White Label:** Chan, M.S.; Chung, W.C. (2002): A Framework to Develop an Enterprise Information Portal for Contract Manufacturing. International Journal Of Production Economics, 75 (1-2): 113–126. ◊ Chung, W.C.; Yam, A.K.; Chan, M.S. (2004): Networked Enterprise: A New Business Model for Global Sourcing. International Journal Of Production Economics, 87 (3): 267–280. ◊ Gottfredson, M.; Puryear, R.; Phillips, S. (2005): Strategic Sourcing From Periphery to the Core. Harvard Business Review, 83 (2): 132–139. ◊ Pousttchi, K.; Hufenbach, Y. (2009): Analyzing and categorization of the Business Model of Virtual Operators, Eighth International Conference on Mobile Business (ICMB 2009).

Weiterführende Publikationen zu Geschäftsmodellen und weitere Quellenangaben

BCG (2009): Business Model Innovation: When the Game Gets tough, Change the Game. ◊ Berns, G. (2008): Iconoclast a neuroscientist reveals how to think differently. Harvard Business Press: Boston, MA. ◊ Calaprice, A. (2010): The Ultimate Quotable Einstein. Princeton University Press: Princeton, NJ. ◊ Chesbrough, H. (2006): Open Business Models: How to Thrive in the New Innovation Landscape. Harvard Business School Press: Boston, MA. ◊ Choi, D.; Valikangas, L. (2001): Patterns of Strategy Innovation. European Management Journal, 19 (4): 424. ◊ Christensen, C.; Grossman, J.; Hwang, J. (2009): The Innovator's Prescription: A Disruptive Solution for HealthCare. McGraw-Hill: New York. ◊ Christensen, C.; Raynor, M. (2003): The Innovator's Solution: Creating and Sustaining Successful Growth. Harvard Business School Press: Boston, MA. ◊ Christensen, C. (1997): The Innovator's Dilemma. Harvard Business School Press: Boston, MA. ◊ Collins, J. (2001): Good to great: Why some companies make the leap ... and others don't. HarperBusiness: New York. ◊ IBM (2012): Leading Through Connections. Insights from the IBM Global CEO Study. ◊ Johnson, M. W. (2010): Seizing the White Space – Business Model Innovation for Growth and Renewal, Harvard Business Press: Boston, MA. ◊ Kotler, P.; Pfoertsch, W. A. (2010): Ingredient Branding: making the invisible visible. Springer: New York. ◊ Meffert, H. (1994): Beziehungsmarketing – neue Wege zur Kundenbindung: Dokumentation des Workshops vom 24. Juni 1994. Münster Wissenschaftliche Gesellschaft für Marketing und Unternehmensführung. ◊ Mörtenhummer, H.; Mörtenhummer, M. (2008): Zitate im Management. Linde Verlag: Wien. ◊ Osterwalder, A.; Pigneur, Y. (2009): Business Model Generation – A Handbook for Visionaires, Game Changers, and Challengers. Osterwalder & Pigneur: Amsterdam. ◊ Pine, I.; Gilmore, J.H. (2011): The experience economy. Harvard Business Press: Boston, MA. ◊ Popper, K. R. (1968): The Logic of Scientific Discovery. Columbia University Press: New York. ◊ Porter, M. E. (1996): What is strategy? Harvard Business Review 74(6): 61–80. ◊ Schulze, G. (2005): Die Erlebnisgesellschaft: Kultursoziologie der Gegenwart. 2. Auflage. Campus: Frankfurt a.M. ◊ Shapiro, C.; Varian, H.R. (1998): Information rules a strategic guide to the network economy. Harvard Business School Press: Boston, MA. ◊ Simon, H. (2000): Geistreiches für Manager. Campus: Frankfurt a. M. ◊ Sosna, M.; Trevinyo-Rodríguez, R.N.; Velamuri, S.R. (2010):

Business models innovation through trial-and-error learning: The Naturhouse case. Long Range Planning, 43: 383–407. ◊ Vernon, R. (1966): International Investment and International Trade in the Product Cycle. Quarterly Journal of Economics, 80: 191–207.

Ausgewählte Praxisbücher zu Innovation aus St. Gallen

Gassmann, O.; Sutter, P. (2013): Praxiswissen Innovationsmanagement, Von der Idee zum Markterfolg, 3. Auflage, Hanser: München. ◊ Gassmann, O. (2013): Crowdsourcing, Innovationsmanagement mit Schwarmintelligenz, 2. Auflage, Hanser: München. ◊ Gassmann, O.; Friesike, S. (2012): 33 Erfolgsprinzipien der Innovation, Hanser: München. ◊ Gassmann, O.; Beckenbauer, A.; Friesike, S. (2013): Profiting from Innovation in China, Springer: Berlin. ◊ Bieger, T.; zu Knyphausen-Aufseß, D.; Krys, C. (2011): Innovative Geschäftsmodelle: Konzeptionelle Grundlagen, Gestaltungsfelder und unternehmerische Praxis. Springer: Berlin. ◊ Albers, S.; Gassmann, O. (2011): Handbuch Technologie- und Innovationsmanagement, Strategie – Umsetzung – Controlling, 2. Auflage, Gabler: Wiesbaden. ◊ Gassmann, O.; Bader, M. (2010): Patentmanagement, Innovationen erfolgreich nutzen und schützen, 3. Auflage, Springer: Berlin. ◊ Gassmann, O.; Reepmeyer, G.; von Zedtwitz, M. (2008): Leading Pharmaceutical Innovation, Trends and Drivers for Growth in the Pharmaceutical Industry, 2nd ed.; Springer: Berlin. ◊ Boutellier, R.; Gassmann, O.; von Zedtwitz, M. (2008): Managing Global Innovation, Uncovering the Secrets of Future Competitiveness, 3rd ed.; Springer: Berlin. ◊ Gassmann, O. (2007): Praxiswissen Projektmanagement, 2. Auflage, Hanser: München. ◊ Boutellier, R.; Gassmann, O.; Voit, E. (2001): Projektmanagement in der Beschaffung, 2. Auflage, Hanser: München. ◊ Gassmann, O.; Reepmeyer, G. (2006): Wachstumsmarkt Alter, Innovationen für die Zielgruppe 50+, Hanser: München. ◊ Gassmann, O.; Kobe, C. (Hrsg.; 2006): Management von Innovation und Risiko, Quantensprünge in der Entwicklung erfolgreich managen, 2. erweiterte Auflage, Springer: Berlin. ◊ Grichnik, D.; Gassmann, O. (Hrsg.; 2013). Das unternehmerische Unternehmen. Springer: Berlin.

5 Stichwortverzeichnis

Z

6 Firmenverzeichnis

7 Autoren

Oliver Gassmann

ist seit 2002 Professor für Innovationsmanagement an der Universität St. Gallen und Direktionsvorsitzender des dortigen Instituts für Technologiemanagement. Er ist Präsident des Center for Innovation sowie der Forschungskommission an der Universität St. Gallen, Co-Direktor des Forschungslabs GLORAD (Shanghai), Advisory Board des Alexander-Humboldt-Instituts für Internet und Gesellschaft (Google, Berlin), Schirmherr der Projektmanagementakademie (Wiesbaden) sowie Mitglied mehrerer Aufsichtsräte von internationalen Unternehmen. Er ist Gründungspartner der Innovationsberatung BGW und des auf Geschäftsmodelle spezialisierten BMI-Labs. Vor seiner akademischen Karriere war Gassmann mehrere Jahre als Forschungsleiter für Schindler tätig. Als Innovationsforscher publizierte er 15 Bücher und über 250 Fachpublikationen in mehreren Sprachen. 2009 wurde er in Orlando als herausragender Innovationsforscher geehrt (IAMOT), 2010 war er unter den Top 10 der meistzitierten BWL-Professoren (VHB).

Karolin Frankenberger

ist seit 2011 Habilitandin am Lehrstuhl für Innovationsmanagement des Institut für Technologiemanagement, Universität St. Gallen sowie Leiterin des Kompetenzzentrums Geschäftsmodellinnovation an der Universität St. Gallen und Gründungspartnerin und Geschäftsführerin des BMI-Labs. Zuvor war sie sechseinhalb Jahre als Beraterin in der Unternehmensberatung McKinsey & Company tätig. Sie promovierte im Jahr 2004 am Institut für Betriebswirtschaft der Universität St. Gallen mit einem einjährigen Forschungsaufenthalt an der Harvard Business School und an der School of Business der

University of Connecticut in den USA. Ihre Forschung ist in renommierten Zeitschriften wie dem Academy of Management Journal erschienen und wurde mit Preisen wie dem „Sumantra Ghoshal Research and Practice Award" und dem „Distinguished Paper Award" der Business Policy & Strategy Division auf dem Annual Meeting of the Academy of Management (2006) ausgezeichnet.

Michaela Csik

ist seit 2009 wissenschaftliche Assistentin und Doktorandin am Lehrstuhl für Innovationsmanagement des Instituts für Technologiemanagement, Universität St. Gallen. Zuvor studierte sie Betriebswirtschaftslehre an der Universität Mannheim mit den Vertiefungen Internationales Management und Finanzierung. Im Rahmen ihrer Forschung untersucht sie die Muster innovativer Geschäftsmodelle und die Umsetzung der Musteradaption in der Innovationsentwicklung. Ihre Forschung führte sie in 2012 für einen längeren Forschungsaufenthalt an das Center for Design Research der Stanford University, USA.